재미있는
숫자여행에서
배우는
주식투자

재미있는 숫자여행에서 배우는 주식투자

초판 1쇄 인쇄 2007년 2월 15일
초판 2쇄 발행 2007년 7월 15일

지은이_ 임상현

펴낸이_ 전익균
편집장_ 김남희 기획_ 김명준, 김종완
마케팅_ 오정민, 송용범 관리_ 이지현
디자인_ 김희숙, 이호영

찍은곳_ 예림인쇄 출력_ 스크린 제본_ 바다제책

펴낸곳_ (주)새빛에듀넷
주소_ 서울 강남구 청담동 32-6 현대빌딩 603호
전화_ 02-3442-4393~4 팩스_ 02-3442-6771
e-mail_ svinvest@hanmail.net 홈페이지_ www.assetclass.co.kr
등록번호_ 제16-3026호 등록일자_ 2003. 05. 19

값 20,000원

ISBN 978-89-954178-6-7 (13320)

재미있는
숫자여행에서
배우는
주식투자

도서출판 새빛
SAEVIT

저자서문

세상에 존재하는 '수'가 주식시장에서도 통한다

어린 시절 인간은 손가락을 세면서 수를 접한다. 수는 우리의 삶과 매우 중요한 연관을 맺고 있다. 자연 속에 존재하는 모든 수가 수학적 원리를 넘어 과학적·철학적 의미를 지니고 있음을 기억한다면, 주식시장에서도 같은 원리가 적용된다는 사실을 깨달을 것이다. 세상에 존재하는 모든 수에는 양(量)적인 의미뿐 아니라 수 자체가 가지는 질(質)적인 의미가 동시에 내포되어 있다. 따라서 일상생활에서 보고 배우는 숫자의 의미를 제대로 이해하면 변화무쌍한 주식시장도 제대로 바라볼 수 있을 것이다.

주가는 매도세와 매수세라는 이질적인 요소 사이에서 일정한 추세와 패턴을 이어간다. 중요한 것은 그 변화의 본체가 무엇이고 그것이 어떠한 질서로 움직여 나가는지를 파악하는 것이다. 이 책은 이러한 파동의 패턴과 순환법칙을 읽는 도구를 수의 질적 의미에서 찾아내고자 하였으며, 과학과 수학 그리고 동양상수학의 원리에서 조합한 주가파동의 방정식을 제시하고자 했다.

그 동안 많은 주가이론과 기법이 발전되었지만 기법이 나오면 나올수록, 그리고 배우면 배울수록 수익률과 직결되기보다는 오히려 혼란에 빠지거나 미궁 속을 헤매는 듯 막막한 경험을 해본 적이 있을 것이다. 바로 변화원리의 핵심을 제대로 파악하지 못했지 때문이다. 그러나 이 책은 변화의 핵심을 잡는 기준과 적용에 대한 명확한 원리를 설명해 준다. 비록 필자가 제시하는 수의 해법이 완전한 답이라고 할 수는 없지만, 주식시장을 새로운 시각으로 바라볼 수 있는 방법론은 될 수 있을 것이다.

이 책은 주가파동을 이해하는 핵심은 순환의 중심에서 모든 것을 바라보아야 한다는 아주 단순한 원리에 기초하고 있다. 불규칙적으로 보이는 파동의 변화가 사실은 단순한 수의 법칙을 따르고 있기 때문이다.

주식시장에 존재하는 수를 동양의 상수 개념에 적용시키면서 처음에는 이를 삼양이음법(三陽二陰法)이라고 하기도 하고 시간파동이라고 부르기도 했다. 『시간파동과 추세변화원리』라는 책을 통해서는 시간개념에 입각한 시간파동 이론을, 『주식시장을 지배하는 자연법칙』이라는 책에서는 만물에 존재하는 다양한 천체 · 물리법칙이 그대로 나타난다는 자연파동 이론을 발표하였다. 이 책에서는 시황 리포트 등을 통해 공개되었던 파동의 원리를 종합적이면서 체계적으로 정리하여 소개했다.

한국의 주식시장은 경제적으로 순환반복의 특성을 보이고 심리적으로는 음양력, 절기, 명절, 천문에 민감한 반응을 보인다. 따라서 서양이나 일본의 사상과 문화를 기반으로 성장한 외국 이론보다는 한국형 주식시장에 맞는 한국형 이론이 절실했다. 미국에는 엘리어트 파동이 있고 일본에는 일목균형표가 있지만, 이 책에는 미래 예측도구로 정평이 난 상수학을 바탕으로 한 검증된 분석법이 제시되어 있다. 주가파동의 새로운 접근방법을 제시하면서 개념에 대한 정리, 그 기준과 적용, 해석에 이르는 여러 기법을 소개했다.

본격적이고 체계적인 이론서의 출판까지는 우여곡절이 있었다. 책이 출간될 때까지 후원하고 배려해 주신 새빛인베스트먼트의 전익균 사장님께 감사를 드리며, 원고를 알기 쉽게 수정하고 보완해 총체적으로 완성되게 해주신 김명준 이사님에게도 감사를 드린다. 필자를 낳아주신 부모님과 조상님에게도 감사를 드리며, 동양 상수학의 지혜와 영감을 주신 성현(태호복희, 문왕, 김일부, 소강절, 한동석)님들께도 지극한 감사와 공경의 예를 드린다.

딱딱하고 어렵기 때문에 신비적으로 보일 수밖에 없는 동양 상수학을 바탕으로 한 이 책이 과학적이고 합리적인 방법으로 제시하는 최적의 파동 이론서가 되기를 바라는 마음 간절하다. 한국에서 태어난 상수파동의 작은 첫 발자국이 후일 후학들이 보고 지나갈 나침반이 되리라는 학문적 사명감도 느낀다. 이 책을 통해 투자자의 꿈이 이루어지고, 아울러 한국의 토종학문을 기반으로 출발한 상수파동이 한국의 새로운 주가파동으로 발전되는 작은 초석이 되기를 바란다.

2007년 2월
세림 임상현

Contents

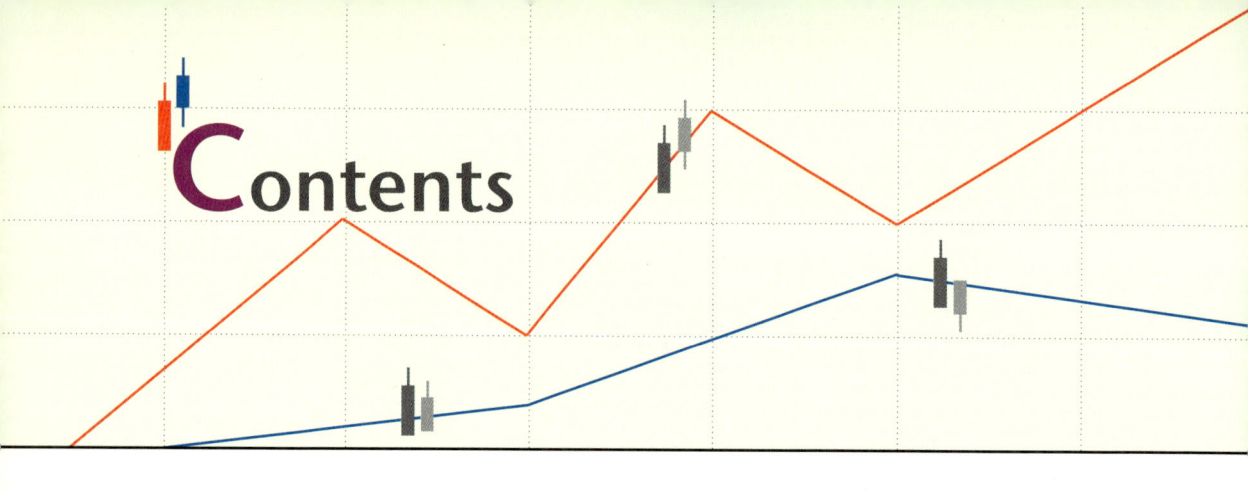

Contents

3. 장세 예측과 해석비법

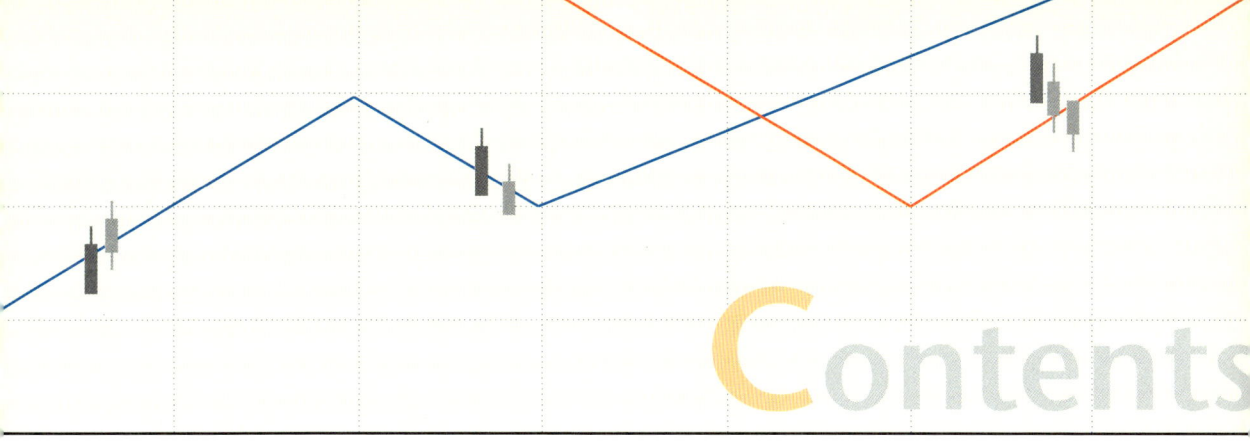

프롤로그

아무도 가르쳐 주지 않았던 파동의 순환원리

자연과 우주는 마치 거대한 하나의 유기체처럼 일정한 질서로 움직이고 있다. 주식시장 역시 자연의 한 모습으로서 일정한 순환원리에 따라 움직이는 생명체다. 레오나르도 다빈치는 이렇게 말했다. "훌륭한 기초 위에 서 있지 않다면 너희는 별 소득도 없이 헛수고만 할 것이다. 자연이 아닌 다른 어떤 것을 표준으로 삼는 사람들은 헛되이 고생만 하게 될 것이다." 이는 우리가 찾는 모든 것이 자연의 질서 속에 있으며 그 질서를 초월해서는 어떤 것도 존재하지 않는다는 것을 의미한다.

자연은 수(數)로써 자신의 상태를 표현한다. 즉 자연이 표현하고 있는 수의 의미와 신호를 통하여 그 에너지의 움직임과 상태를 파악할 수 있다는 것이 동서양의 철학과 과학의 기본 전제이며, 수학과 기하학에서는 이 사실이 더욱 극명하게 드러나 있다. 자연은 수라는 상징과 기호를 통해 자신의 상태를 무언중에 전달하고 있는 것이다.

이 책의 마지막 장을 덮을 때쯤이면 지금까지 경험한 자연의 질서와, 생활주변에서 그토록 알고 싶었던 주가의 비밀이 숨겨져 있었다는 것을 알게 될 것이다. 이미 알고 있었으면서도 잊고 지내거나 미처 깨닫지 못했던 수의 의미에서 사물의 원형을 새롭게 보는 법을 알게 될 것이다.

우리가 배운 세포분열이 상승 파동의 일정한 변화 경로와 다르지 않고, 우리가 알고 있는 지구 운행질서가 주식시장의 순환주기와 다르지 않다는 사실을 확인할 것이다. 인생을 살면서 몇십 번도 더 겪은 사계절과 일 년 열두 달이 더 이상 장세의 변곡과 다르지 않다는 사실 또한 알게 될 것이다. 우리가 배운 생물, 과학, 역사, 수학이 더 이상 책장 속의 지식이 아니라 주식투자의 비밀을 밝혀주는 일종의 코드였던 셈이다.

이 모든 것은 원의 순환하는 과정과 깊은 관련을 갖고 있으며 그 원의 중심을 찾는 과정이 최고의 파동비법이라는 것이 이 책의 중심 내용이다. 이러한 원리를 깨닫기 위해서는 1에서 10까지 셀 수 있는 산수 실력과 기초적인 수의 의미를 이해하는 것만으로도 충분하다.

상수파동의 이해

상수(象數)라는 표현은 상(象)의 변화모습이 수(數)로써 나타난다는 것이며, 상수파동(象數波動)이란 파동이 변해 가는 모습을 수의 질서를 통해 파악하는 것이다. 여기에서 '상' 이란 사물이나 물질의 내부 모습이 순간적으로 표출되는 상태를 말하는데 주식시장에서는 캔들의 형태 또는 제반 이동평균선의 위치 등에 해당된다. 그리고 '수' 란 사물의 표면에 나타난 내부모습의 변화단계 혹은 변화수준을 의미하며, 기준 시점으로부터 진행된 캔들의 갯수나 가격이 위치하고 있는 특정 이동평균선의 종류 등으로 파악할 수 있다. 따라서 상수파동이란 쉽게 말하면 캔들과 수의 결합이요, 이동평균선과 수의 결합인 것이다. 파동은 커다란 전체의 모습 속에 음양의 대칭구조를 이루어 존재하고 세부적으로는 다양한 순환의 마디가 함께 어울려 형성되고 있다. 또한 큰 순환은 음양대칭의 4순환 구조로 완성되며, 2변화-4변화-8변화-16변화-32변화-64변화 등의 분열과정을 거치게 된다. 여기에서 중요한 것은 먼저 커다란 전체의 모습에 대한 개념의 정립과 그것을 어떻게 표현해 낼 수 있는가 하는 것이다. 우리는 흔히 우주를 하나의 커다란 원으로 받아들이고 있다. 원은 하나의 중심에서 사방으로 퍼져나가는 동일한 힘이나 에너지 등을 상징하기도 하지만, 물을 휘저을 때 나타나는 동심원, 태양을 중심으로 돌아가는 위성, 더 나아가 우리가 확인할 수 있는 모든 우주의 변화모습이 원형이거나 원형의 움직임을 보이고 있는 것처럼, 전체의 모습을 실제적으로도 가장 잘 나타내고 있다. 즉 원은 순환을 이루는 모든 생명의 근원적인 모습으로서 전체의 모습을 가장 잘 함축하여 표현하고 있는 것이다. 그러한 원의 내부 각도가 360도이다. 360도는 36수가 10배수로 완성된 모습으로써 전체 파동의 순환은 36순환을 기본으로 이루어지게 된다. 즉 커다란 전체의 파동은 36순환이 18수(2분기), 12수(3분기), 9수(4분기) 등으로 분기되거나, 72수(2배수), 108수(3배수), 144수(4배수) 등으로 분열되어 구성되는 것이다.

상수파동의 이론적 배경은 동양의 자연사상인 상수역학(象數易學)이다. 동양의 상수체계는 이론이라기보다 자연의 법칙 그 자체로서 5,000년 전부터 수많은 학자에게 검증되어 온 것이다. 주가파동이 시장의 경제흐름이나 수급논리에 의해 좌우된다고 하지만 시장의 수급심리나 경제논리 자체도 변화하는 한 생명체의 범주로서, 일정한 질서로 흐르는 자연법칙의 영향을 받게 된다. 즉 주가파동 역시도 변화하는 생명체이기 때문에 상수역학의 체계를 적용할 수 있으며, 그러한 동양 상수역학의 체계를 주가파동에 맞게 적용시킨 것이 상수파동이다. 부연하면 수많은 동양철학 중에서 상수역학은 탁월한 수체계를 담고 있고, 그 수체계를 주가이론으로 쉽게 해석한 것이 상수파동이다. 동양철학은 그 깊이가 심오하여 깨달음의 영역이자 마음의 학문이기 때문에 선행적으로 예측되는 부분을 객체로 보고 지금까지 진행되었거나 변화된 모습을 주체로 해석하는 유연성에서 출발하여야 한다. 왜냐하면 기준과 적용의 부정확에서 기인한 예측자 자신의 판단 오류를 동양철학의 결정론적 세계관과 동일시하는 착각에 빠져들 수 있기 때문이다. 즉 그 기준과 적용이 정확할 경우에는 대단히 정교하고 놀라운 주가의 선행적 예측이 가능하지만, 그러한 모습은 단기간 내에 이루어지기 어렵기 때문에 여기에서는 예측의 확률을 높이는 것을 주된 목표로 추구한다.

'수'의 상징과 신비

수(數)에는 알 수 없는 힘이 있다. 소주 판매량을 늘리기 위해 활용된 마케팅 심리학 사례를 예로 들어보자. 서민들의 애환이 담겨 있는 소주 1병을 소주 잔에 따르면 7잔이 나온다. 예전에는 7잔이 나오지 않았다는데 왜 7잔이 나오게 되었을까? 여기에는 소주회사 직원의 아이디어가 숨겨져 있다. 7은 소수이기 때문에 2, 3, 4, 5, 6의 수로 나누어 떨어지지 않고 나머지가 남게 된다. 즉 소주 1병을 두 사람이 나눠 마실 경우에는 한 사람당 3잔씩 마시고 1잔이 남게 되고, 세 사람이 나누어 마시면 2잔씩 마시고 1잔이 남고, 네 사람이 나누어 마시게 되면 2잔씩 마시기에 1잔이 부족하게 된다. 바로 이렇게 조금 남고 조금 부족함으로 인해 술을 마시는 사람들은 1병의 소주라도 더 시키게 되기 때문에 소주 판매량을 늘릴 수 있었다고 한다. 그런데 동양 산수학에서 7은 화(火)의 개념이며 창조의 개념으로써 소주 1병에는 불 같은 성질이 가득 담겨 있었던 것이다.

일반적으로 '수'는 계산을 위한 양적인 단위로만 파악하는 경향이 있는데 철학적인 관점에서 보면 수는 사물의 생장 양상이다. 즉 수는 사물의 이면 질서를 알아내는 질적 의미도 지니고 있는 것이다. 우리는 과학을 통해 물의 결정이 6각 구조로 이루어져 있다던가 벌집의 형태가 6각 구조를 띠고 있다는 것을 익히 알고 있다. 그러나 질적 의미에서 보면 '6'이라는 수는 생명현상의 가장 기본적이고 근원적인 상태를 나타내고 있는 것으로 파악이 된다. 즉 양적인 의미의 수는 단순히 계량화된 숫자의 나열에 불과하지만, 그 속에 내포되어 있는 질적인 의미를 파악해 보면 보다 고차원적인 정보가 내재되어 있음을 알게 될 것이다. 결국 수를 질적으로 파악하는 것이 상수파동을 이해하는 첫걸음이 된다.

$$1 \times 1 = 1$$
$$11 \times 11 = 121$$
$$111 \times 111 = 12321$$
$$1111 \times 1111 = 1234321$$
$$11111 \times 11111 = 123454321$$

신기하게 보이는 위의 배열을 자세히 살펴보면 일수분열(一數分列)과 만법귀일(萬法歸一)이라는 동양 상수이론의 사상이 옳다는 점을 알게 된다. 수의 형성은 1이 순환하기 때문에 이루어지는 것이요, 1이 분열하여 전체의 수를 구성하게 된다는 것이다. 1은 전체이자 근본이기 때문에 동일한 1을 곱하여도 1이라는 그 근본이 바뀌지 않지만, 1이 분열한 상태인 11을 곱하면 그 결과는 121이 되어 2를 중심으로 좌우 대칭의 형태를 띠게 된다. 그리고 111이 분열하는 곱을 하면 12321이 되어, 이제는 3을 중심으로 하는 대칭형태를 띠게 된다. 이는 1이 분열되어 나간다는 뜻이고 그 분열의 결과는 음양대칭이다. 이처럼 1은 순환하는 것이고 분열하는 것이며, 또한 원이며 철저히 대칭적 구조를 가지는 것으로서 그러한 수의 의미를 통하여 사물의 질서와 이면세계를 파악할 수 있다.

1 순환론과 상수파동

1. 파동의 비밀을 밝히는 재미있는 숫자여행
2. 1순환과 2변화의 중심에 존재하는 파동
3. 파동의 척도-상수파동의 세계

1 파동의 비밀을 밝히는 재미있는 숫자여행

36계 줄행랑을 해야 살아남는다

36순환수의 맥(脈)자리에서 주식을 사고 파는 것이 살아남는 방법이다

360/36=10질서수

도망을 가거나 곤란을 피해 비겁하게 달아나는 모습을 일컬어 흔히 '삼십육계 줄행랑' 이라고 표현한다. 왜 도망가는 모습을 36계 줄행랑이라고 하는 것일까? 그 유래는 『병법 36계』로 잘 알려진 단공(檀公)의 '삼십육책(三十六策)'에서 비롯되었다. (많은 사람들이 『병법 36계』를 『손자병법』과 동일시하지만, 『병법 36계』와 『손자병법』은 그 유래와 내용이 엄연히 다른 병법서다. 즉 『병법 36계』는 중국에서 옛날부터 전해지는 병서의 정수를 모은 책으로 저자와 저작시기는 명확하지 않다.)

『병법 36계』는 모두 6개의 범주로 나뉘어져 있고 그 각각에 또한 6개의 계략이 들어 있다. 이는 생명을 상징하는 6의 경우의 수를 모두 표현하는 것으로 음양이 서로 대립하고 조화되는 원리이다. 36계 줄행랑은 여섯 번째 범주인 패전계(敗戰計) 중에서도 마지막인 제36계 주위상(走爲上)에 해당된다. 즉 "제36계 : 때로는 전략상 후퇴도 필요하다"는 문구에서 유래되었다. 적을 이기기 위해서는 먼저 자신의 생명을 보호해야 한다. 모든 방법을 동원하여도 실패하게 된다면, 우선은 생명을 보전하고 후사를 도모하는 것이 유리하다는 뜻이다. 결

국 위험한 곳에서 일단 벗어나 자신을 돌아볼 수 있는 기회를 갖는 것도 이기는 방법이라는 것이다.

주가파동에도 병법 36계의 의미가 존재한다. 주가파동의 순환주기가 36수로 흐르는 모습을 보이고 있기 때문이다. 즉 주식시장에서도 36이라는 순환의 맥(脈)자리로 숨어 들어가는 것이 투자의 생존비법이자 장생불사(長生不死)의 방법이다. 이는 36수로 흐르는 주식시장의 순환흐름을 파악하여 움직여야 할 때를 알고 행동해야 한다는 의미다.

차트 1

36수(1)

〈차트 1〉은 임의의 점에서 상승한 주가가 일정한 고점을 이루고 다시 재하락하는 양상을 보이고 있다. 재하락의 변곡수가 36수이며 이평선도 36이평선으로 일치를 보이고 있다. 36수가 추세이탈 여부를 판단하는 유용한 기준이 되는 것이다. 36수는 시간뿐 아니라 진폭이나 이평선에도 응용될 수 있다.

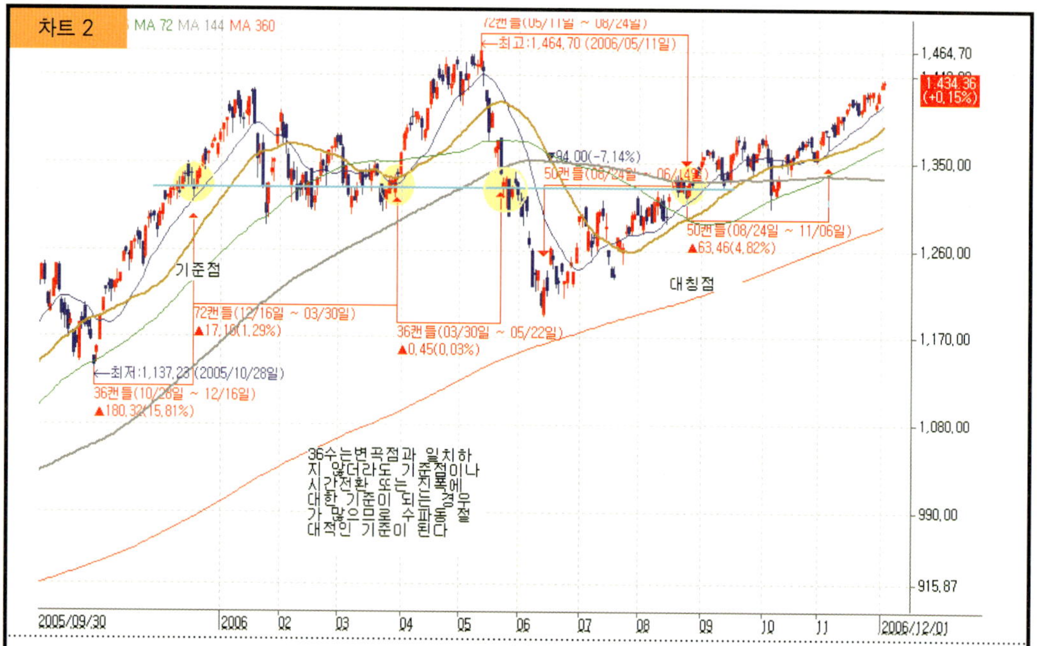

36수(2)

〈차트 2〉는 36수를 기준으로 일정한 분기점이 형성되는 거래소 차트이다. 36수 자체가 변곡점으로 작용되지 않는다고 하더라도 언제나 기준점이 된다는 것을 여실히 보여주고 있다. 전체적으로 본다면 첫 상승파동에서 36수는 의미 없는 기준점이다. 그러나 그 기준점을 가지고 수평으로 연결된 선을 중심으로 시간 분기를 본다면 의미 있는 지지와 저항이 존재한다는 것을 알 수 있다. 첫 상승파동의 36수에 나타난 진폭은 이후 72수가 끝나는 점과 일치하면서 재상승의 기준점이 된다. 그리고 다시 재상승과 하락이 된다고 하더라도 다시 36수에서 같은 진폭대와 만나게 된다. 또한 고점에서 72수가 되는 점을 기준으로 본다면 직전 50수와 직후 50수는 대칭점이 형성되는 것을 알 수 있다. 50수 대칭 이후 비록 주가 변곡은 없다고 할지라도 연결 파동이 되면서 진행되는 파동을 볼 수 있다.

108번뇌와 악마의 수 666

108과 666은 모두 순환이 완성되는 수를 가리킨다

36×3=108순환수

종교에서나 수학에서는 수를 중요시 여긴다. 특히 종교에서는 수에 신비한 힘이 있다고 믿는다. 그래서 특정한 수를 제시하고 그 수를 행동으로 옮기려는 경향이 있다. 행동으로 그 수의 힘을 받기 위함이다.

사찰에는 '108 계단'을 비롯해 108과 관련된 숫자가 많다. 염주알의 숫자도 108개이고, 절을 할 때도 108배를 기본 숫자로 한다. 일천 배를 한다는 것은 108배를 열 번 한다는 것으로 정확하게 세면 1,000배가 아닌 1,080배이다. 삼천 역시 3,000번이 아니라 3,240번 절을 의미한다. 또한 108이란 숫자와 관련해서는 '108번뇌'라는 단어가 제일 먼저 떠오를 것이다. '108'이라는 숫자는 36에서 나왔다. 즉 모든 번뇌를 36가지로 나누고 이것이 과거(전생), 현재(금생), 그리고 미래(내생)에도 모두 진행되기 때문에 3을 곱하여 108가지로 설명한다. '36'에 대한 또 다른 견해로는 사람의 6가지 감각과 6개의 감각 대상이 결합해 시각 · 청각 · 후각 · 미각 · 촉각 · 분별작용 등의 6가지 작용을 하게 되고, 이것이 각각의 좋고(好), 나쁘고(惡), 좋지도 않고 싫지도 않은(平) 3가지로 느껴지기 때문에 18가지의 번뇌가 있게 되며, 이 18가지 번뇌는 더러움(染)과 깨끗함(淨)이 있어 모두 36가지(18×2)의 번뇌가 생기게 된다는 것이다. 즉 6이 6번 순환하여 36이 되기도 하고 12가 3번 변하여 36이 되기도 한다. 결국 '108'이라는 숫자를 강조하는 이유는 '36'이라는 순환을 3번 진행함으로써 순환수의 섭리를 터득하라는 의미인 것이다.

기독교에서는 666을 악마의 숫자로 보는 경향이 있지만 엄밀히 보면 두 가지의 의미가 있다. 이는 성경 구절에서 유래된 것인데, 좋은 의미로서의 666은 성령이 요한에게 주신 바 이 비밀은 하나님의 지혜를 가진 사람에게만 나타나게 된다고 한다. 즉 완전한 인간 완성의 자리에서 666의 비밀이 다가온다는 것이다. 불가로 말하면 108의 자리인 것이다.

나쁜 의미로 보면 "그가 …. 그들의 오른손이나 이마에 표를 받게 하고 …. (요한계시록 13:16) …. 그것은 한 사람의 숫자이니 그의 숫자는 육백육십육이니라" (요한계시록 13:18)라는 구절에서 보듯 구원의 수가 666인데 해석에 따라 구원의 징표로 보는 부류와 악마의 징표라는 해석이 엇갈린다. 그 기준점이 666이라는 것이다. 유대인들은 6을 불운의 수, 7은 완전수, 8은 승리의 수로 여겼다. 만일 어떤 수이든지 삼중(三重)하면 그것은 영원성을 의미하는 것으로서 예를 들면 666은 영원한 불운을 의미하고, 777은 영원한 완전이요, 888은 영원한 승리라고 여겼던 것이다. 그런데 666을 특히 '사람의 수' 라고 하였으니 이는 하나님의 교회에 대해 특별히 불운한 사람의 이름 혹은 직분의 이름이라고 볼 수 있는 것이다. 즉 영원한 불운을 의미하는 666이니 악마나 다름없다는 것이다.

한편 천주교 성서의 본장 18절 밑에 666에 대해 아래와 같은 주해(註解)가 있다. "그 이름의 숫자적 문자(文字)가 이 수(數)를 조성한다." 로마 천주교의 최고 권위자의 이름 중 제일 중요한 것으로 '비카리어스 휠리 데이(VICARIUS FILII DEI)' 가 있는데, VICARIUS FILII DEI(글에 나타난 로마자 V와 U는 5, I는 1, C는 100, L은 50, D는 500의 숫자 값을 가지며, 나머지 A, R, S, F, E는 값이 없다. 따라서 그 수를 모두 더하면 666이 나온다)의 뜻은 '하나님의 아들을 대신하여' 라는 의미이다. 그 이름의 글자 중에 나타나는 숫자적인 로마자 수를 모두 합하면 틀림없는 로마 천주교 법왕을 지칭하는 이름의 수가 666을 이룬다. 이를 우리말로 번역하면 '하나님 아들의 대리자' 라는 뜻인데, 이 칭호는 법왕들도 승인하고 또한 사용하였다. 그런데 법왕을 의미하는 수가 고대 이교(異教)에서 태양신을 나타내는 수와 동일하다는 것은 의미 깊은 일이다. 즉 666에는 최고의 지혜를 가진 자와 태양이라는 의미도 담겨 있다는 것이다.

상수학적으로 해석하면 108이나 666은 같은 의미다. 두 수 모두 생명의 순환이 완성되는 위치로서 불가의 108은 36×3의 개념이고, 기독교의 666은 216의 개념(6×6×6=216) 이다. 그런데 216은 108의 2수배 의미이기 때문에 결국 108과 666은 같은 개념인 것이다. 또한 두 숫자 모두 기본은 6에서 출발을 하여 108 혹은 666의 위치에서 한 생명이 완성되거나 동시에 새로운 생명이 싹트게 된다는 것이다. 이처럼 108과 666은 태양의 변화단계를 나타내는 수변화이자 인간이 가야 할 수변화였던 것이다.

차트 3

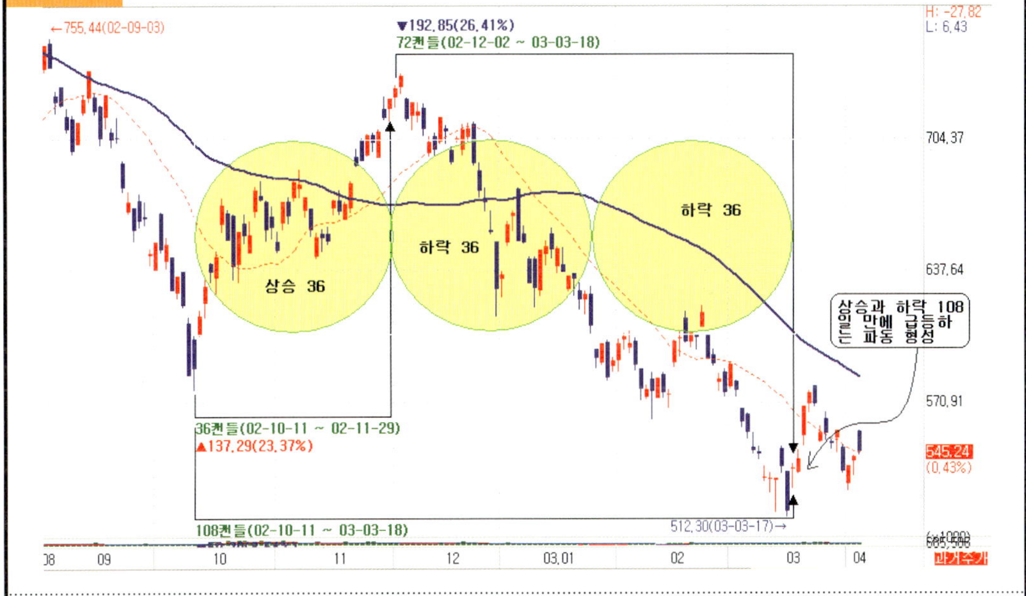

108순환수(1)

〈차트 3〉은 상승구간이 38일이고 하락구간이 70일로써 전체적으로 보면 108순환 주기를 보이는 차트이다. 상승은 36순환수가 1회 반복되는 개념(36+본체수2)이며, 하락은 36순환수가 2회 반복되는 개념(72-본체수2)으로 상승과 하락의 기간이 1대 2의 구조를 가지고 있다. 즉 108수는 생명을 의미하는 36

이 3순환하여 완성을 이룬다는 의미이며, 주가에서도 커다란 변화가 나타나는 지점으로 작용하게 된다.

차트 4

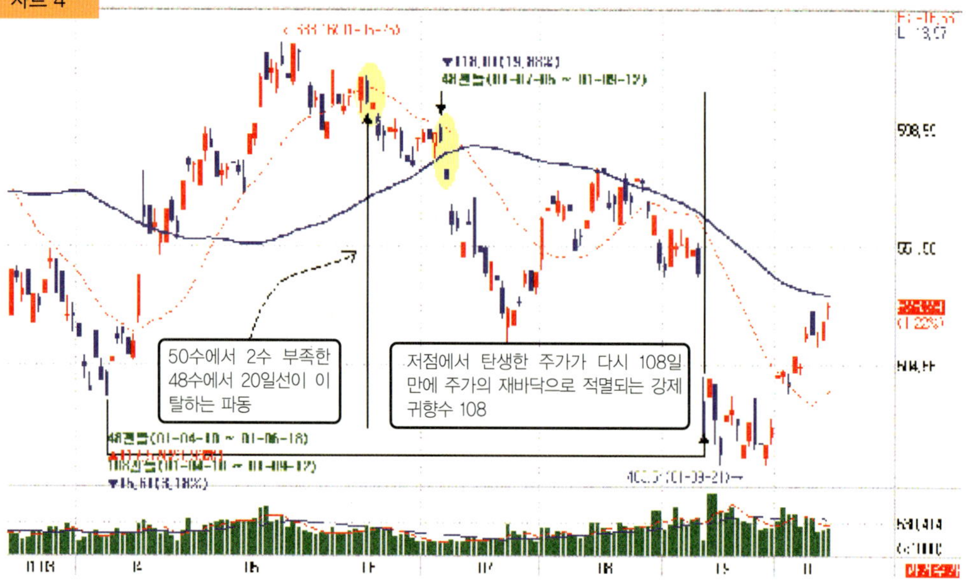
50수에서 2수 부족한 48수에서 20일선이 이탈하는 파동
저점에서 탄생한 주가가 다시 108일 만에 주가의 재바닥으로 적멸되는 강제 귀향수 108

108순환수(2)

〈차트 4〉는 108수의 의미가 더욱 실감나게 나타나고 있는 차트이다. 좌측의 저점으로부터 108수의 지점에 이르자 순간 초급락 현상이 나타나고 있다. 9.11 테러가 발생한 것이다. 108수의 의미는 생명의 근본자리로 들어가는 것을 뜻한다. 즉 생명이 적멸(寂滅)되는 자리이니 다시 새로운 시간대가 열림을 알려주는 의미가 된다. 실제 9.11 테러가 발생한 후 8일 만에 저점을 형성하고 주가는 대세 상승으로 국면으로 접어들게 되었다.

나의 애창곡은 18번

18수에서는 진행되는 추세의 강약을 점검해야 한다

360/18=20주기수

술자리나 노래방에서 흔히 18번이라는 말을 듣는다. 노래를 안 하려고 하는 사람에게 "감춰놓은 18번이 있겠지"라든가, 자신의 애창곡을 선곡하고 "이 노래는 내 18번이야" 라며 자신있게 노래를 부르기도 한다. 왜 우리는 18번이라는 말을 자주 사용하게 되는 것일까? 이 말은 일본의 전통 예술인 가부키에서 처음 사용되었다. 가부키는 화려한 분장과 무대장식 그리고 음악과 춤이 가미된 종합연극의 형식인데, 17세기 무렵 '이치가와 단주로' 라는 배우가 자신의 가문에서 내려온 기예 중 크게 성공한 18가지 기예를 정리하여 '가부키 18번' 이라고 부르던 데서 유래되었다.

이처럼 18번이란 자신이 가장 자신 있어하는 애창곡이나 장기를 뜻하지만, 주가파동에 있어서도 중요한 수로 작용한다. 이는 전체를 의미하는 36 순환수의 절반에 해당되어 진행되는 추세의 흐름을 가늠할 수 있는 기준 역할을 하기 때문이고, 또한 단기 주가 움직임의 바로미터라고 할 수 있는 20일 이동평균선의 강약 여부를 18일선에서 미리 확인해 볼 수 있기 때문이다.

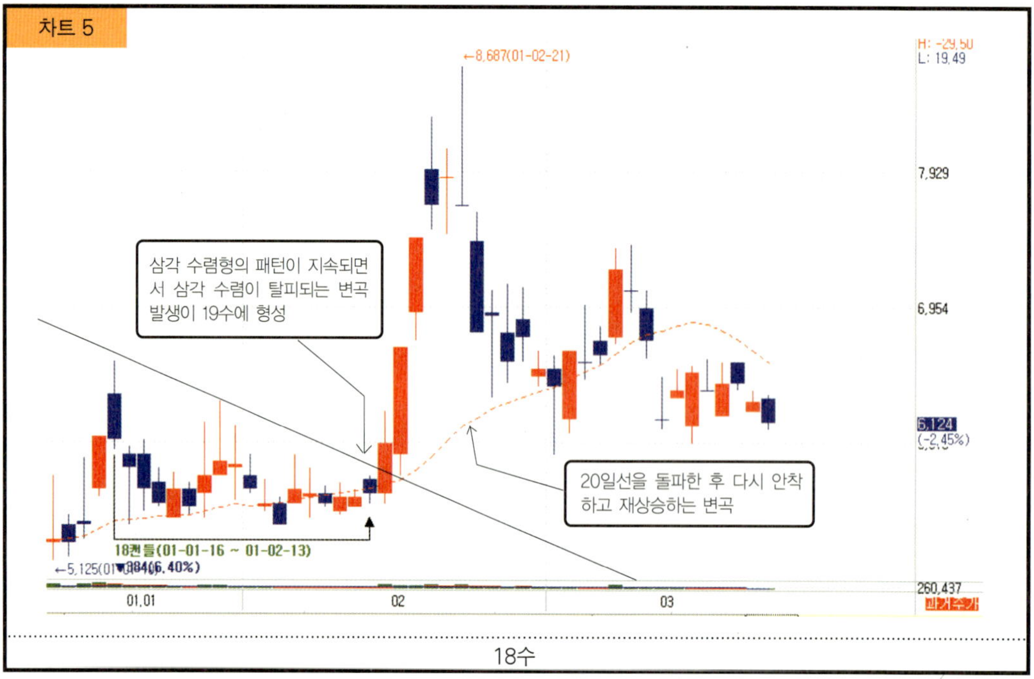

〈차트 5〉는 1차 상승의 고점으로부터 18수에 수렴과정을 마무리하고 19수에서 강력한 상승이 나타나지만 24수에는 주가의 고점이 형성되는 차트이다. 삼각 수렴의 상승 패턴이었기 때문에 상승하게 되었다고 할 수도 있고, 단기 추세의 바로미터인 20일선을 돌파하였기 때문에 가능한 상승이었다고 할 수도 있겠지만, 그것만으로는 어느 시기에 얼마만큼의 시세 분출이 가능할지 가늠하기 어렵다. 그런데 수의 입장에서 보면 고점으로부터 18수 전후한 구간은 가격이 급변할 가능성이 높고, 24수에는 고점이 형성될 가능성이 높다는 것을 알 수 있어 충분한 대응을 할 수 있었을 것이다. 상수이론에서 24수는 12순환의 2수배로서 완성을 의미하는 수이기 때문이다.

야구는 9회말 투아웃부터

9수에서 살고 죽는 투자게임이 벌어지며 투자인생이 역전된다

360/9=40주기수

사람들이 어떤 게임이나 경기를 좋아하는 배경에는 반드시 재미있는 요소가 들어 있다. 그중에서도 야구는 인생의 축소판이자 생명의 순환원리를 그대로 담고 있다. 야구는 2시간에서 3시간 가량 하는 운동으로 경기시간이 가장 길지만 그것이 지루하지 않는 이유는 순환의 원리로 돌아가기 때문이다. 야구는 상수이론으로 보면 전체를 의미하는 12순환의 4분의 3에 해당하는 9회에 끝을 낸다. 3회씩 3회전하는 방식이다. 이러한 규칙이라면 최소한 한 타자가 3번씩은 공을 칠 기회가 주어진다. 그리고 한 회는 3명이 죽으면 쓰리아웃 체인지가 되어 공격과 수비가 바뀐다는 개념이다. 인생에 3번의 기회가 찾아오는 것과 비슷하다. 야구경기의 백미는 9회말 2사후의 만루 역전찬스라고 한다. 마지막의 마지막에 과연 사느냐 죽느냐가 결정될 수 있기 때문일 것이다.

우리나라에서는 19세 29세 39세 49세 59세 등과 같이 나이의 끝수에서는 조심하려는 경향이 강하다. 이는 9가 완성 직전의 마지막 고비를 뜻하는 수로서 우리 선조들은 사물이 10년을 주기로 크게 변한다는 것을 체험적으로 알고 있었기 때문이다. 주가파동 역시 10수 단위로 완성되는 경향이 있지만 중요한 변화는 일반적으로 9-19-29-39-49 등의 수의 마디에서 먼저 나타나게

야구
인생의 축소판이자 생명의 순환원리를 담은 경기다.

된다. 즉 10의 주기에서 9가 가장 큰 수이므로 보통 9수에서 많은 변화가 생기며 주가의 상승도 9수에서 멈추거나 중요한 변화를 보이는 한편 야구의 그라운드가 4각형 구조로 이루어진 것은 1년 4계절을 형상화한 것으로 본루인 홈이 겨울, 1루가 봄, 2루가 여름, 3루가 가을로 순환하는 과정을 나타낸다.

차트 6

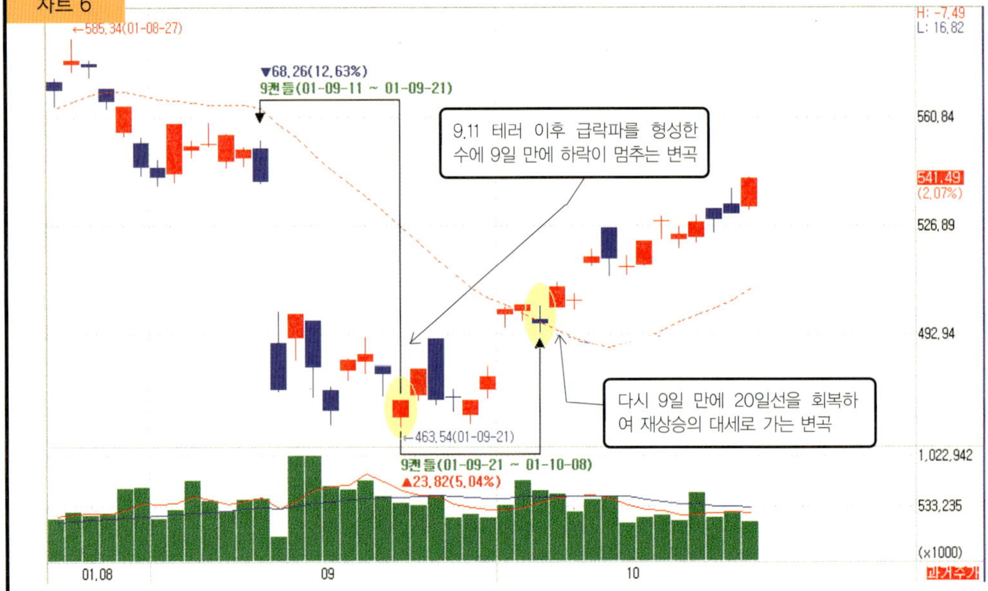

9수(1)

〈차트 6〉은 9.11 테러 후 대세바닥을 형성하는 차트이다. 테러충격 후 9일 만에 주가는 저점을 형성하게 되고 이후 극적인 회복을 보이게 된다. 결국 463포인트는 야구에서 9회말 2사 후 만루찬스와 같은 의미의 저점이었던 셈이다. 바닥의 저점으로부터 7수에서 20일선의 저항을 받게 되지만 얕은 조정으로 마무리하고 9수에서 다시 20일선을 회복하면서 끝내 대세상승으로 이어지는 모습이다. 이처럼 9수는 한 추세의 중요한 변화를 알려주는 역할을 한다.

차트 7

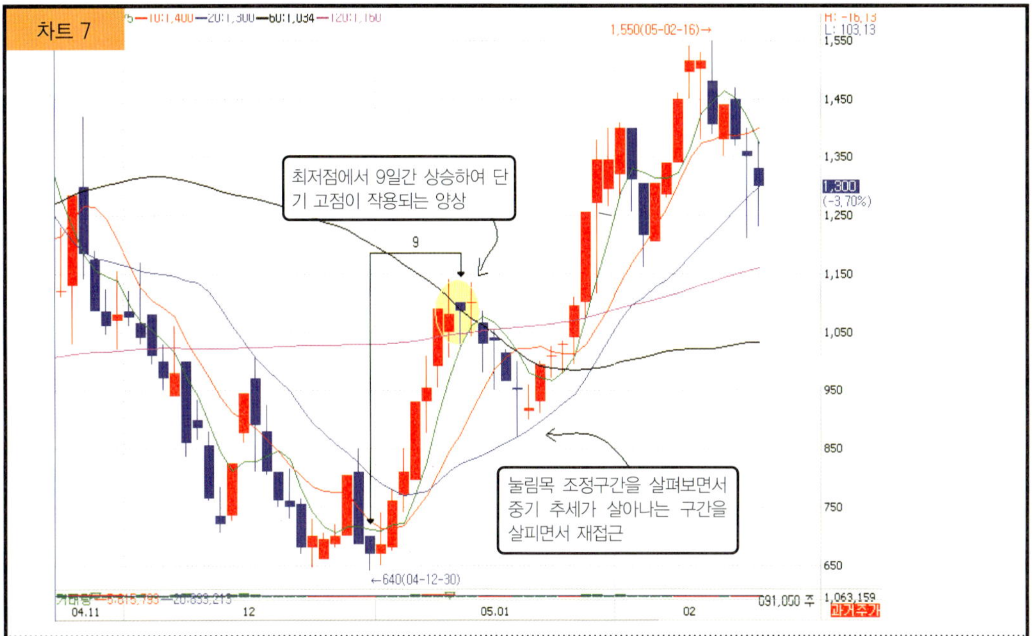

9수(2)

〈차트 7〉은 저점으로부터 9수를 전후로 1차 상승의 고점을 형성하는 차트이다. 저점에서 급상승하는 주가는 9수에서 조정을 보이는 경향이 많다. 보통 9수 동안 상승하게 되면 전체적인 주가흐름 또한 상승추세로 전환되는 경향이 있고, 9수 동안 이루어지는 초기 탄생파의 힘이 강할 경우 중기적인 상승추세로도 연결될 수 있기 때문에, 조급하게 수익을 실현하고 떠나가기보다는 직전 상승진폭의 고점에서 30~50% 하락한 구간을 기다려 매수의 관점에서 접근하는 것이 바람직하다.

초 · 중 · 고 교육제도가 6년-3년-3년인 이유

장세는 6년, 3년으로 이루어지며 주식에서 인생을 배운다

360/6=60주기수, 360/3=120주기수, 360/128=30주기수

우리나라는 크게 초등학교 6년, 중학교 3년, 고등학교 3년, 대학교 4년, 대학원 2년의 교육체계로 이루어져 있다. 기본 교육과정으로서 6년-3년-3년의 12년과 종합과정으로서 4년-2년의 6년으로 구성된다. 기본 과정과 종합 과정을 합하면 18년이 되며, 거기에 유치원 1년까지 합하면 19년의 기나긴 시간이 된다. 결국 인생의 3분의 1 가량을 공부하는데 쏟고, 거의 20년에 가까운 장구한 세월을 통해서 교육이 완성되는 것이다.

초등학교의 교육기간이 6년으로 비교적 긴 이유는 분별능력이 부족한 어린아이 단계이므로 그 능력이 길러지기 위해서는 6년 가량의 기간이 필요한 때문이고, 분별능력이 갖추어진 중고등학교는 초등학교의 6년 주기가 분할되어 그 주기가 빨라지는 현상을 볼 수 있다. 그런데 기본적으로 12년의 교육을 마치고 난 다음에는 사회에 진출할 수 있게 된다. 12진법의 원리가 교육에 적용이 되는 것이다. 종합 과정으로서의 전문교육은 4년이 요구되는데 이는 전문지식을 받아들이고 그것을 완성하기 위해선 4순환의 계절처럼 4년이 필요하기 때문이다. 하지만 이후 좀더 보완이 필요하면 2년의 대학원 과정을 다니게 되며 이는 6년으로 이루어지는 기본 단위에서 부족했던 나머지 2년을 채우는 개념이다.

일반적으로 알려진 경기순환주기는 그 주기의 길이에 따라 주순환, 소순환, 건축순환, 장기순환 등으로 구분된다. 먼저 주순환이란, 전통적인 의미의 경기순환으로 주글러 파동 또는 설비순환주기로도 불리며 평균 6년 내지 10년에 걸쳐 이루어지는 순환주기를 말한다. 그리고 소순환은 키친 파동 또는 재고순환주기라고도 불리며 평균 40개월의 주기를 가지는 순환을 말하며, 또 건축순환주기는 평균 15년 내지 25년 주기의 보다 장기적인 순환형태로서 주택이나

공장건물 등의 기초적 자본재의 마멸에 따른 건축활동의 변동에서 기인한다. 마지막으로 콘트라티에프 파동이라고도 불리는 장기순환은 약 50~60년의 주기로 발생하며 이 장기순환은 여러 개의 주순환이 겹쳐져 나타나게 된다. 이러한 경기순환 이론들은 J.A.슘페터에 의해 종합되었다. 슘페터는 3개의 키친파가 하나의 주글러파를 형성하고 다시 6개의 주글러파가 하나의 콘트라티에프 파동을 형성한다고 보았다. 그런데 이러한 경기순환주기와 맞물려 주식시장에서도 3수와 6수의 주기가 존재한다.

차트 8

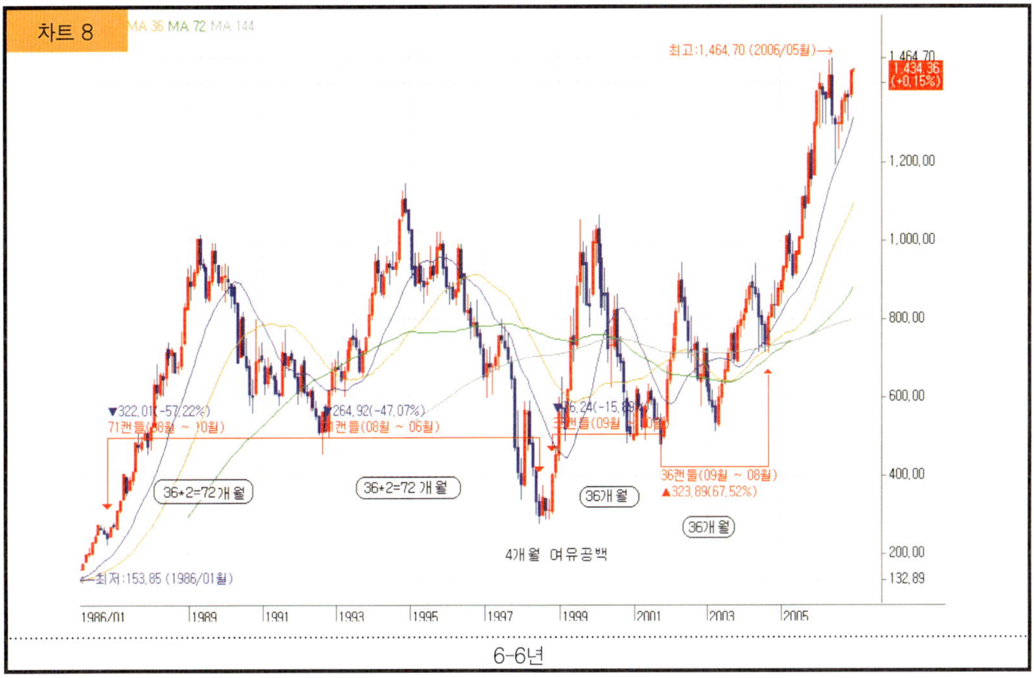

〈차트 8〉은 최근 18여년 간의 주가 추이가 3년과 6년을 주기로 중요한 변화가 발생하고 있음을 나타내는 종합지수 월봉 차트이다. 1980년대 후반 한국 증시 사상 처음으로 1,000포인트 시대를 열었지만 그 후유증으로 3년 5개월 동안

하락하고 있다. 이후 저점을 형성한 주가는 2년 4개월 동안 상승하며 1,145포인트를 기록하게 된다. 하지만 고점 형성 이후 경기하강과 IMF 사태를 겪으며 3년 8개월 만에 다시 저점을 형성하게 되는데, 1992년 저점 이후 거의 6년 만에 대바닥을 형성하는 모습이다.

또 IMF 사태 후 급등했던 주가는 다시 3년 4개월 만에 미국의 9.11 테러 발생을 기점으로 재차 저점을 형성하고 있으며, 그 저점으로부터 만 3년 후에는 중요 저점을 형성하며 반전에 성공하는 모습인데, 그 기간 역시 6년을 약간 상회한다. 그리고 2000년 1월의 고점으로부터 2003년 3월의 저점까지가 3년 3개월, 그 저점으로부터 2006년 5월의 고점까지가 역시 3년 3개월의 기간이 소요되고 있다. 이처럼 경기순환 주기와 맞물려 주식시장에서도 6-3년의 장세 주기가 나타나는 모습을 볼 수 있다.

3분 컵라면도 이유가 있다

3은 처음과 중간과 끝을 모두 포함하는 최초의 숫자다

360/3=3기본 순환수

현대생활에 쫓기는 사람들에게 인기 있는 컵라면은 이제 인스턴트 식품의 대명사가 되었다. 우리나라에서는 1962년에 개발된 삼양라면이 원조다. 라면이 점점 발달하여 1971년에는 일본의 일정식품에서 3분이면 조리가 되는 컵라면이 개발되었다. 그런데 왜 3분 라면이 컵라면의 대명사가 되었을까? 5분도 아니고 1분도 아닌 딱 3분이다. 3분은 길지도 짧지도 않은 시간으로 초로 보면 180초에 해당된다. 3분이 20개면 한 시간이 된다. 즉 가장 기본적인 시간의 마디인 것이다. 심리적으로 보면 커피 한 잔이나 담배 한 개비를 피우는 토막의 시간이기 때문이다. 일본에서 실제로 1분에 조리되는 라면이 개발된 적이 있지만 소비자들의 냉담한 반응 때문에 실패를 거두었다고 한다. 이처럼 3분은 심리적으로 중요한 작용을 하는 시간이다. 라면 냄새를 맡고 가장 식욕이 왕성해지는 시간이 3분인 것이다. 마케팅 심리학과 시간의 신비가 접목되어 공전의 히트를 기록한 사례다.

단기 트레이더가 1분봉을 보지 않고 3분을 보는 이유도 바로 여기에 있다. 주가가 변하는 모습을 보고 생각을 하며 행동을 하게 되기까지 소요되는 시간이 3분이다. 즉 후회와 갈등 그리고 번민이 흘러가는 시간이 3분이다. 너무 빠르면 뇌동 매매를 하게 되고 너무 늦으면 시세가 많이 진행이 되고 난 뒤이기 때문이다.

차트 9

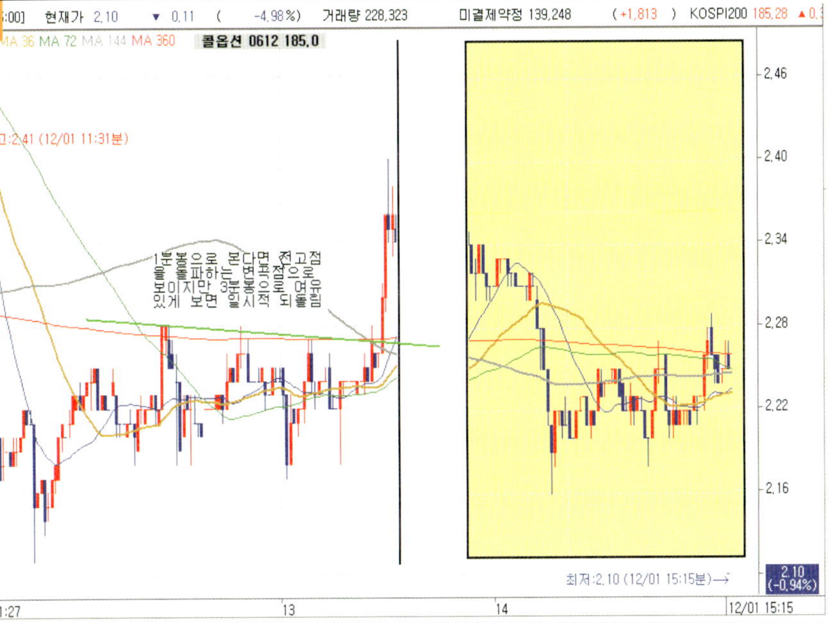

3분(1)

〈차트 9〉는 일시 급등을 보이는 콜옵션 차트이다. 1분 차트를 가지고 보면 박스권을 돌파하는 변곡으로 보이지만 일시 반등 이후 재하락을 보이는 차트 모습이다. 매수 타이밍이 매도 타이밍으로 바뀌는 아찔한 순간이 될 뻔한 파동이다.

차트 10

3분(2)

〈차트 10〉은 3분으로 보는 콜옵션 차트이다. 전체적으로 본다면 일시 반등하는 차트 양상이며, 13수의 주기 파동에 걸린다. 즉 되돌림 고점을 순간적으로 보이고 있으며, 매수하려는 장대양봉 이후에 다음 봉오리는 음봉을 보이면서 하락하고 있다.

비가 오는 날, 백화점 매출은 15%가 줄어든다

15수에는 조정과 완성의 의미가 공존하고 있다

360/15=24절기수

비는 사람들의 심리를 수렴하게 하는 경향이 있다. 그래서 비가 오는 날에는 "비가 오면 생각나는 그 사람……" 이란 노래 가사에서처럼 한 편의 추억이 떠오르기도 하고, 전을 부쳐 먹고 싶기도 하다. 즉 비가 오면 외출하기 싫어지고 활동력이 저하된다는 의미다. 이러한 심리적 위축으로 인하여 백화점 같은 경우에 평균 매출의 15%가 줄어든다는 통계가 있다. 평소보다 사람이 줄어들어 전반적인 매출이 감소할 뿐 아니라 식료품 같은 경우에는 유통기한과 신선도 때문에 할인하여 판매하게 된다. 그런데 왜 15% 가량의 매출이 줄어들게 되는 것일까? 상수이론에서 15는 조정의 수를 의미한다. 즉 수로 보면 10과 5를 더한 의미로서 충분한 조정의 상징이었던 셈이다.

공소시효에 적용할 때에도 15년이라는 숫자는 의미를 가진다. 범인이 잡히더라도 풀어준다는 것이다. 15년 동안 도망 다니면서 그에 상응하는 마음의 고통을 받았다고 인정하기 때문일 것이다. 인생 60년을 사는데 그 인생의 한 계절을 의미하는 4분의 1의 기간 동안 고통 속에서 살아왔다는 것은 그 15년의 기간이 나름대로 인과응보에 상응하는 벌로 충분하다고 보는 것이다.

주가에서도 같은 원리가 적용이 된다. 전일 종가 대비 15%의 가격이 내려간 것은 충분한 조정을 받았다는 의미로 거래소 종목의 경우 하한가는 15%로 제한을 한다. 그리고 이러한 하락은 치명적인 악재가 아닌 한 빠른 복원력을 보이기 때문에 투자자들은 하한가 매수 및 다음날 저가에 매수하는 할인 혜택까지 받게 되는 경우가 많다.

〈차트 11〉은 단기적으로 15% 하락을 보인 차트이다. 36일 이평선 부근에서 추세 수렴을 보이다가 급락하는 양상을 보인다. 전체적으로 15% 가 약간 넘는 하락을 보였으며, 진행 시간도 15수로 일치하였다. 같은 시간만큼 같은 진폭이 빠지는 동시간 동비율 파동이다. 최저점도 이전 저점에서 72수 전후로 일치하는 파동이므로 더 신뢰할 만한 매수 구간이다.

펜타곤과 샤넬 NO.5

5일선은 작은 움직임을 대표하는 기본 단위다

360/5＝72순환수

5는 3+2의 개념으로서 사물의 현상과 본질을 합한 수이다. 3은 창조와 남성을 의미하고 2는 조화와 여성을 뜻한다. 감각에는 시각, 청각, 후각, 미각, 그리고 촉각의 5가지가 있다. 피타고라스 학파에게 5는 너무나 중요했기 때문에 오각별(펜타그램)은 피타고라스 학파의 회원임을 나타내는 비밀스럽고 신성한 기호로 사용되었다. 인체도 몸통을 중심으로 머리, 2개의 팔, 2개의 다리 등 5부분이 나와 있고, 손가락이나 발가락도 기본이 5개이다. 이처럼 5는 음양의 조화라는 의미가 있고 혁신을 의미하는 최초의 수이기도 하다. 즉 5는 작은 움직임의 특성을 대표하는 가장 기본적인 단위인 것이다.

오선지 위의 악보

악보는 음향을 가시적인 형태로 옮겨놓은 것으로서 민족과 시대에 따라 여러 모습으로 나타나고 있으나, 17세기 이후에는 다섯 줄의 평행선과 음표를 사용한 5선보(五線譜)가 가장 보편적으로 사용되고 있다.

"여자는 향기로 말한다"라는 문구처럼 여자와 향수는 밀접한 연관을 가지고 있다. 그리고 최근에는 이성을 사로잡는 페로몬 향수까지 나온 실정이다. 이처럼 향수는 인간의 오감 중 하나인 후각을 자극한다. 그런데 향수의 대명사가 되어버린 것이 '샤넬 NO.5' 이다. 그 유래는 섹스 심벌인 마릴린 먼로가 인터뷰 때마다 이 향수를 사용한 데서 비롯되었다고 한다. 샤넬 NO.5는 자스민 향과 장미 향을 합친 향수로서 사랑을 의미한다. 샤넬의 향수 시리즈는 NO.1에서 NO.5 까지 있지만 그중에서 유독 NO.5 제품만이 팔린다. 후속 시리즈에 넘버가 더 늘어나지만 그래도 오직 샤넬 NO.5만 팔리는 것이다. 이것이 '5' 라는 수의 독특한 힘 때문이라면 지나친 억측일까?

9.11 테러 때 공격받기도 하여 인상이 깊은 미국방성 건물은 외형이 5각형이기 때문에 펜타곤이라고도 한다. 1947년 국가안전보장법에 따라 분리되어 있던 육군 · 해군 · 공군의 방위기능을 일원화하기 위하여 3군을 총괄하는 국가군사부로서 창설한 것이다. 5각형의 외관을 채택한 이유는 그것이 가장 완전한 생명의 모양을 나타내기 때문이었다고 한다.

주가에서 가장 기본이 되는 거래일수는 5일이다. 일주일 중 5일만 거래되기 때문이기도 하다. 일주일 중 5일 동안 거래가 되고 2일이 지나 다시 장세가 열리므로 시간이 단절된다. 시간의 단절은 심리의 단절을 의미하고 변곡을 의미한다. 그래서 5일이 중요한 단기 시간지표 역할을 한다. 이동평균선에 있어서도 5일선은 중요한 의미를 지닌다. 5는 조정의 역할을 수행하는 수로서 5-10-15-20의 4순환 구조를 가지기 때문이다.

차트 12

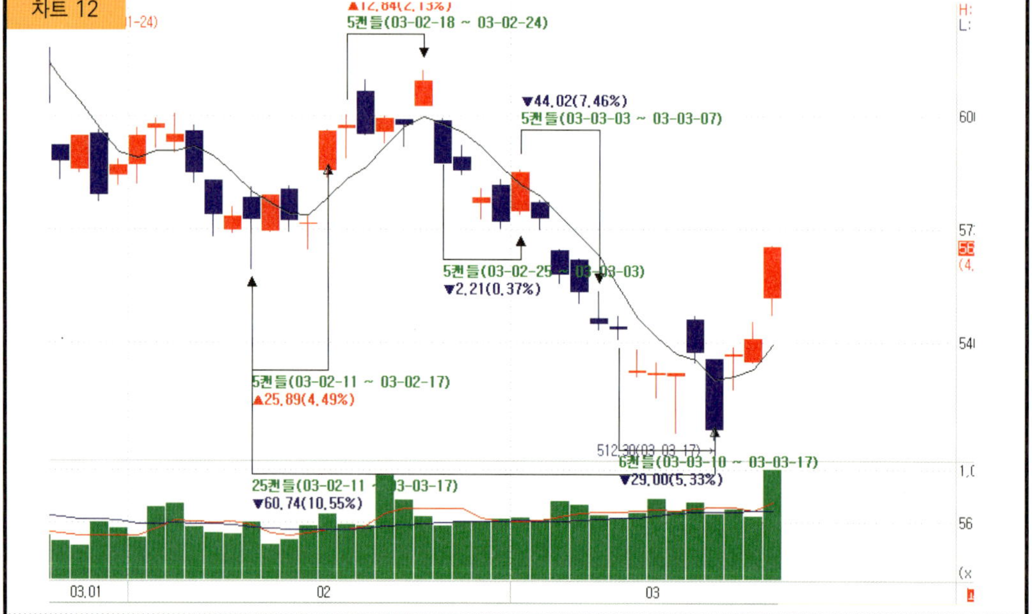

5수

〈차트 12〉는 5캔들과 5일선이 중요한 역할을 하고 있는 차트이다. 좌측의 저점은 직전고점으로부터 5일을 하락하자 아래꼬리를 길게 달며 하방경직성을 확보하는 모습이고, 그로부터 5일째는 5일선을 돌파하며 강한 반등을 시현하고 있으며, 그 2수배인 10일째에는 반등의 고점이 형성되는 모습이다. 이후 5일선을 강하게 하향이탈하여 하락추세로 전환된 뒤로는 별다른 반등도 못하고 지속하락하고 있다. 전체 장세가 5캔들과 5일선을 기준으로 중요한 변화가 나타나는 모습이다.

완성을 나타내는 숫자 10, 삶과 죽음을 그려내다

10은 상승과 하락일수의 중요한 기준이 된다

360/10=36순환수

'十' 은 완성을 의미하는 숫자이다. '十' 자 모양은 그리스도교를 상징하는 표식이기도 하며, 만(卍)자는 불교를 상징하는 표식이기도 하다. 왜 이런 모양을 하게 되었을까? 기독교에서 십자가가 그리스도의 상징으로 쓰이고 있는 것은 그리스도가 모든 사람의 죄를 대속(代贖)하기 위하여 십자가에 매달려 죽음을 당했기 때문이다. 즉 십자가는 대속과 멍에의 상징인 것이다. 성경에 "또 자기 십자가를 지고 나를 좇지 않는 자도 내게 합당치 아니하니라" (마 10:38) "나는 마음이 온유하고 겸손하니 나의 멍에를 메고 내게 배우라 그러면 너희 마음이 쉼을 얻으리니" (마 11:29) 라는 구절이 있다. 이런 말들이 의미하듯 인간에게는 자신의 멍에, 즉 삶의 수레바퀴가 있다. 곧 십자가란 원이 돌아가는 큰 축을 동서남북으로 표현한 상징으로서 예수님은 우주의 큰 멍에를 대속한다는 의미이고 인간은 자기의 타고난 멍에를 지고 간다는 의미인 것이다.

그러나 십자가의 형상은 기독교가 출현하기 훨씬 이전부터 이미 고대민족의 종교적 습성이었다. 인도에서는 오래전부터 '만(卍)' 자가 사용되었고, 힌두교에서는 오른쪽 어깨가 올라간 갈고리형 십자가가 가네사(ganesa)라고 불리며 남성적 원리를 상징하였으며, 왼쪽 어깨가 올라간 갈고리형 십자가인 사우바스티카(sauvastika)는 칼리(kali)라고 불리는 여성적 원리를 상징하였다. 만(卍)은 십자가(十)가 구부러진 모양으로서 좌회전하는 형태를 의미한다. 이는 우주가 돌아가는 모습을 형상화한 것으로서 중심에서 오른쪽으로 회전하는 '우만(卐)' 자와 왼쪽으로 회전하는 '좌만(卍)' 자로 크게 나누어진다. 여기에서 좌회전은 생명이 성장하는 삶의 모습을 의미하는 것이고, 우회전은 생명이 수렴하는 모습으로 죽음을 뜻하는 것이다. 즉 그 회전방향에 따라 상생(相生)의 삶의 모습과 상극(相剋)의 죽음으로 작용하게 되는데, 불가의 만(卍)자는 좌회전의 표식인데 비해 나치당의 상징은 우회전의 표식이다. 즉 우회전의 힘을 상징하는 나치당의 표식은 상극의 죽임으로써 작용하여 결국 수백만 명의 생명을 앗아간 것이다. 과연 그러한 의미를 알고 표식을 사용했던 것인지 아니면 우연의 게 일치인지는 몰라도 역사는 한편으로 그것을 증명하고 도도히 흐르고 있다.

한자의 의미도 '十'은 10 혹은 완성을 뜻하며, 또한 종횡이선(縱橫二線)이 교차함으로써 중앙에 중심점을 이룬 것인즉, 十은 동서남북의 방위를 가리키는 상징물을 뜻한다. 이상한 일이지만 동서양을 막론하고 '十'에 대해서는 공통적으로 그렇게들 인식하였던 것이다.

'만' 자

十은 완성을 의미하는 상징이다. 卍자는 불가의 卍은 생명의 성장, 삶의 모습을 가리키고 나치의 卐은 생명의 죽음, 즉 죽음을 가리킨다.

〈그림 만자〉는 십자가와 나치의 하겐크로이츠 그리고 불가의 만(卍)자를 나타내고 있다. 불교에서 卍자는 평원이나 평화 같은 것을 의미한다. 卍자는 나치의 하겐크로이츠와 비슷하게 생겼지만 그 방향과 각도가 다르다.

卍은 만(萬) 또는 스와스티카(swastika)라고도 하며 오래전부터 부와 행운의 상징으로 널리 사용되어 왔다. 卍자는 태양의 방광(放光)을 본뜬 형상으로서 태양을 숭배하던 아리안족이 사용해 온 것으로 보인다. 스칸디나비아 반도에서부터 이란, 인도에 이르기까지 아리안족의 분포지역에는 이 卍자가 널리 펴져 있다. 따라서 나치독일이 아리안족인 독일민족의 우월감을 선전하기 위해 반셈(反Shem)주의의 휘장으로서 사용하게 된 것이다. 나치독일은 이 휘장을 '하겐크로이츠' 라고 불렀다. 이 깃발 아래 수백만 명의 유태인이 학살당하고 혹독하게 시달려야 했던 것이다. 한편 卍자는 그리스 정교회에서도 장식으로 사용되었으며, 아메리카 인디언은 방향이나 바람의 상징으로 삼았고, 중국에서는 문이나 난간 등의 무늬로 널리 사용하였다.

볼링게임의 묘미는 10개의 공을 넘어뜨리는 완벽한 스트라이크에 있다. 그런데 왜 볼링에는 10개의 볼핀이 사용되는 것일까? 볼링의 기원은 7,000년 이상이나 거슬러 올라간다. 즉 기원전 7200년 경의 이집트 고분에서도 찾아볼 수 있다. 자료를 찾아보면 볼링은 기원전 500년부터 기원후 500년 경까지 유럽 귀족들의 오락으로 보급되었다가 한 차례 역사의 무대에서 자취를 감추지만 12세기에 이르러 다시 유럽대륙과 영국에서 성행하게 된다. 그리고 생활문화의 발달과 함께 볼링의 형태도 점차 진화되어 오늘에 이르는 모습이다.

볼링
볼링핀은 1+2+3+4의 형태로 배치되어 있다.

종교 개혁의 선구자 마틴 루터에 의해서 개량되었으며 이후 미국에서 선풍적 인기를 누리게 된다. 급기야 도박으로까지 유행하게 되자 금지령이 내려지기도 하였으나 편법으로 10개 핀의 배치를 바꾸어 게임을 지속했던 것이 오늘

날의 볼링이 되었다고 한다. 여기에서 중요한 수의 의미는 볼링 핀이 10개라는 사실과 그 배치방식이 1+2+3+4=10이라는 수의 분열에 있다. 도합 '10' 이라는 완전수를 정복하는 것이 스트라이크인 것이다. 10은 완전을 의미하기 때문에 완전해지려는 욕망의 정복욕을 경기화시킨 것이라 할 수 있다. 한 방에 10개의 적을 쓰러뜨렸다는 행위의 발산인 것이다.

주가에서도 10일 동안 조정을 받고 재상승하는 모습을 흔히 볼 수 있으며, 이동평균선의 개념에서도 10일선에서 지지받아 상승하게 되면 이후에도 10일선의 지지를 받고 상승하는 경향이 있음을 볼 수 있다. '10' 은 5의 2수배 조정이며 중간 단위의 조정을 의미하기 때문이다.

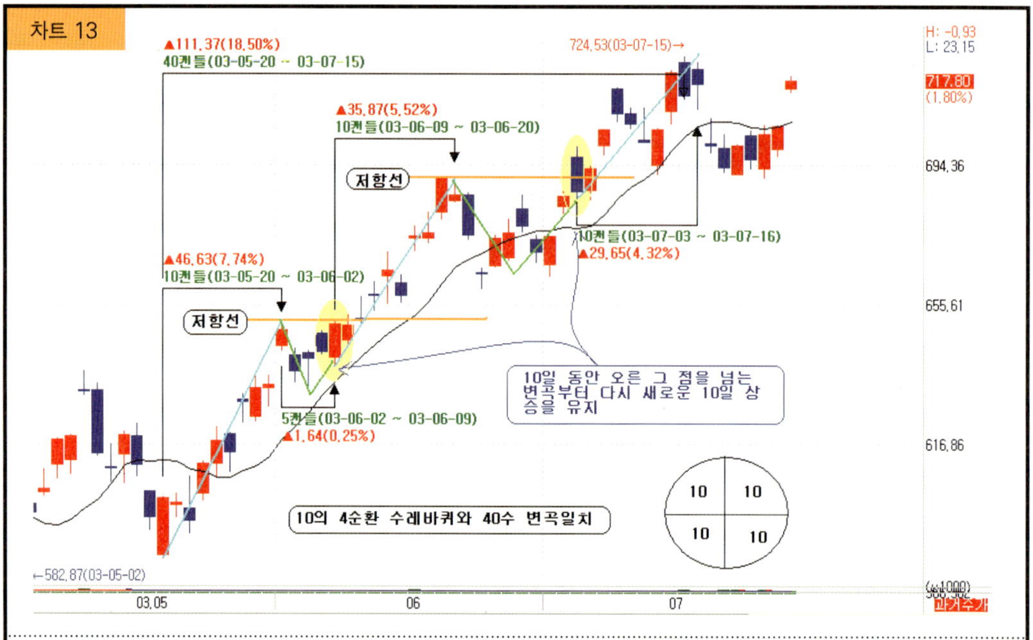

10수

〈차트 13〉은 10일 이동평균선을 지지선으로 상승이 이어지는 차트이다. 일반적으로 10일선을 지지받아 상승하는 경우 이후에도 10일선의 지지 여부를 살펴 대응하는 것이 유리하다. 위의 차트에서 보이는 것처럼 저점으로부터 10일 동안 상승한 후 조정받는 주가는 이후 재차 10일의 가격을 돌파하게 될 경우 그 시점부터 또한 추가로 10일 동안 상승하고 있는 모습이 반복되고 있다. 조정기간까지 합한 전체 상승기간은 10의 4수배인 40일이고, 이는 십자가(十)와 만(卍)자의 상징체계와 유사하게 10일이 4순환하는 수레바퀴의 개념이다. 결국 10은 작은 세계의 완성을 말하므로 이동평균선에 있어서나 상승과 하락 일수에 있어서도 중요한 기준 역할을 하게 된다.

담배 한 갑의 개수는 20개

20은 심리적인 움직임의 단위가 조화된 수다

360/20 = 18순환수

담배 한 갑은 왜 20개비일까? 그것은 주머니에 충분히 들어갈 수 있는 사이즈를 고려할 경우 20개비가 가장 적당하기 때문이라고 한다. 또한 잠자는 시간인 7~8시간을 빼면 하루는 16~17시간이 되기 때문에 한 시간에 1개비를 피고 식후마다 1개비를 피면 한 갑인 20개비를 소요하게 된다. 행동 심리와 마케팅 심리가 결합된 것이다. 일반적으로 담배 흡연량이 하루에 한 갑이 되는 이유도 이러한 주기가 있음을 보여준다. 이처럼 20수는 심리적인 요소가 결합된 수이기도 하지만, 손가락과 발가락을 모두 합한 수이기도 하고, 한 달 동안 주식시장이 열리는 실거래일수를 의미하기도 한다.

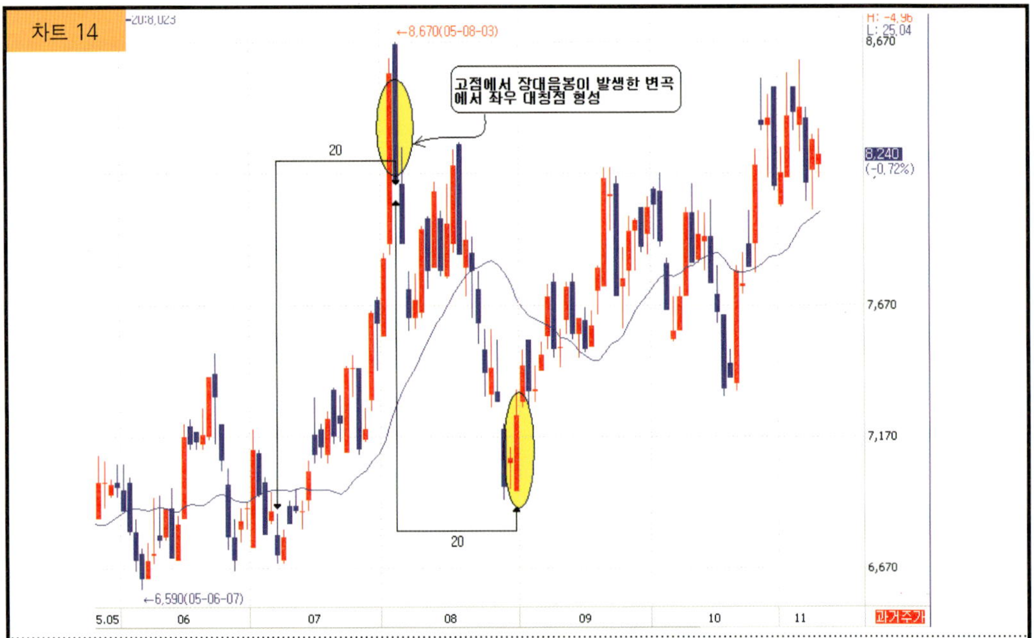

대칭 변곡

〈차트 14〉는 주가가 20일을 마디로 대칭을 보이는 차트다. 좌측의 저점으로부터 N자형을 그리며 상승한 고점까지가 20일 동안이었으며, 고점으로부터 하락한 주가의 모습도 역 N자형을 그리며 저점까지 20일이 소요되었다. 즉 상승과 하락의 주기가 20수로서 서로 대칭을 이루고 있는 모습이다.

왜 '베스킨라빈스 31' 인가?

30수는 새로운 추세로의 연결이나 반전을 의미한다

360/30＝12순환수

"골라 먹는 재미가 있다"라는 카피로 일약 고급 브랜드로 성장한 '베스킨라빈스 31' 이라는 아이스크림을 기억할 것이다. 이름도 외우기 힘들다. 베스킨라빈스 삼십일로 읽어야 할지 베스킨라빈스 써티원으로 해야 할지 헛갈리는 이름이다. 어쨌든 이 회사는 독특한 이름을 내세워 신세대에 어필하면서 소비자의 심리를 장악하는 데 성공했다. '베스킨라빈스'라는 이름은 동업자 버튼 베스킨과 어니 라빈스와 합성어이며 31은 한달 31일 동안 골라 먹어도 매일 질리지 않게 먹을 수 있다는 의미라고 한다. 이처럼 수는 은연중 우리의 심리에 어필을 하고 있는 것이다.

일반적으로 한 달이라는 시간은 30일을 의미하며, 31일은 30일 다음에 오는 첫 번째 수이기 때문에 새로운 개념이다. 즉 30보다는 31을 쓰는 것이 보다 강하고 새로운 이미지로 각인될 수 있다는 것이다.

주가흐름에 있어서도 특정 기준점으로부터 30수를 채우면 그 후의 방향성에 따라 새로운 추세로 연결되거나 추세가 반전되는 경향이 있다. 즉 30을 기준으로 그 후의 방향성이 향후 추세의 진(眞) 방향으로 결정되는 경우가 많다.

차트 15

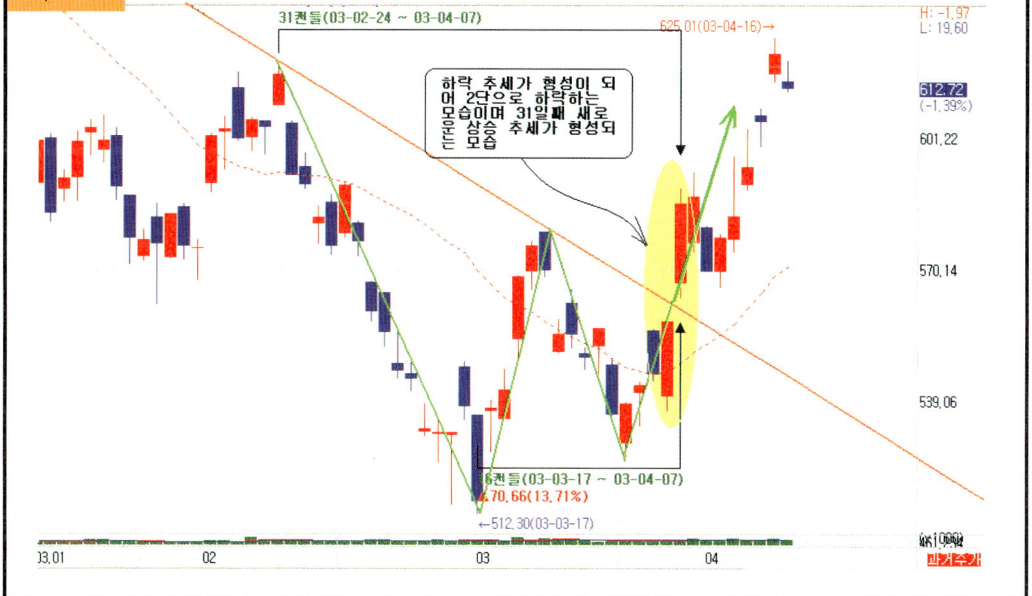

30수(1)

〈차트 15〉는 하락추세에서 상승추세로 전환되는 과정을 나타내고 있는 차트이다. 하락추세의 의미 있는 고점으로부터 30일 동안 등락을 거듭하다가 31수에 강력한 상승을 보이고 있다. 30일 동안 형성된 두터운 저항라인을 강력한 힘으로 돌파하여 결국 상승으로 전환되는 모습인데, 이는 한 달이 30일로 구성되어 있는 것과도 통한다. 31은 새로운 출발인 것이다.

차트 16

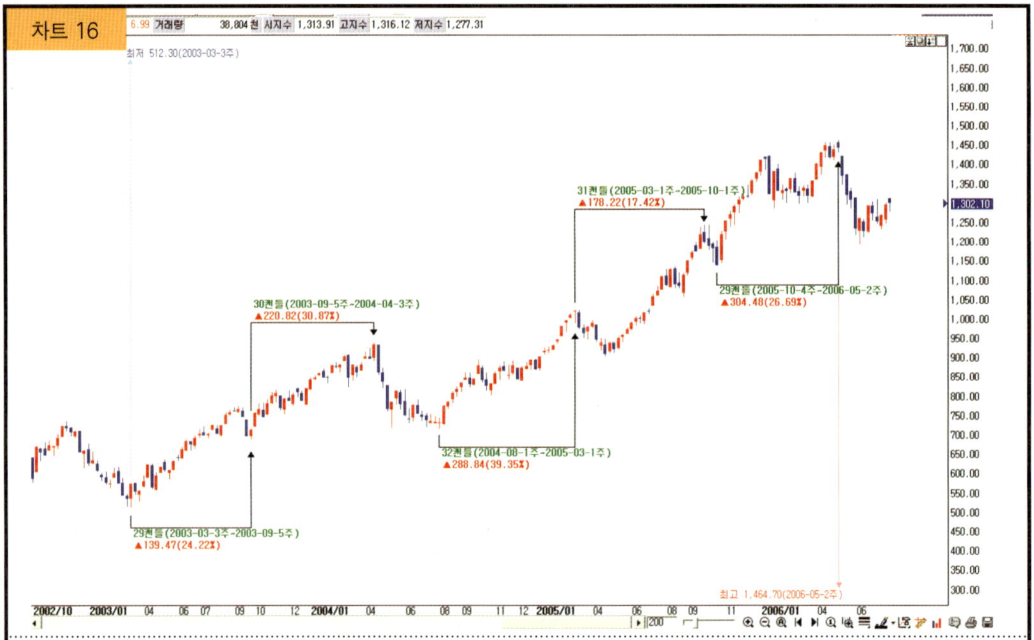

30수(2)

〈차트 16〉은 최근 4년 동안의 주가흐름을 나타내고 있는 종합지수 주봉 차트이다. 2003년 3월의 저점 512.30으로부터 의미 있는 눌림목까지가 29수이고 그로부터 추세의 고점까지가 30수를 보이고 있다. 또 2004년 8월의 저점 713.99로부터 첫 번째 추세의 고점이 32수, 그로부터 두 번째 추세의 고점은 31수, 이후 세 번째 추세의 고점이 29수다. 즉 30수를 전후한 구간에서 중요한 장세의 변화가 나타날 수 있음을 암시한다.

60세가 되면 회갑잔치를 한다

다시 반복되는 60일선에 주목하라

360/60=6순환수

우리나라에서는 60회 생일을 맞이하면 회갑이라 하여 생일잔치를 성대하게 한다. 왜 60회 생일을 중요하게 여긴 것일까? 그 유래는 음양오행의 60진법 시간론에서 비롯되었다. 60진법 시간론은 천간(天干) 10개와 지지(地支) 12개의 조합으로 시간이 흘러간다는 것을 말한다. 즉 천간 10주기가 6번 반복되고 동시에 지지 12주기가 5번 반복되면 자신이 태어났던 때와 동일한 천간과 지지가 구성된다. 결국 60회 일순환이 되어 자신이 태어난 간지(干支)로 다시 돌아왔음을 뜻하는 것이니, 회갑(回甲)이란 자신이 태어났던 시간 환경과 가장 흡사하게 일치하는 시간대인 것이다. 즉 자신이 태어난 시간과 가장 흡사한 근본 시간대로 돌아오기 때문에 생명의 근본으로 회귀하는 것을 중요하게 여겨 회갑잔치를 크게 했던 것이다.

일반적으로 인생은 60년이 가장 큰 분기점이다. 과거에는 60년이 넘는 생(生)은 보너스의 개념으로 받아들이고 여생(餘生)으로 여겨 생의 마무리이자 새로운 출발로 보았다. 그러나 근래에는 과학과 의학의 발달로 수명이 늘어나 평균 72세를 살아가는 추세이다. 즉 이제는 60주기가 아닌 72주기인 셈이다. 60주기는 60진법의 1순환이며, 72주기는 36주기의 2순환이다. 중요한 변화의 자리이며 인간의 수명도 이러한 자연원리에 지배받는다고 보아야 할 것이다.

주식시장에서도 이러한 원리가 그대로 통용이 된다. 장기 침체된 종목 중에는 120일선의 지지를 받아 새로운 상승 사이클로 접어드는 경우가 있다. 120일은 60일선의 2수배 개념이며 60일선은 60일과 같은 의미이다. 또한 장기 상승 사이클을 형성하는 경우에는 보통 60일선의 지지를 받고 상승하는 경향이 있고, 60일선에서의 지지가 실패할 경우 하락추세로 접어들기도 한다. 이처럼 주가에서나 인생에서나 60수는 중요한 역할을 한다.

차트 17

60수

〈차트 17〉은 60일 이동평균선에서 이탈한 후 장기간 하락하고 있는 차트이다. 고점으로부터 저점까지가 72수이다. 즉 36순환수의 2수배 위치에서 강한 반등을 시현하며 상승반전하는 모습이다. 그런데 실제 하락으로 전환된 시기는 60일선에서 이탈한 구간부터라고 할 수 있다. 그리고 60일선을 이탈한 주가는 거의 그 기간만큼 하락하게 되는 경향이 있는데 위의 차트에서 나타나는 것처럼 주가는 60일선을 강하게 이탈한 때로부터 정확히 60일이 되어서야 반등한다. 한편 그 지점은 고점으로부터 72일에 해당되는 곳이기도 하다. 즉 긴 하락추세가 마무리되는 위치임을 암시하고 있다. 단순한 반등이 아니라 새로운 상승추세로 접어들 수 있는 위치였던 것이다.

영화 007과 베티블루 37.2의 비밀

7은 행운과 불을 상징하지만 재앙을 나타내는 수이기도 하다

7=사물이 움직이는 단위

영화 007 시리즈는 세계 최고의 첩보영화로 잘 알려져 있다. 누구라도 한 번쯤 007의 제임스 본드를 본 기억이 있을 것이다. 그 인상은 강렬하다. 그리고 007이라는 숫자는 무슨 커다란 비밀을 간직하고 있는 것으로도 인식이 되어 007이라는 제목 자체만으로도 영화가 히트하는 데 한몫을 하고 있다. 제임스 본드는 영국 정보국 MI-6 소속의 비밀요원으로 살인면허를 가지고 있으며 암호명이 007이다. 그런데 하필 왜 007 이었을까?

007에서 7이라는 수는 원작자인 이안 플레밍이 좋아하는 숫자이기도 하지만, 7이라는 수에는 독특한 매력이 있다. 서양에서 7은 행운의 수로 알려져 있고, 동양에서는 불(火)을 의미한다. 즉 7이라는 수에 감추어진 의미는 불(火)이며 행운이기 때문에 사람들 기억 속에 오래 남아 사랑을 받고 있는 것이다. 기독교에서는 천지창조의 주기가 7일이며, 영혼이 지나가야만 하는 연옥(煉獄)이 7단계로 구성되어 있다고 한다. 영화 〈세븐〉에서 세븐은 요한계시록에 나타난 탐식, 탐욕, 나태, 교만, 성욕, 시기, 분노를 의미하여 일주일 동안 한 명씩 7가지 특징에 맞게 살인을 한다는 내용이다. 죄악이 존재하는 사

007의 포스터

7은 군사적 용맹, 권위와 명성을 상징하는 수다.

회에서 쓰레기 같은 영혼을 청소한다는 광기어린 내용으로서 인간에게 존재하는 오욕칠정과 일맥 상통하는 이야기이다. 이처럼 7은 재앙을 뜻하기도 하지만 일반적으로는 군사적 또는 물리적으로 용맹함, 그리고 권위와 영성을 상징하는 수이다.

영화 〈베티 블루 37.2〉의 표지는 카페 장식에서 가장 인기 있는 영화 포스터이기도 하다. 이 영화는 필립 디장의 소설 『37.2』를 영화화한 것으로 원제는 '37.2도의 아침' 이다. 37.2°C는 여자가 임신하기 딱 좋은 체온을 의미한다고도 한다. 이 영화에서는 여주인공 베티의 열정과 에너지의 분출, 그리고 파괴 본능을 잘 나타낸다. 다름 아닌 '억눌린 자아' 를 대변하는 것이다. 여주인공 베티는 두툼한 입술과 강렬하고 육감적인 외모만큼이나 예측 불허의 성격을 지닌 사람이었다. 특히 연인 조르그를 향한 사랑은 절대적이라 숨이 막힐 정도이다. 이처럼 37.2는 불(火)을 상징하는 의미의 수이다.

베티 블루 37.2
이 영화에서 37.2의 의미는 열정과 에너지의 분출, 파괴본능을 대변한다.

사람의 체온은 대체로 37±1(36~38)℃이고 정상체온은 36.5~36.9℃라고 한다. 그러나 여자는 배란기가 되면 체온이 높아지게 되며, 뜨거운 사랑의 감정이 생길수록 무의식 중에 사랑의 결실인 임신을 바라게 된다고 한다. 즉 여자가 사랑을 원하면 원할수록 그 시간대는 임신을 하기 좋은 시간대이며 체온도 높아져 격정적인 사랑을 하게 된다. 37.2℃는 정상체온에서 0.3~0.7℃ 더 올라가는 것이다. 즉 37.5℃에는 조금 못 미치는 온도이며, 30+7.2℃가 되는 수이기도 하다. 그리고 38℃가 넘으면 신체적으로 임계점에 해당된다.

차트 18

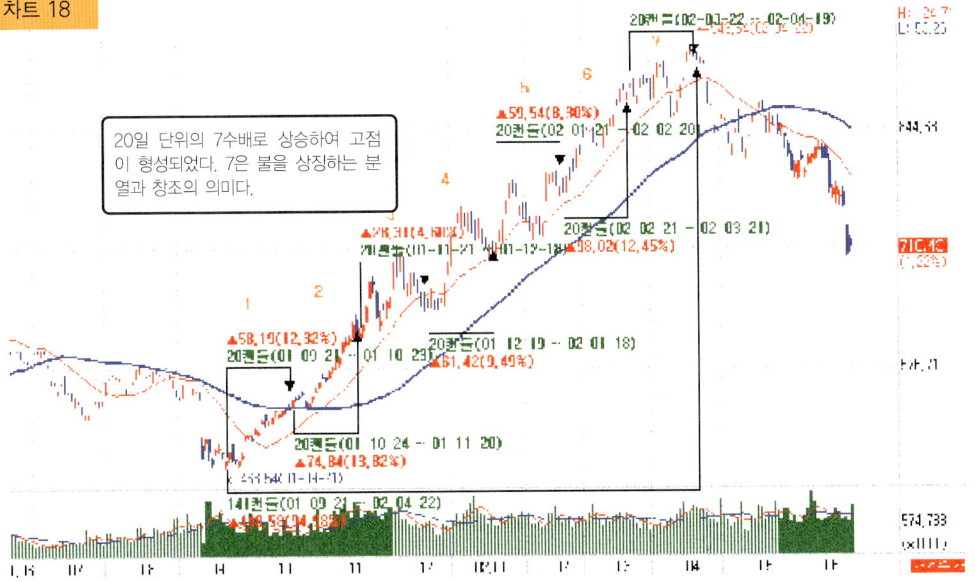

7수

〈차트 18〉은 9.11 테러 발생 후 대세상승으로 이어졌던 거래소 차트이다. 전체적으로 보면 테러 발생 후 저점으로부터 140일 동안 상승이 지속되는 모습이다. 141일째에 최종고점을 시현하기는 하지만 장중 큰 변동성과 함께 음봉으로 마감하여 결국 하락추세로 전환되는 과정에 있다. 여기에서 140수는 20×7의 개념이다. 추세의 한 마디를 의미하는 20주기가 7순환하는 모습인 것이다. 7은 불을 상징하는 수이므로 불처럼 일어나는 양상이었던 것이다. 이처럼 7은 행운과 불을 상징하여 주식시장이 폭발적으로 상승하는 모습을 나타내기도 하지만 단기간의 과도한 상승은 후유증을 불러올 수 있기 때문에 한편으로는 재앙을 상징하기도 한다.

차트 19

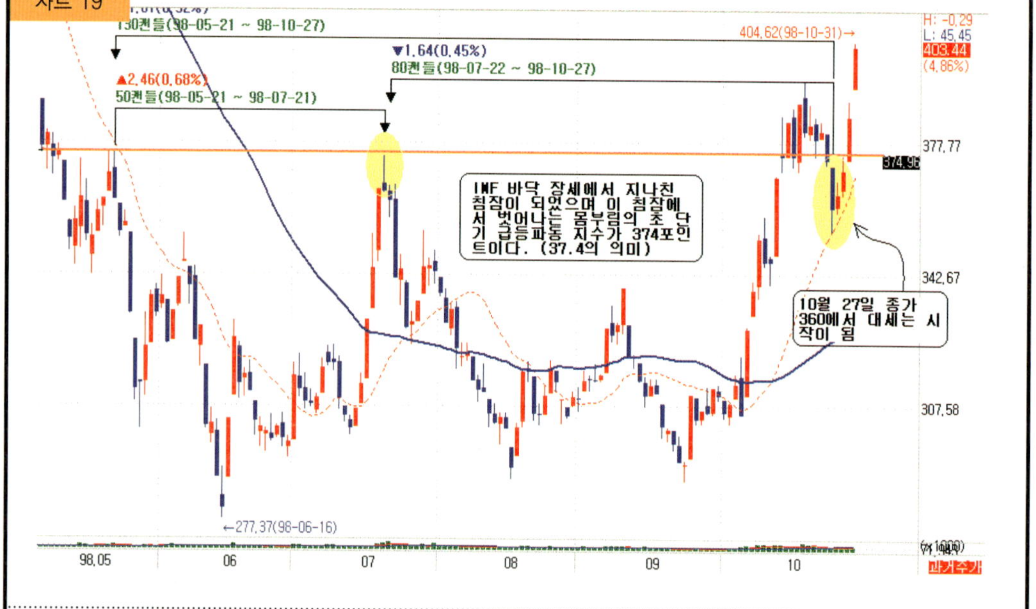

37.4

〈차트 19〉는 IMF 사태 이후 대바닥을 형성하고 있는 거래소 차트이다. 초유의 IMF 충격으로 인해 주가도 순간 급락하게 되었지만 이후 곧바로 상승하지 못하고 침잠된 상태가 지속되고 있는 모습이다. 종합주가는 360포인트마저 이탈하여 결국 277포인트에서 대바닥을 형성하게 된다. 이후 100포인트 가량의 강한 반등으로 360포인트를 회복하고 374포인트까지도 이르게 되지만 이내 정착하지 못하고 흘러내리는 모습이다. 하지만 여기에서 중요한 것은 가장 강렬한 사랑의 온도를 상징하는 지점까지 도달하였다는 것이다. 즉 침잠된 바닥상태에서 강력한 상승욕구를 의미하는 대세상승의 씨앗이 잉태된 것이다. 이후 주가는 흘러내려 침잠된 상태가 지속되지만 374포인트로부터 81일째에는 결국 360포인트에 안착하는 모습이다. 이제 대세의 탄생이다. 한편 360포인트는 36수를 의미하고, 374포인트는 37.4수를 의미한다. 즉 지수 자체에도 수의 의미가 있음을 알 수 있다.

음료수 '2% 부족할 때'가 히트한 이유와 유태인 상술

중요한 주기에는 2수만큼 부족한 곳에서 변화가 오기도 한다

360/2=180수

청정수에 천연과즙을 첨가한 기능성 음료인 '2% 부족할 때'가 신세대 음료를 표방하면서 공전의 히트를 한 적이 있다. '2% 부족할 때'라는 제품명은 소비자들에게 제품에 대한 호기심을 자극하여, 제품의 초기 인지도 정착에 크게 공헌하였다. 신선하고 순수하며 새로운 것을 갈구하는 신세대들의 뇌리에 '2% 부족할 때'라는 동기 유발성 제품명이 선명하게 각인된 것이다. 그 후 출시 2년 만에 10억 캔이라는 놀라운 판매실적을 기록하며, 음료 역사상 최단기, 최다 판매 신기록을 수립했다.

그런데 왜 굳이 2%라는 말이 나왔을까? 또한 '2'에는 어떤 의미가 있는 것일까? 인체의 수분함량은 70% 정도이고, 인체 내 수분의 부족 정도에 따라 여러 증상이 나타나게 되는데, 사람은 몸 속에 2% 정도의 수분이 부족할 때에야 비로소 갈증을 느끼기 시작한다고 한다. 수의 의미에서 보면 2%는 '100'에서 2가 부족한 개념일 수 있고, '30'에서 2가 부족한 개념일 수도 있다. 즉 2는 짝수이고 음수이기 때문에 휴식을 의미하기도 하지만, 완성에 이르는 과정에서 중요한 변화가 미리 일어나는 단계를 의미하기도 한다. 그런데 그 지점은 완성된 모습을 대체할 수도 있기 때문에 매우 중요한 분기점으로 작용한다.

차트 20

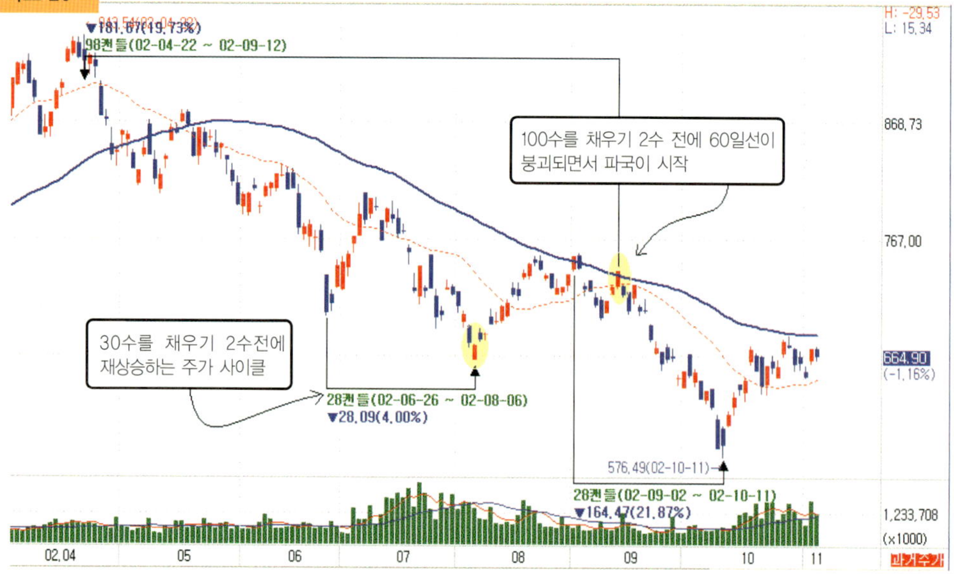

2%

〈차트 20〉은 중요한 주기수에 도달하기 직전 이미 주가의 움직임이 큰 변화를 보이고 있는 차트이다. 전체적으로 보면 고점으로부터 120수가 아닌 118수째에 큰 반등이 이루어지고 있고, 세부적으로도 100수가 아닌 98수에서 60일선의 저항을 받아 재하락하는 양상이며, 30수에서 변화가 나타나기보다는 28수에서 새로운 변화의 마디가 형성되고 있는 모습들이다. 즉 중요 주기수에서 모두 2수만큼 부족한 곳에서 변화가 나타나고 있다. 이러한 현상이 나타나는 이유는 주기수가 커다란 변화의 도래를 의미하기는 하지만 그것이 현상계에 드러나는 시기와 반드시 일치하는 것은 아니기 때문이다.

"아이구 내 팔자야" – 대세에 순응하라

8일 주기로 파노라마치는 주가의 흐름에 주목하라

360/8=45주기수

인생을 살면서 기복이 심한 삶을 살거나 매우 힘든 상황을 경험하게 될 때 흔히 "아이구 내 팔자야"라든가 "이놈의 팔자가 전생에 무슨 죄를 지었기에…" 또는 "그놈은 팔자가 워낙 좋아서…" 라는 말들을 하게 되거나 듣게 된다. 어찌보면 패배자의 변명이나 탄식에 불과한 말처럼 들릴 수도 있는 말들이다. 그런데 왜 하필이면 현재 일어나는 일들에 대해서 굳이 팔자탓을 하고 있는 것일까?

이는 순환론적 시간관에서 그 원인을 찾아볼 수 있다. 즉 60진법의 시간관이다. 우리는 언제부터인지 모르지만 1분을 60초로 보았으며 1시간을 60분으로 보았다. 그리고 인생의 1년을 60년으로 보았던 것이다. 60년을 일순환으로 보는 것은 60갑자의 시간론이다. 년에도 60수가 흐르고 월에도 60수가 흐르고 일에도 60수가 흐르고 시에도 60수가 흐르지만 각기 태어난 연월일시의 구성 특징에 따라 고유의 사이클이 있다는 사고관인 것이다. 연월일시의 4개 기둥에 해당하는 천간과 지지의 구성요소를 합치면 모두 여덟 개의 고유코드가 만들어지고, 이러한 8개의 고유코드 조합에 따른 탄생파를 소위 그 사람의 팔자로 보는 시각이다. 시간에 나타난 개인의 운명코드를 중요시한 것이다. 그리고 태어난 시기의 탄생파의 파동과 현재 흐르는 시간의 파동이 중첩이 되어 복합 사이클을 형성하게 되는데, 한 인생의 길흉화복이란 자신을 나타내는 8개의 시간코드와 현재 흐르고 있는 시간파동과의 조화관계로 나타나고 있다는 것이다. 이를 주가파동의 입장에서 보면 저점이나 고점에서의 탄생파가 정배열 상태에 있는가 아니면 역배열 상태에 있는가에 따라 매매전략이 확연히 달라져야 하는 과정과 유사하다. 결국 팔자타령이라는 것은 한편으로는 대세에 순응하는 처세관인 것이다. 즉 잘 나갈 때에는 어려울 때를 생각해 자중하는 것이 바람직하고, 힘이 들고 고통스러울 때는 그만큼 좋아질 수 있다는 희망을 버리지 말고 살아가라는 의미가 된다. 결국 중용적인 삶을 강조하는 유교의 가르침인 것이다

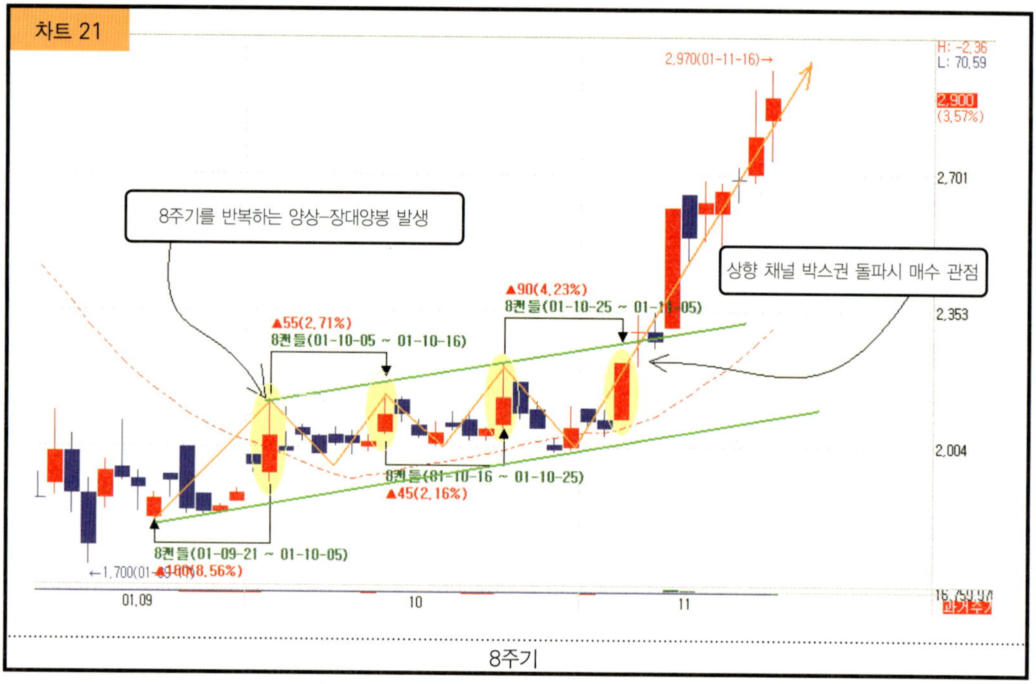

〈차트 21〉은 주가의 움직임이 8주기의 패턴을 보이다가 시세를 분출하는 차트이다. 단기 급락에 따른 매물을 소화해 내며 한동안 점진적으로 고점을 높여 가는 모습이다. 상승과 하락이 8일 단위로 형성되고 있고, 위꼬리를 단 장대양봉 성격의 캔들이 8일째마다 나타나 상승 채널의 신뢰성을 높여주고 있다. 결국 8주기가 4순환으로 완성되는 지점에서 전고점을 돌파하며 시세를 분출하는 모습이다. 이는 일정한 틀 안에서 움직이던 8로 구성된 운명코드가 특정한 시간을 만나 커다란 변화를 이루는 이치와 흡사하다.

로또 복권의 숫자 45의 의미

45는 9의 기본 5순환이 완성되는 개념으로서 매우 중요한 마디로 작용한다

360/45=8변화수

'인생역전' 이라는 구호로 전국을 떠들썩하게 하였으며 전세계적인 복권 열풍의 대명사인 로또(Lotto)복권! 누구나 한번쯤은 시도해 보았을 법한 로또가 세간에 유행이 되었으며 신복권문화로 자리를 잡았다. 왜 이러한 현상이 생겼을까? 그리고 왜 로또(Lotto)는 6개 자리에 50개가 넘지 않는 수로 구성이 되었을까?

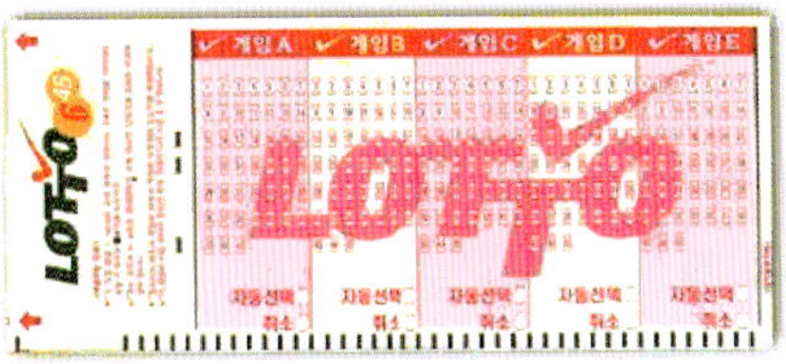

로또 복권

수적인 요소와 운명의 선택이라는 요소가 적절히 조화된 우리 시대의 흥행상품이다.

로또(Lotto)란 온라인연합복권이라는 뜻으로 일반 복권과 달리 능동적이다. 구매자 본인이 선호하는 복권번호를 직접 선택하는 게임방식으로, 선택된 번호는 로또 전용단말기를 통해 중앙전산센터로 전송하고, 구매내역이 기재된 티켓을 발급받아 정해진 추첨일에 선택한 번호와 추첨번호가 일치되는 수에 따라 당첨등위를 결정하는 복권이다. 대표적인 게임방식으로는 6/45, 6/49, 6/42 등이 있으며, 숫자를 조합하여 다양한 게임을 즐길 수 있다. 예를 들어 캐나다는 6/49 로또 방식인데, 이는 표준형 게임방식으로서 1~49의 숫자 중에서 6개의 숫자를 맞추는 게임이며, 선택한 6개의 숫자들 중 3개 이상이 추첨된 6개의 숫자와 한 개의 보너스 숫자와 일치하면 당첨된다. 동일한 방법으로 미국은 1~42의 숫자 중에 6개의 숫자를 선택해 맞추는 6/42 방식이고, 대만도 6/42 방식이다.

흥행의 성공요인은 수적인 요소와 운명의 선택이라는 요소가 적절히 조화된

상품이라는 데 있다. 다른 기타 복권들과의 가장 큰 차이점은 자신이 직접 번호를 기입한다는 것이다. 선택권이 있다는 것은 인간 내면의 자발성을 자극한다. 거의 모든 사람들이 현재 자신의 삶으로부터 벗어났으면 하는 바람이 있다. '인생역전' 광고문구도 그런 심리를 자극한다. 현실적으로는 불가능했던 것에 대한 돌파구가 보이는 것이다.

특징적인 수의 형태는 '6' 이라는 수와 '50' 이하의 수이다. 즉 6을 기본으로 하고 있으며 여섯 번 선택을 하는 것이다. 6순환의 원리에 따른다는 것이고 108번뇌와 666의 의미와 같다. 그리고 각 수는 50을 넘지 않는데 우리나라는 45이다. 45는 1+2+3+4+5+6+7+8+9=45의 의미가 있으며 또한 5×9=45의 의미가 있다. 상수이론에서 45는 사물이 상극(相剋)을 통해 발전되는 원리를 나타낸다. 즉 6/45 로또 방식은 상극의 극(45)을 여섯 번 겪게 된다(6×45=270)는 의미가 있다.

인생역전이란 시간의 성숙에 있다. 옛 말에 이르기를 소인은 요행을 바라며 군자는 정도를 바란다는 말이 있듯 자신이 타고난 분수를 알아야 한다는 교훈이 있다. 분수란 자신이 나누어 가지는 수의 의미를 알라는 의미에서 출발이 되었다고 한다. 자신의 수를 안다는 것이 분수이니 자기 능력 밖의 요행을 바라는 것은 소인의 행동이다. 복권에 당첨된 사람의 뒷이야기를 추적한 기사가 있는데 65%가 이전보다 더 불행해졌다고 한다. 적정금액을 사용하고 나머지를 기부하거나 기타 좋은 일에 사용한 극히 일부분의 사람들만 특권을 누린다고 한다. 이처럼 큰 복이 들어오면 그것으로 자기가 향후 누리게 될 복이 끝나는 것과 마찬가지가 되니 이제는 내리막길밖에 없게 되는 것이다. 즉 지나치게 높이 나는 것은 후회하게 된다는 주역의 글귀를 생각나게 한다.

항룡유회(亢龍有悔)라는 말인데 이는 너무 높이 올라갔기 때문에 존귀하더라도 지위가 없고, 너무 교만하여 민심을 잃게 되며, 남을 무시하므로 보필도 받을 수 없다는 뜻이다. 따라서 항룡(亢龍)에 이르면 후회하기 마련이니 지나치게 과한 것을 늘 경계하라는 뜻이다.

차트 22

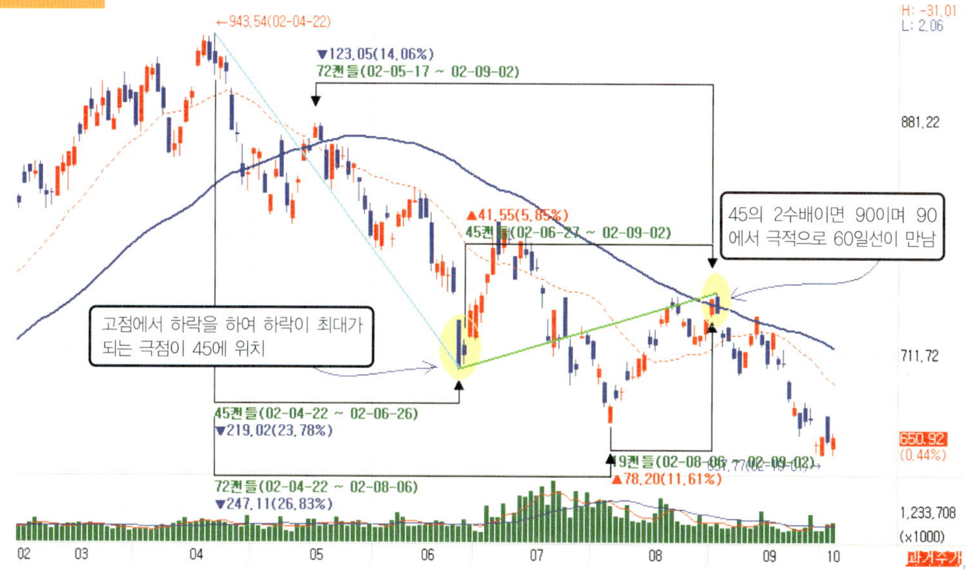

45수

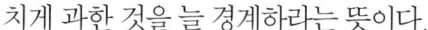

〈차트 22〉는 하락추세로 전환된 주가가 고점으로부터 45수와 72수의 위치에서 큰 변화를 나타내고 있는 차트이다. 고점 형성 후 이렇다 할 반등도 없이 지속적으로 하락하던 주가가 고점으로부터 45수에는 제법 큰 반등을 시현하는 모습이다. 45수는 90수의 2분의 1에 해당하는 맥 자리이며, 9의 기본 순환수가 5번 주기 반복되는 자리이다. 5는 조정과 연결의 의미가 있기 때문에 45수는 매우 중요한 수가 된다. 또한 고점으로부터 72수에도 큰 반등이 형성되고 있는데 72수는 36순환수가 2순환하는 개념으로서 역시 중요한 맥 자리에 해당된다.

10월에 혁명과 변동이 자주 일어나는 이유

큰 장세와 변곡은 10월에 주로 발생한다

10=새로운 시간문이 열리는 분기수

10월은 역사적으로 변동이 가장 많은 달이다. 흔히 '10월 혁명' 으로 잘 알려진 러시아의 프롤레타리아 혁명은 1917년 10월에 발생하여 공산주의가 탄생하는 계기가 되었다. 레닌을 지도자로 하는 볼셰비키가 집권하게 되었다. 10수가 두 번 겹치는 10월 10일 볼셰비키 중앙위원회는 무장봉기안을 통과시켰고, 11일에는 소비에트 군사혁명위원회가 공개리에 설치되었다. 결국 10월 26일 스몰니에서 열린 2차 러시아 소비에트 대회에서 소비에트 연방 공화국이 선포되는 것이다. 그런데 왜 10월에는 혁명과 같은 커다란 변화가 자주 일어나는 것일까?

국내적으로도 10월에는 혁명이 있었다. 그 유명한 10.26 사태이다. 1979년 10월 26일 중앙정보부장 김재규가 궁정동 만찬 도중 박정희 대통령과 차지철 경호실장을 권총으로 살해한 10.26 사태는 유신체제를 무너뜨린 획기적인 사건이었다.

영화에서도 10월은 격동적인 사건이 자주 발생하는 기간으로 묘사되고 있는데, 우리에게 친숙한 제목으로는 〈붉은 10월〉이라는 핵 잠수함에 관한 영화가 있다.

공통적으로 10월은 혁명과도 같은 사건이 자주 일어나며 그 상징을 보통은 붉은색으로 표현하고 있다.

차트 23

10월

〈차트 23〉은 1992년부터 2006년까지 약 14년 동안 진행된 거래소 월봉 차트이다. 공통적으로 장세의 저점은 10월 이전에 형성되고, 10월에 임박해서는 바닥을 벗어나거나 본격적인 상승을 나타내고 있다. 지난 1992년의 8월 바닥과 10월 급등, 1998년의 6월 바닥과 10월 급등, 지난 2001년의 9월 바닥과 10월 급등, 그리고 2004년 8월 저점과 10월 장기저항선 돌파 후 본격상승 등의 모습이 나타나고 있다. 하지만 10월이 파국의 변곡으로 작용되는 경우도 있다. 지난 1997년 10월의 IMF 사태가 대표적인 경우이다. 이러한 모습들이 시사하는 바는 10월은 새로운 시간문이 열리는 중요한 분기점이라는 것이다.

2 1순환과 2변화의 중심에 존재하는 파동

순환하는 시간의 원리

영국의 알렉산더 포프라는 시인은 이렇게 말했다. "세상은 조화롭게 혼란스러운 곳, 우리 눈에 보이는 다양성 속에 질서가 있는 곳, 모든 것이 다 다르지만 그 모두가 일치하는 곳." 이 말은 세상은 현상적으로 보면 대단히 복잡하게 움직이는 것 같지만 그 이면에는 일정한 질서로 움직이고 있음을 노래한 것이다.

파동
실제로는 에너지가 전달되어 가는 과정이다.

〈그림 파동〉은 고요한 수면 위에 충격이 가해져 그 점을 중심으로 파동이 퍼져나가는 모습을 나타낸다. 그러나 물은 그 자리에서 위아래로 움직일 뿐이고, 실제로는 에너지가 전달되어 가는 과정을 우리는 마치 파동이 퍼져나가는 것처럼 느끼고 있는 것이다.

차트 24

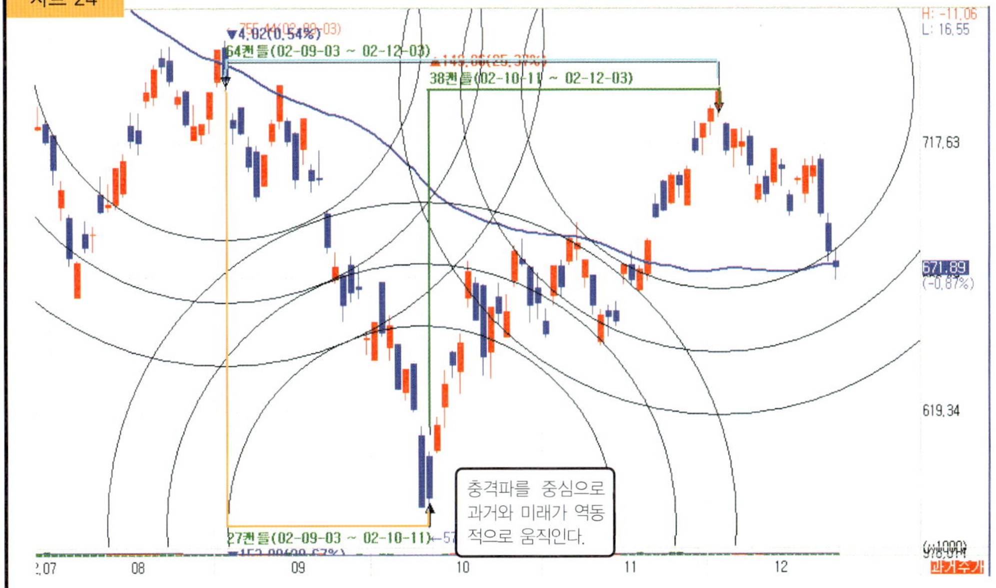

파동

〈차트 24〉는 장세의 큰 변화마디를 피보나치 원호를 통해 표현한 차트이다. 고점과 저점을 기준으로 한 충격파동이 마치 물결이 이는 것처럼 일파만파로 이어지고 있는 모습이다. 중요한 것은 충격파를 기점으로 하여 전(前)이 과거이며 후(後)가 미래인데, 과거의 변화마디가 미래의 변화마디에 영향을 준다는 것이다. 즉 일정한 시간을 한 단위로 변화가 생긴다는 것이며, 그 변화의 중심을 기점으로 하여 과거와 미래는 닮은 꼴을 이루며 균형과 대칭을 이루어 변화해 간다는 것이다.

역사적으로 동서양 문화는 모두 '1' 이라는 수를 원으로 보았다. 1은 모든 것의 시작이자, 영원을 의미하며 순환하는 질서이다. 영어로 one은 하나, 전체, 유일, 동일함을 뜻한다. 즉 하나이면서 전체이며 동일하다는 개념이다. 한국의 철학에서도 하나는 전체이고, 시작은 끝과 일치한다고 보았으며, 이러한 개념의 사상적 원류는 한(桓)사상과 천부경이었다. 즉 1은 가장 작은 수의 출발이

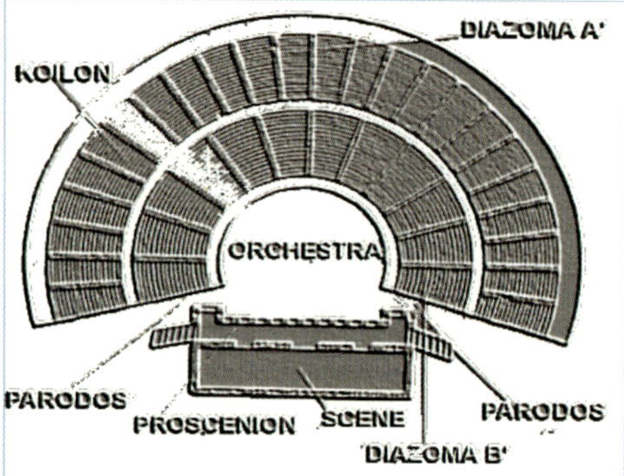

오페라의 고건축물은 파동이 동심원을 그리며 퍼져나간다는 사실에 기초하여 건축되었다. 즉 소리파동이 동심원을 이루면서 퍼져나가기 때문에 무대를 조성할 때 무대의 중심과 관객의 위치를 동심원으로 배치하고 있다.

지만, 동시에 가장 큰 수이자 모든 수였다. 다시 말하면 '1'을 수에서는 부모요, 시간에서는 시작이며, 자연에서는 씨앗이고, 사물에서는 핵심으로 보았던 것이다.

수학에서 111111111×111111111=12345678987654321이라는 수가 나온다. 즉 1이 9개 연결된 1억 1,111만 1,111의 동수를 곱하면 자연수 배열이 나온다. 그리고 어떤 수이든 1을 곱하면 자신의 수가 나온다(예 4×1=4). 이처럼 1은 단순한 수 이전에 신성한 힘을 가지는 요소로 보았던 것이며, 영원한 수이기 때문에 1을 원으로 보았다. 천부경에서는 일시무시일(一始無始一)이라 하여 1이 시작하여 무한이 되며 무한은 다시 1을 낳아 영원히 순환한다는 순환론을 이야기하고 있다. 즉 영원한 것은 원이며 우주이며 순환하는 그 자체라고 보았다. 힌두교 시바 여신의 춤이나 불교의 윤회사상 그리고 기독교의 유일신 사상이 크게 보면 모두 일치하는 것이다.

차트 25

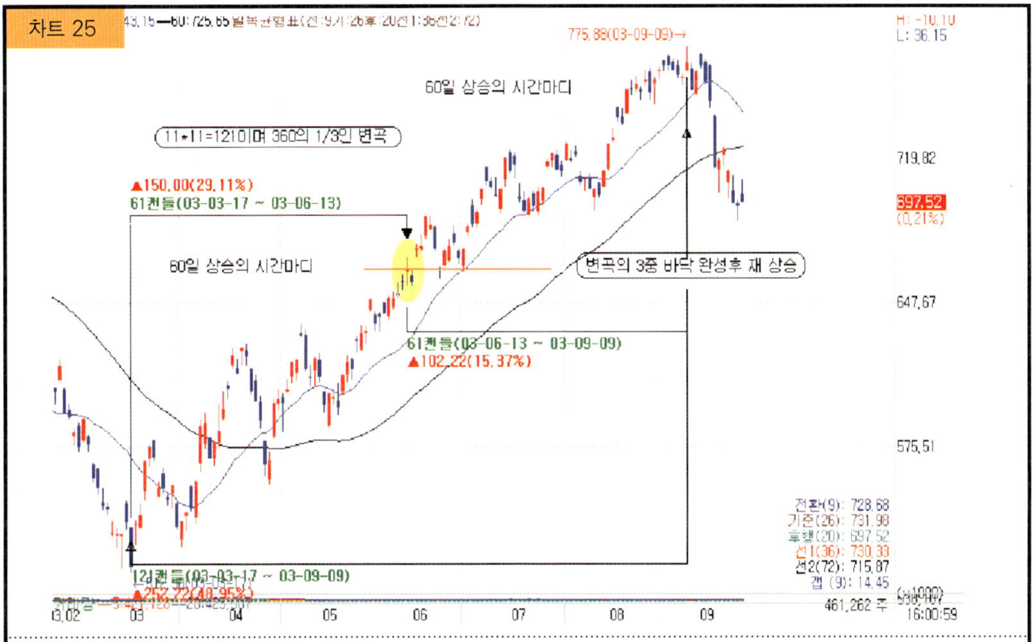

121수

〈차트 25〉는 2003년 장세의 중기 고점을 나타내고 있는 차트이다. 저점으로부터 121수에 중기 고점이 형성되었다. 121은 60주기수가 2순환을 한 개념이기도 하고, 120수에 본체수 1이 더해진 개념이기도 하다. 또 121은 11×11=121이니 1이 분열된 수이기도 하다. 11도 1의 분열이며 11의 11수배도 1의 분열이다. 즉 1의 다른 모습들이다. 결국 1은 만물의 근원을 나타내는 수인 동시에 물질의 수[水]에 해당되는 개념이다.(동양상수학에서 1은 수[水]를 의미한다.)

차트 26

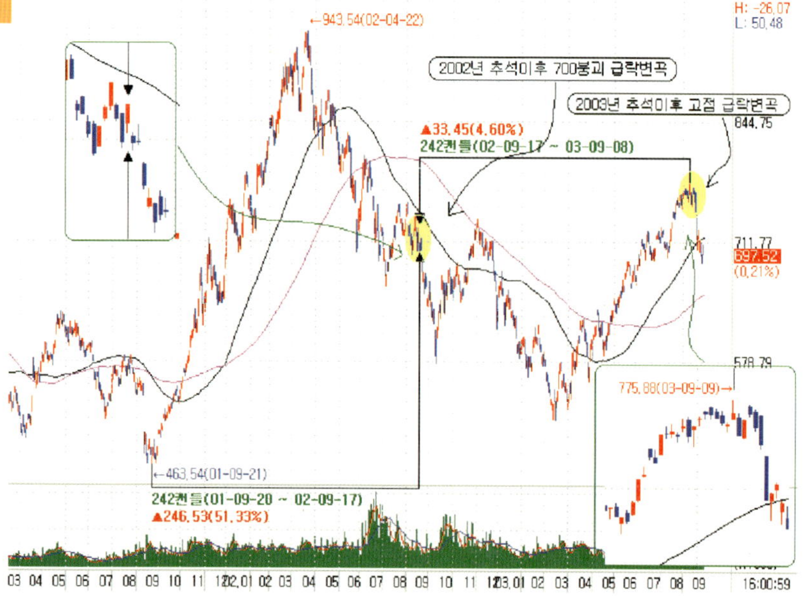

추석

〈차트 26〉은 앞서 설명한 중기 고점을 9.11 테러 전후한 구간까지 확대하여 비교한 차트이다. 시간의 규모를 무한히 확대해도 동일한 원리가 진행되고 있음을 확인할 수 있다. 즉 9.11 테러 후의 저점으로부터 121(11×11)의 2수배를 확장하면 242가 되며 그 지점으로부터 다시 2수배 확장하면 484(121×4=484)가 되어 2003년 장세의 중기고점과 일치하게 된다. 묘하게도 테러 후 저점으로부터 242변화일마다 추석이 개입되는 모습이다. 2002년 추석 이후 급락과 2003년 추석 이후 급락이 242일의 주기로 일치하고 있는 것이다.

결국 1이 분열하고 수렴되는 과정이 장세의 구성원리라고 할 수 있으며, 그 분열과 수렴이 일정한 주기마다 중요한 변화를 이루어 장세가 형성되는 것이다. 우주에 존재하는 모든 것은 나름의 성장형태가 있고 내재된 질서가 있다. 우주라는 영문어원 자체도 uni(one) + verse(order)=one order, 즉 하나의 질서를 의미한다. 이처럼 동서양의 사상은 '1' 이라는 원(圓)이 시간의 변화에 따라 순환하며 발전하게 된다는 것을 자연질서를 통해 깨달았으며, 자연이나 인생 그리고 만물이 그러한 원리의 지배를 받으면서 존재하기 때문에 순환하는 원의 질서에서 멀어지는 것을 생명의 본성에서 멀어진다는 개념으로 파악하였다. 즉 근본의 순환 질서로 돌아가라는 회귀 사상이 모든 사상의 핵심이었다.

낙원

자연의 질서에서 이탈하는 것이 죄?

〈그림 낙원〉은 중세 이탈리아 화가가 표현한 에덴동산이다. 에덴동산을 상징하는 것이 원이며, 이 원에서 멀어지는 것을 에덴동산에서 추방당하는 것으로 보았다. 원죄론을 상징화한 것인데, 한자로 죄(罪)는 四+非로 구성되며 이는 4순환하는 자연의 질서에서 이탈하는 것은 죄가 된다는 것으로써, 순리에 맞게 살아가는 자세가 필요하다는 것을 나타낸다.

차트 27

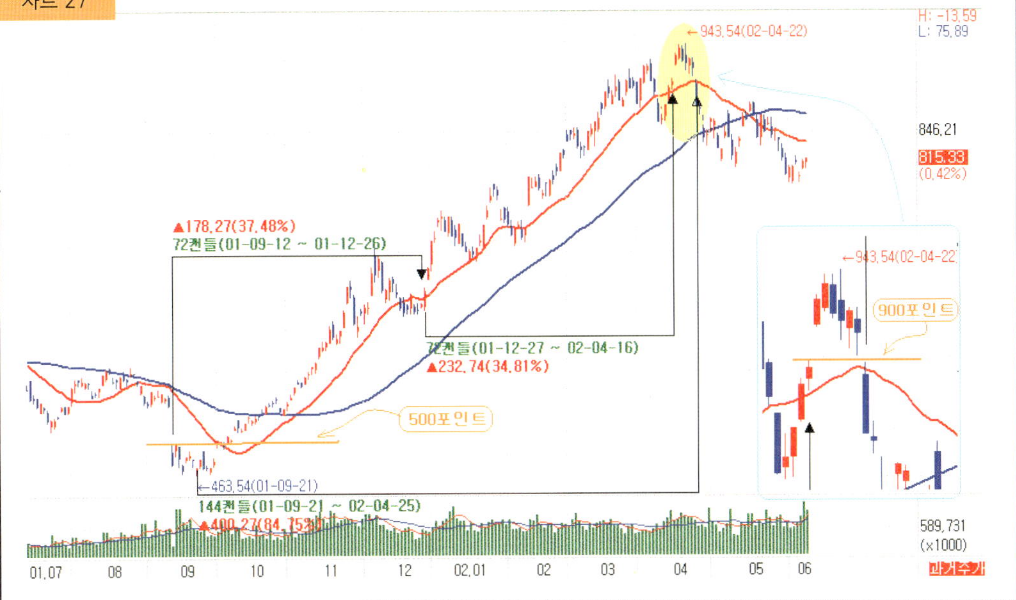

144수

〈차트 27〉은 9.11 테러 이후의 상승과정과 고점형성 후 하락추세로 전환되는 과정을 나타내고 있다. 9.11 테러 직후 바닥지수는 463.54, 즉 464포인트에서 형성되었다. 464포인트는 121의 4수배로서 1의 본질수이다. 그 본질은 141일 만에 943포인트에 이르러 장세의 고점을 형성하게 되고, 36순환수가 4수배로 완성이 되는 144일째에는 장대음봉의 출현과 함께 본격적인 하락추세로 전환되고 있다. 그 동안의 상승파동이 원 밖으로 밀려나 마무리되는 형국인 것이다. 한편 저점이 아닌 테러 발생일을 기점으로 본다면 72(36×2)수의 2수배인 144(36×4) 순환수에서 900포인트를 기록하게 된다. 이는 테러 충격으로부터 형성된 상승파동이 144수의 900포인트로써 완성되고 이후의 시간대는 새로운 추세가 열리게 됨을 암시하고 있는 것이다.

시바(1)

파괴의 신이자 우주의 최고 원리를 나타낸다.

〈그림 시바(1)〉는 인도에서 파괴의 신, 최고의 스승, 우주의 최고원리 등으로 불려지는 시바상을 나타낸다. 우주의 순환사상을 원형의 수레바퀴로 상징화하고 있다. 원 둘레의 둥근 알이 54개인데 이는 108수(54×2)의 개념이며, 108수는 36순환수의 3순환을 의미한다. 그리고 춤을 추며 나오는 아기의 모습은 새로운 생명의 탄생을 함축한 표현이다.

차트 28

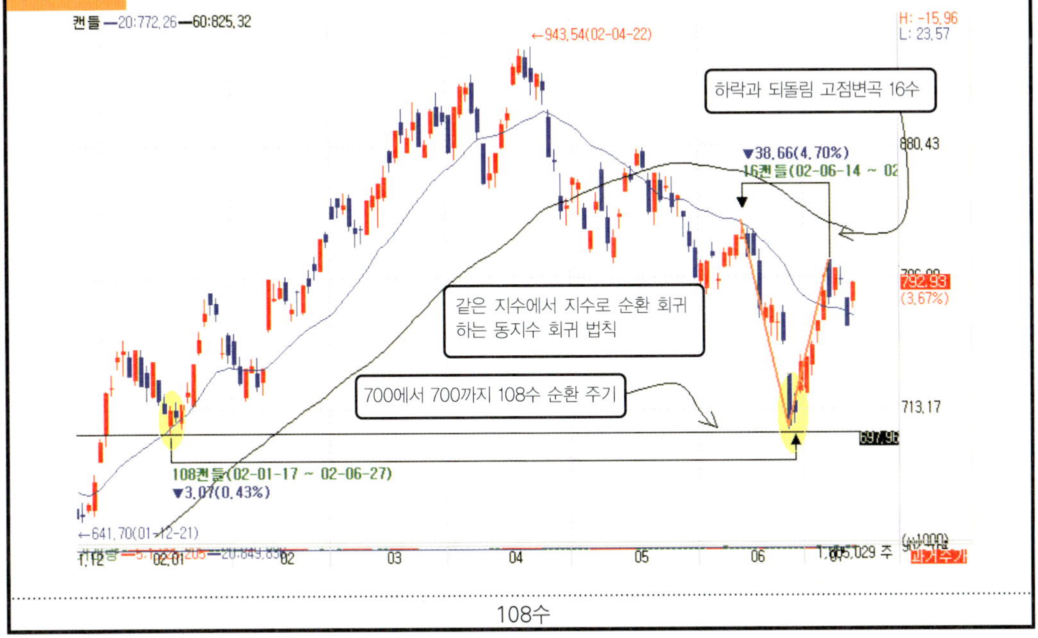

〈차트 28〉은 700포인트를 지지선으로 상승하였던 주가가 108수 만에 원점으로 회귀하는 차트이다. 700포인트는 심리적으로뿐 아니라 실제적으로도 중요한 작용을 하는 라인이다. 수의 의미에서 보면 7은 불(火)을 뜻하며 창조의 완성을 의미한다. 즉 700포인트 이상에서의 투자심리는 항시 불처럼 일어나는 경향이 있어 주요 지지선과 저항선의 역할을 하게 된다. 위의 차트에서는 상승 시 주요 지지선으로 작용하였던 700포인트로부터 108수 만에 재차 700포인트로 회귀하여 큰 반등을 형성하는 모습이다. 108수는 36의 3순환으로 본질로의 회귀와 새로운 생명의 탄생을 의미한다.

〈그림 시바(2)〉는 시바상과 앞에서 말한 108수의 차트를 합성한 그림이다. 우주의 움직임을 춤으로 형상화한 것인데, 그 배경이 순환수인 원을 그리고 있다. 주가의 움직임도 우주 음양운동의 춤으로 이해될 수 있다. 두 그림을 합성해 보면 주가의 주요 변화마디와 시바상의 주요지점이 거의 비슷하게 일치하

시바(2)

108수의 차트와 시바상을 합성해 보니 주가의 주요 변화마디와 시바상의 주요 지점이 거의 일치하고 있다.

고 있다. 즉 상승추세가 가속화되는 구간이 작은 원 안에 진입을 하는 모습이고, 장세의 고점과 시바상의 명치가 일치하며, 막바지 투매과정이 시바상의 손끝과 일치하는 모습이다. 그리고 손끝 지점에서 아기가 들어오는 모습은 새로운 추세의 탄생으로 비유될 수 있다. 즉 108순환을 마치고 새로운 순환의 생명이 탄생되는 개념이다. 여기에서 알 수 있는 것은 시바춤이 우주의 움직임을 형상화한 것이며, 주가의 움직임 자체도 사물의 변화원리에 부합될 수 있다는 것이다.

만다라

〈그림 만다라〉는 우주의 창조원리를 문화양식에 담아 표현하고 있다. 즉 원의 순환원리와 4각형의 4순환구조를 기하학적 형태로 나타내고 있으며, 문양의 배치는 황금분할을 활용하여 10진법과 12진법 체계로 표현해 내고 있다.

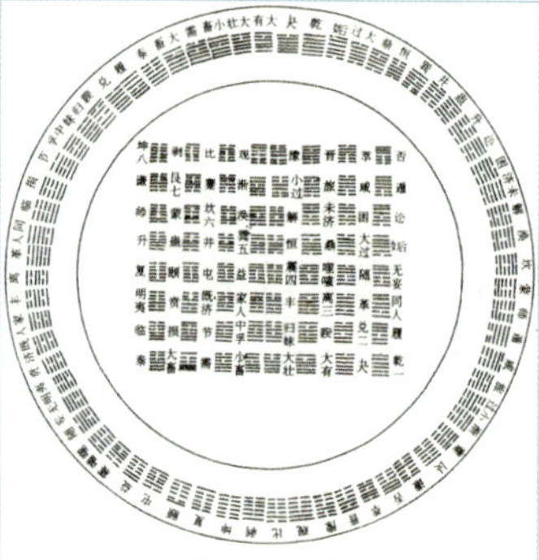

64괘

〈그림 64괘〉는 주역의 대성괘(大成卦)를 설명하는 도표인데 직선이 아니라 원형으로 배치된 모습이 특징적이다. 대성괘란 만물이 변화하는 대표적인 단계를 64개의 상으로 표현한 것이다. 대성괘 64괘를 원형으로 배치한

이유는 만물은 끊임없이 순환하며 변해 간다는 사실을 상징적으로 나타낸다. 동양의 역(易)을 대표하는 희역(복희팔괘), 주역(문왕팔괘), 정역(정역팔괘) 등은 대단히 정교한 사물의 원리를 담고 있어 역(易)에 능통한 선인들은 미래를 꿰뚫는 것은 물론 무불통지(無不通知)의 경지에 이르렀다고 한다.

수레

〈그림 수레〉는 수레바퀴를 나타내고 있는데 인생은 수레바퀴로 설명되기도 한다. 하지만 인생의 수레바퀴는 한 번 순환하면 원래의 자리로 되돌아가는 것이 아니라 그만큼 진보하든지 퇴보하든지 한다.

회전

〈그림 회전〉의 구조는 우회전하면 내려가는 방향이 되고, 좌회전하면 올라오는 방향이 되는 원형계단을 나타낸다. 즉 순환을 하지만 순환의 방향에 따라 올라가기도 하고 내려가기도 한다는 것을 보여주고 있다.

은하

〈그림 은하〉의 형태는 수레바퀴를 연상시킨다. 중앙의 핵자리와 그 주변을 둘러싸고 있는 동심원의 모습이 선명하다.

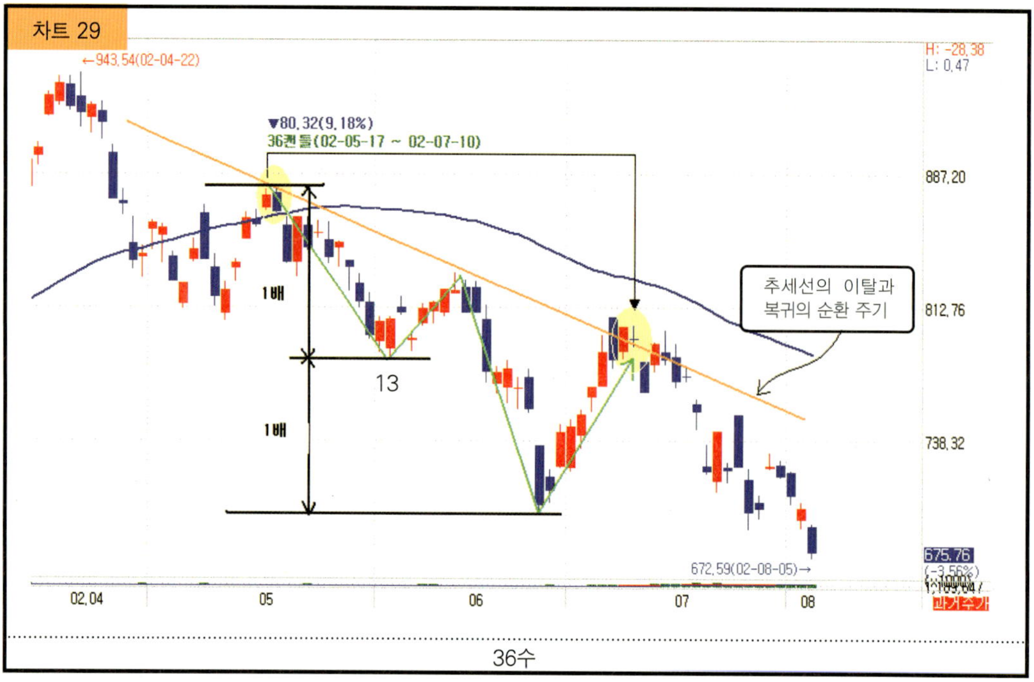

〈차트 29〉는 하락추세 상단의 고점이 18주기를 이루며 순환하는 차트이다. 두 번째 형성된 18주기 진폭의 2수배 하락한 지점에서 강한 반등을 시현하며 하락추세대의 상단으로 회귀하는 모습이다. 그런데 그 위치는 세 번째 18주기의 반등고점인 동시에 첫번째 반등고점으로부터 36수에 해당되는 자리이다. 원형계단을 내려갈 때 회전을 이루면서 내려가게 되듯 마치 시간이 회전을 하며 내려가고 있는 듯한 모습이다.

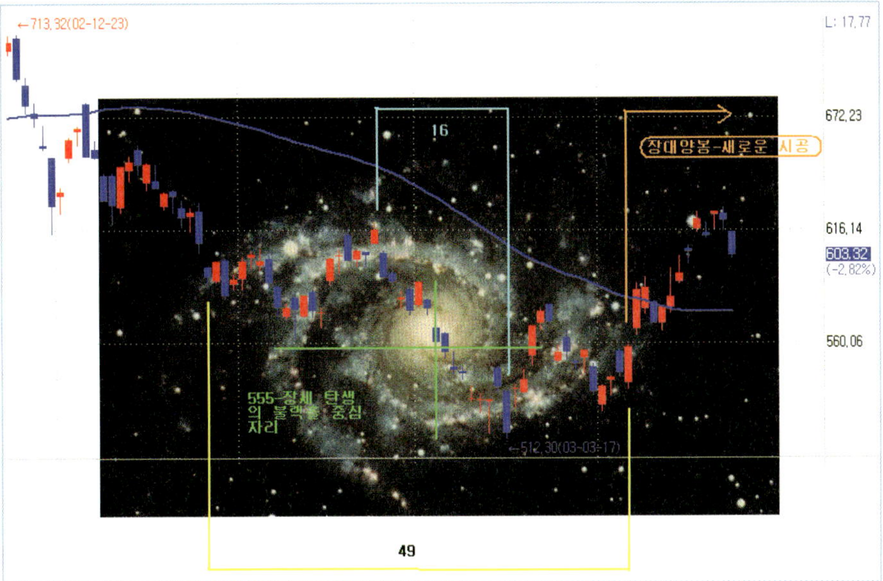

장세 탄생

〈그림 장세 탄생〉은 장세의 탄생을 우주의 나선형 회전구조와 합성한 차트이다. 이중나선구조 형태를 하고 있는 우주의 모습이 좌우 36수의 타원구조를 갖는 것을 볼 수 있다. 지수로 보면 555포인트 라인이 장세의 중심 핵이다. 555포인트의 위치는 고점으로부터 216수에 해당되고, 737포인트의 반등고점으로부터는 63수(64-1)에 해당되어 장세의 핵이 완성되는 자리임을 나타내고 있다. 물론 장세의 최종저점은 고점으로부터 222+1수에, 반등고점으로부터는 70수에서 512포인트로 형성되지만, 대세상승의 핵은 이미 555포인트에서 형성되어 그 라인을 중심으로 태극파동이 거대하게 시간에 역순환되는 경우이다. '5수'는 조정과 조화의 수를 나타내며 5일과 5일선도 같은 의미이다. 그리고 '50'은 천수(天數)라 하여 하늘의 모든 수를 의미하며 5가 부족한 45수나 5가 남는 55수도 같은 개념이다. 즉 555포인트는 111×5로 구성된 1의 본질수인 동시에 천수의 개념을 담고 있었던 것이다.

판테온 천정

판테온 천정은 판테온 천정이 원형을 이루고 있는 모습이다. 7개의 벽감(壁龕: 神像을 안치한 작은 방)이 설치되어 제우스, 아폴론, 아르테미스, 헤르메스 등의 일곱 지상신을 모셨다. 돔의 내측은 원개 천창(天窓) 부분을 제외하고는 28열의 방사상 격간(格間)으로 덮여 있고, 각각의 격간은 5단으로 되어 있다. 채광은 돔의 정상에 설치된 지름 9m의 천창이다. 서양 건축사상 불후의 명작으로 꼽히는 판테온 천정은 그 수적 비례와 강대한 내부 공감의 창조라는 측면에서 당시의 토목기술로서는 경이로운 것이었다. 상수적으로 중요한 의미는 내부의 주요 건축물이 7수로 구성되어 있고 28수로 분열되는 7×4=28 의 구조라는 것이다.

석굴암은 천정이 둥근 형태로 덮여 있는 석굴암 내부 모습이다. 주위에 있는 10개의 볼록한 돌은 10간을 의미한다. 석굴암은 신라시대 사찰로 본존불인 석가여래불상을 중심으로 그 주위의 벽면에는 보살상, 제자상, 역사상, 천왕상 등 모두 39체의 불상을 조각하였다. 360여개의 판석으로 원형주실의 궁륭천장 등을 교묘하게 건축한 기법은 세계에서 유례를 찾아보기 어려운 것이다. 입구 쪽에 위치하고 있는 평면방형의 전실에는 좌우로 4구씩 8부신장을 두고 있으며, 통로의 좌우 입구에는 금강역사상을 두었고, 좁은 통로에는 2구씩의 사천왕상을 조각하였다. 석굴암의 석굴은 국보 제24호로 지정 관리되고 있으며 1995년 12월 불국사와 함께 유네스코 세계문화유산으로 공동 등록되었다. 상수적으로 중요한 수의 의미는 '39' 라는 주변수와 '1' 이라는 석가의 본체수가 만나 40수로 완성을 이루고 있는 모습이다. 또한 평면방실의 신장배치가 4의 2수배인 8수로 이루어져 있다. 결국 사물 구성원리를 40수와 8수로 파악을 한 것이다.

석굴암

뱀

뱀은 되먹임 구조를 나타내는 조각이다. 시간이 다하면 인간은 죽어 다시 태어난다는 순환사상을 나타낸다. 모든 사물은 일순환하면 다시 원점으로 돌아간다는 것을 뱀이 자기 꼬리를 먹는 되먹임 구조로 표현한 것이다. 자신의 꼬리가 자신의 몸이라는 것을 인식하라는 개념의 창조신화는 아직도 남아 있으며 그것을 통해 분열과 통합의 순환원리를 체득하게 한다. 자연질서는 봄 · 여름 · 가을 · 겨울로 순환이 되어 다시 새로운 봄으로 나아가기 때문에 언젠가는 원점으로 회귀하며, 그러한 회귀를 통해서 새로운 생명이 시작이 된다는 사실을 파악하였다. 그래서 하늘이나 사물을 둥근 원으로 인식을 하여 순환한다고 생각하였고, 원을 모든 사물의 출발이자 핵심으로 파악하였던 것이다.

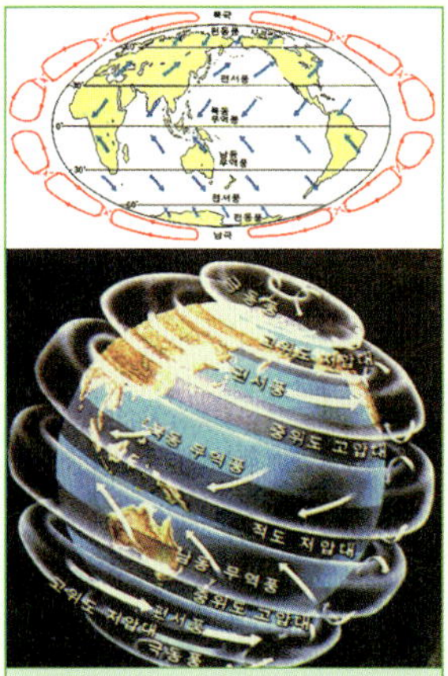
순환

순환은 지구에 존재하는 공기의 흐름을 표시하고 있다. 적도지방을 중심으로 하여 30-60-90도의 순서로 북반구와 남반구가 3등분되는 구조이다. 6순환의 구조를 형성하고 있으며 6룡이 살아 꿈틀대는 형상과 흡사하다.

피순환은 소화기관에서 흡수한 영양소와 폐에서 얻은 산소는 동맥이라는 관에 의하여 신체의 여러 곳에 운반되고, 대사과정에서 생긴 노폐물은 정맥에 의하여 신장, 폐 및 피부 등에 운반되어 몸 밖으로 배출된다.

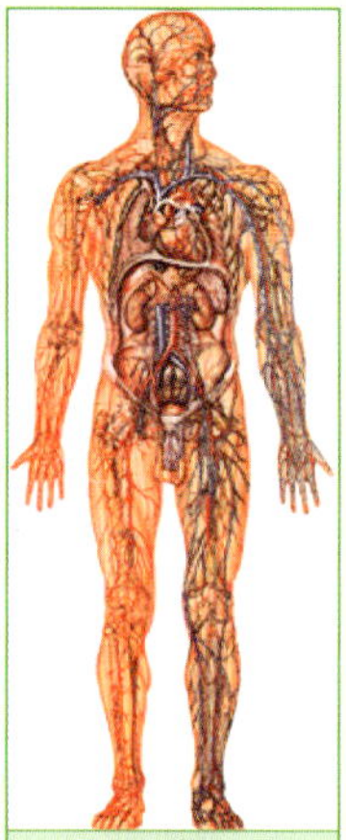
피순환

은하계

은하계는 은하를 나타내고 있다. 은하계는 약 1만 6,000광년의 지름을 갖는 구형의 은하 중심부와 주위에 9만 8,000광년의 지름과 3광년의 두께를 갖는 평평한 원판이 존재한다. 이를 은하면이라 하며 태양은 이 은하면에 위치하여 은하 중심에서 약 3만 3,000광년의 거리에 있다. 그 이외 부분은 지름 16만 광년의 타원체로 된 은하무리(halo)가 있어 은하계 주위를 둘러싸고 있다. 나선형 팔들 사이의 거리는 5,000광년이며 팔들의 평균두께는 2,000광년 정도이다. 중요한 상수의미는 16만 광년의 16이라는 수와 은하계 중심부터 태양이 3만 3천 광년의 33이라는 수이다. 고대로부터 하늘을 33천으로 파악하였다. 은하계 모형과 UFO라 불리는 비행접시 모형은 신기하게도 닮은 꼴이다.

태풍은 태풍이 회전하는 형태와 나선운동을 하고 있는 은하의 모습이 유사한 경우이다. 태풍의 어원은 '태(颱)'라는 글자가 중국에서 가장 처음 사용된 『복건통지(福建通志)』 56권 『토풍지(土風志)』에서 유래되었다. 영어의 'typhoon'이란 용어는 1588년에 영국에서 사용한 예가 있으며, 프랑스에서는 1504년 'typhon'이라 하였다.

태풍

태극

〈그림 태극〉은 태극의 여러 문양과 히란야에 관한 것이다. 히란야(Hiranya)는 정육각형 또는 별 모양의 형상인데, 하강 에너지(▽)와 상승 에너지(△)가 결합된 육각별이다. 삼태극 무늬는 시계 방향으로 회전하는 것과 시계 반대방향으로 회전하는 것이 있다. 시계 방향으로 회전하는 것은 에너지가 내부로 응집되면서 수축하는 모양이며, 반시계 방향으로 회전하는 경우는 에너지가 외부로 발산하면서 팽창하는 모양이다. 식물도 반시계 방향 무늬 위에서 키워보면 그 성장 속도가 빨라진다는 실험 데이터 결과도 있다.

히란야는 두 개의 정삼각형을 서로 반대 방향으로 겹친 뒤 각 꼭지점을 연결한 6각형 모양이다. 히란야는 고대 인도, 네팔, 중동, 남미, 아프리카 등에서 사용됐는데, 가장 유명한 것은 '다윗의 별' 또는 '솔로몬의 인장' 으로 불리는 것이다. 고대 힌두어인 산스크리트어로 '황금의 빛' 이라는 의미이다. 두 개의 삼각형은 각각 양과 음, 남성과 여성, 물질과 정신, 대우주와 소우주 등을 의미한다. 히란야의 한가운데에서 에너지가 집약되는 것으로 알려져 있다. 히란야를 가까이 두면 식물의 생장이 활발해지고, 사람의 질병을 치료하거나 정신적인 안정감을 얻는 데 효과가 있다고 알려져 있다.

삼지원(三指圓)은 원 세 개의 중심을 연결할 때 서로 정삼각형을 이루는 모양이다. 절이나 옛날 양반 집에 가면 옆 벽의 지붕 밑에 세 개의 둥근 구멍이 뚫어져 있는 것이 지원(指圓)이다. 이 역시 천 · 지 · 인 사상에서 비롯된 것인데, 삼태극이 동적인 형상인데 비해 삼지원은 정적인 형상이다. 삼지원의 중앙 부위에도 에너지가 집중적으로 모인다고 한다.

〈차트 30〉은 대세상승을 시작하기 직전에 형성되는 태극의 모습을 나타내는 차트이다. 태극이란 기준라인을 중심으로 하여 위아래로 움직인다는 개념으로, 중심에서 거대한 원형의 가격움직임이 겹쳐지는 형상이다. 결국 S자형의 모습이 이루어지게 되는데, 이러한 태극파동은 모든 파동의 원형으로서 주가의 움직임에서도 흔히 일어나는 현상이다. 즉 태극의 핵을 중심으로 등락을 거듭하다가 보다 강력한 힘에 의하여 그 중심이 돌파되면 그 방향으로 추세가 결정된다. 앞서 설명했듯이 위의 차트에서는 555포인트가 태극의 핵이 되며, 저점 형성 후 이전의 가격움직임과 달리 555포인트의 저항라인을 강하게 돌파함으로써 상승추세로 전환될 수 있음을 암시하고 있다. 이후 다소 깊은 가격조정을 거친 뒤에 더욱 강력한 힘으로 555포인트 라인이 재차 돌파됨으로써 완연한 대세상승으로 진행되는 모습이다.

나선운동을 하고 있는 운하

〈그림 나선〉은 나선운동을 하고 있는 우주의 모습을 나타낸다. 나선운동을 하는 팔이 두 개 또는 세 개로 좌회전하는 모습을 볼 수 있다. 이는 음양의 태극운동과 천지인의 삼태극 운동을 의미한다.

자연에서 이루어지는 운동의 모양은 수면의 동심원이 퍼져나가는 몇몇 자연현상을 제외한 대부분이 '원 안에 원' 을 그리는 방법으로 표현되기보다는 '나선 안에 나선' 으로 표현되는 경향이 있다. 즉 생명체의 움직임이 나선형의 운동을 하고 있다는 사실은 우리의 주변 어디에서나 쉽게 찾아볼 수 있다. 이러한 생명의 나선 운동은 원이 순환하며 발전하는 개념으로 이해될 수 있다.

나선 모양의 자연물

자연에서 나선 모양을 갖는 대상은 다양하게 존재하고 있으며 생명의 공통현상이기도 하다. 고동, 소라 등의 바닷조개류의 나선모양은 높은 수압에 견디면서 몸을 보호하기 위한 방편으로 사용된다. 또 DNA의 이중나선 모양은 대규모 정보를 가장 효율적으로 저장하기 위한 구조이다. 자연계의 모든 운동 형태는 나선형이며, 규모를 작게 하여 원자핵의 주위를 도는 전자에서부터 거대한 태풍, 은하계의 운동에 이르기까지 나선운동을 하고 있다.

나선운동은 생명의 시작이다. '빅토르 샤우버거' 가 목격하고 실험한 사례를 생각해 보자. 빅토르 샤우버거는 오스트리아 플로켄스타인의 호수 주변 마을에서 태어났다. 당시 플로켄스타인 호수 주변은 처녀림이었으며 나무와 동물,

개울 등 자연을 관찰하기에 적합한 곳이었고, 그는 여기에서 세 종류의 자연현상을 통해 중요한 사실을 깨달았다.

첫째는 송어가 폭포를 거슬러 올라가는 모습에서였다. 어느 봄날에 개울가에서 알을 낳기 위해 올라온 송어의 운동을 관찰하고 있었는데, 커다란 송어 한 마리가 폭포 밑에서 왔다갔다 하다가 갑자기 폭포 바로 밑에서 빠르게 회전하면서 나선운동을 하더니 폭포를 타고 위로 올라갔다. 또한 송어는 세찬 급류 속에서 가만히 휴식을 취할 수 있었으며, 깜짝 놀라 도망을 갈 때에도 쏜살같이 물살 위로 도망가는 것이었다. 물살의 흐름을 감안하면 송어가 재빨리 도망치기 위해서는 물살의 흐름을 따라 달아나는 것이 훨씬 쉬울 것이라고 예상하기 쉽다. 하지만 송어는 언제나 물살의 흐름을 거슬러 상류 쪽으로 달아나는 것이었다.

두 번째는 어느 겨울 밤 폭포 아래 연못을 관찰할 때였다. 물속에서는 일부 돌들이 일정한 리듬에 맞춰서 춤을 추기 시작했다. 더욱 놀라운 것은 바닥을 맴돌던 돌들이 점점 바닥에서 떠오르기 시작했고, 마침내 물위로 솟구쳐 올라서는 물위에 떠 있는 것이었다. 그런데 물표면으로 떠오른 돌들은 얼음이 일부 붙어 있기는 하였지만 한결같이 계란형태를 띠고 있었고, 연못 속에서 장시간 춤추며 굴러다닌 돌들도 한결같이 계란형태였다. 한편 표면이 거칠고 울퉁불퉁한 돌들은 아무 일도 없었다는 듯이 가만히 연못 바닥에 놓여 있었다. 빅터는 많은 세월이 흐른 후에야 이때의 일들을 정확히 이해할 수 있었다고 한다. 즉 당시에 보았던 일체의 자연현상들은 물의 나선운동에 의해 생자기적 부양에너지가 극대화되어 일어났던 현상이었던 것이다.

세 번째 관찰은 물의 회전운동이었다. 어느 무더운 여름날 오후 그는 수영을 하기 위해 호숫가로 갔다. 호수물이 소용돌이치는 것이었다. 주변에 떠 있던 나뭇가지들이 소용돌이 속으로 급속히 빨려들어갔으며, 잠시 호수가 잠잠해지고 난 다음 순간 호수 바닥으로부터 천둥소리와 같은 굉음과 함께 거대한 물기둥이 가운데에서 솟구쳐 오르는 것이었다. 즉 물의 나선운동에 의한 블랙홀과 화이트홀의 현상을 보았던 것이다.

용오름

강력한 회오리 바람이 바닷물을 하늘로 말아 올리는 '용오름' 현상이 울릉도 해상에서 목격됐다. 울릉도 동쪽해상에서 발생한 용오름 현상은 약 30 여분간 직경20m, 높이 500m의 거대한 물기둥이 구름 속으로 빨려들어가는 장관을 연출했다. 목격자들은 "처음에는 가는 밧줄 모양이었던 것이 점차 수면에 물보라가 일며 거대한 물기둥으로 변했다"며 "이 물기둥이 점점 굵어지면서 구름층과 연결됐다"고 말했다. 옛날 우화에서 용이 바다의 물을 퍼서 비를 뿌린다는 의미의 현상이 실제 존재하였다.

변화하는 생명의 원리

● 염색체의 구성

생물의 종은 각각의 세포에 또 다른 자기 모습을 가지고 있다. 사람은 46개의 염색체(정세포와 난세포의 반인 23개)가 있다. 아버지로부터 한 짝(n), 어머니로부터 한 짝(n)씩 받아 모두 두 짝이 한 쌍인 염색체를 지니게 된다. 사람이 되기 위해서 꼭 필요한 염색체는 한 벌 23개인데, 아버지와 어머니로부터 받은 각각 23개의 염색체로 사람이 된다. 곧 음양이 결합되는 것이며 그것이 분화되어 생명이 자라난다. 장세도 이러한 생명의 분화원리와 동일하게 변화해 나간다. 즉 생명의 분화원리를 통해 장세의 주요 변화마디와 순환을 예측하고 진단하는 것이다. 생물이 살아가기 위해 필요한 최소한의 유전자군을 가지고 있는 염색체의 1세트를 게놈(genome)이라 하는데, 유전자(gene)와 염색체

(chromosome)의 두 단어를 합성한 말이다. 즉 게놈이란 배우자(정자 및 난자)에 포함되어 있는 염색체 또는 유전자 전체를 말하는데 각종 생물마다 고유의 기본수로 이루어져 있다. 사람의 염색체수는 모두 46개 23쌍으로 이루어져 있다. 염색체의 구성은 하나는 아버지로부터, 다른 하나는 어머니로부터 유래되며, 그중 두 개의 염색체는 개체의 성을 결정하는 유전자를 가지고 있어 성염색체라 부른다. 여자의 성염색체는 xx, 남자는 xy로 표시된다. 부모는 그들의 자손에게 각각 하나씩의 성염색체를 준다. 아버지가 x를 주면 어머니의 x와 결합하여 그 자손은 딸이 되며, 아버지가 y를 줄 때 어머니의 염색체와 결합되면 아들(xy)이 된다. DNA와 생명의 신비는 생명체를 태어나게 하고, 그것을 유지시키고, 다음 세대로 계승시키는 유전자의 비밀에서 시작된다.

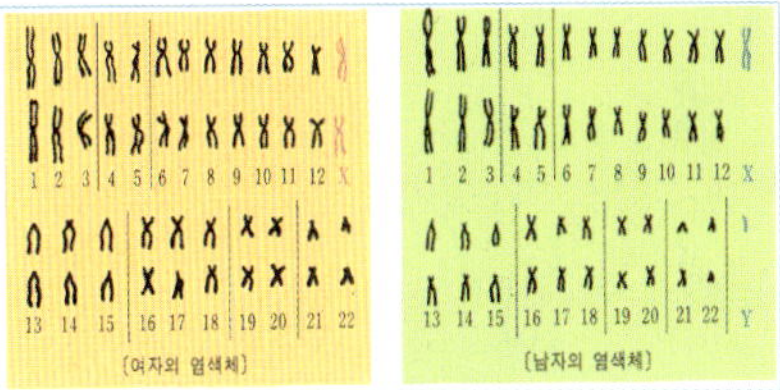

DNA 배열

이러한 유전법칙은 멘델에서 비롯되었으며 그 후 모건(Morgan)은 유전자가 세포 안에 들어 있는 염색체 위에 실려 있다는 것을 해명했고, 에이브리(Avery)는 유전물질은 DNA라는 사실을 밝혔다. DNA란 Deoxyribo-Nucleic-Acid의 줄임말로서 디옥시리보핵산을 가리킨다. 종합하면 모든 생물을 이루는 기본단위인 세포의 핵 속에는 여러 개의 염색체가 들어 있고, 이 염색체라는 DNA는 이중나선의 형태이며, 이중나선은 당(糖)과 인산(燐酸)과 염기(鹽基)의 3가지 물질로 이루어져 있다. 당과 인산은 이중나선의 바깥쪽 부분을, 염기는 그 안쪽 부분을 차지하고 있다. 사다리에 비유하자면 당과 인산은 사다리의 양쪽 버팀목이고, 염기는 사다리의 계단에 해당된다. 이는 또한 철로와 그 받침목의 관계와 유사한 개념이다.

주가파동으로 비유하면 장세 탄생의 핵자리가 있으며, 그 핵은 3순환의 파동으로 둘러싸여 이중 순환구조의 쌍으로 존재한다는 것을 의미한다. 또한 연결

고리를 취하는 핵심은 4순환의 마디로 형성된다는 것을 알 수 있다. 즉 전체로는 3으로 표현되며 그것을 만드는 것은 4로 이루어진다는 것이다. 결국 구분 방법에 따라 3순환 또는 4순환하는 복합구조라는 것이다. 이러한 구조를 합하면 3+4=7구조이며, 또한 3×4=12구조이기도 하고, 3대 4대 5의 5구조로 파악하기도 한다.

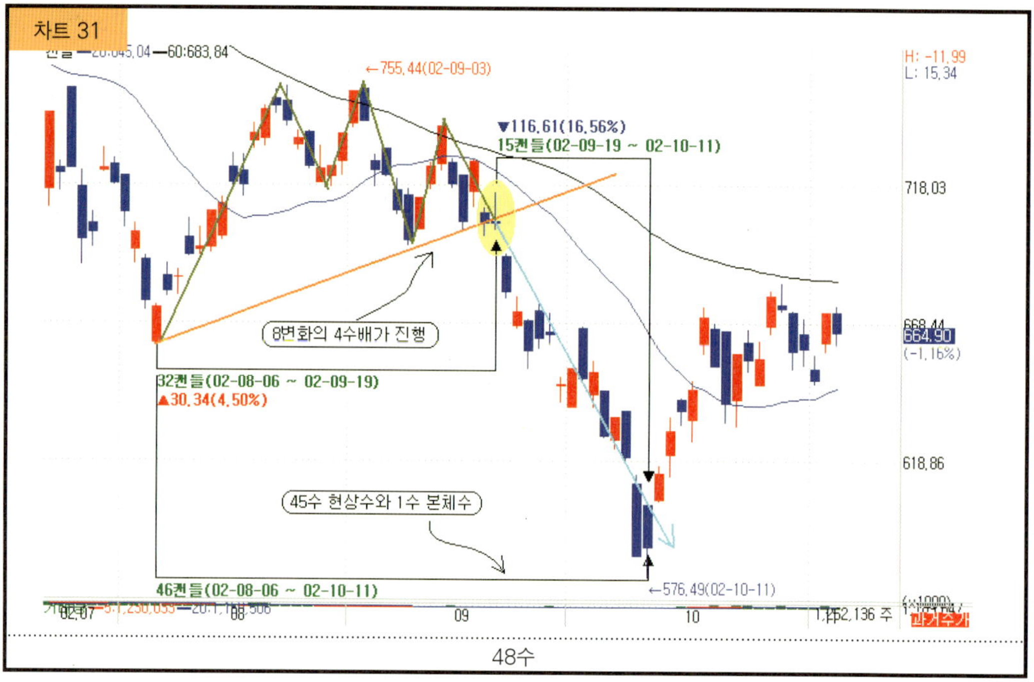

〈차트 31〉은 태극파동의 양상을 보이고 있는 2002년 추석 전후의 차트이다. 염색체수를 상징하는 46수의 변화모습이 나타나고 있는데 장세에 있어서도 그와 비슷하게 유전자 암호체계 역할을 한다. 즉 46수 출현 이후 10월의 상승장세가 탄생되지만, 그 이전의 32수에서 상승추세대를 이탈하는 장세변화가 나타나 투매가 이루어지는 모습이다. 여기에서 32수는 염색체의 4개 염기서열이 8변화하여 새로운 마디를 형성하게 되는 개념과 비슷하다.

또한 46수의 저점위치는 이전 고점으로부터는 27수의 자리에 해당되어 한 추세가 마무리되고 새로운 추세가 형성되는 곳임을 알 수 있다. 27수는 9주기가 3순환으로 완성되는 의미이기 때문이다.

차트 32

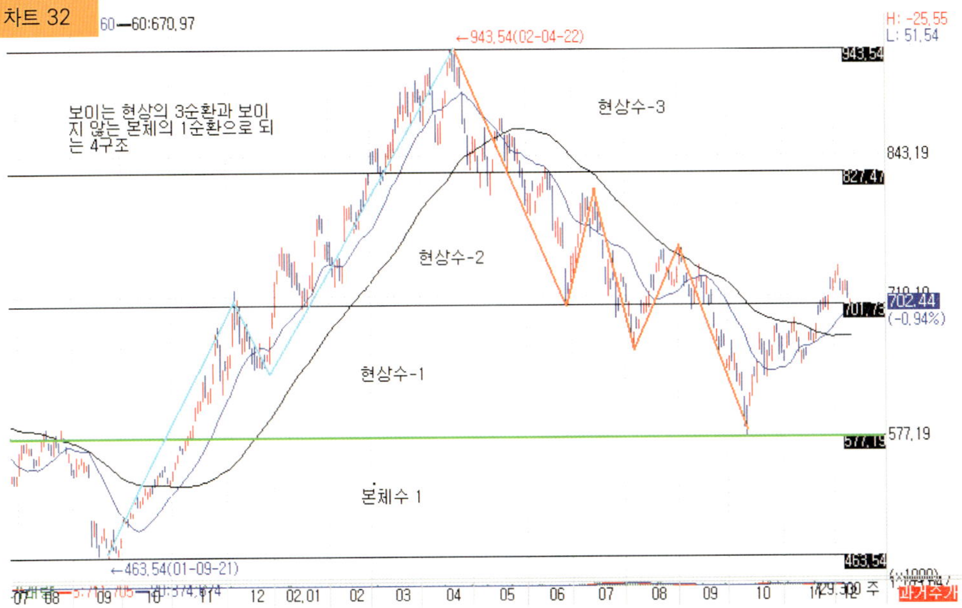

3순환과 4순환의 관계

〈차트 32〉는 장세의 3순환 모습과 4순환의 관계를 나타내고 있는 차트이다. 9.11 테러 후 상승한 주가는 크게 2분할 구조와 작게는 4분할 구조로 나누어 볼 수 있다. 실제 저점은 4분할 구조의 하단인 463포인트지만 사실상의 장세저점은 4분의 3에 해당하는 자리이다. 상승하는 과정에서 4분의 1의 진폭은 본체수에 해당된다. 본체수는 한 파동이 완성될 때에야 출현하기 때문에 보통은 드러나지 않는다. 그런데 테러 충격으로 본체수 부분이 드러나게 되었고 주가는 그만큼 강한 탄력으로 상승할 수 있었다. 우측의 하락시에도 그 부분에서 멈추고 상승이 진행되는 것을 알 수 있다. 즉 한 추세의 전체파동은 4단으로 구성되지만 본체수 1과 현상수 3의 조합관계 또는 현상수 3과 전체 4의 조합관계 등으로 이루어져 일반적으로는 현상수만이 나타나게 된다. 이는 DNA가 2개의 이중나선구조에 3가지 물질로 구성이 되며, 각 물질을 연결하는 전체 염기가 4개로 구성되는 원리와 같은 개념이다.

● DNA와 변화현상

물건을 살 때 찍히는 바코드에는 그 물건에 대한 핵심적인 정보가 들어 있다. 바코드 하나만으로 그 물건의 모든 상황을 알게 되는 것이다. 이와 마찬가지로 한 생명체를 알려면 그 유전자가 가지는 고유의 기록장치인 DNA를 파악하면 되는 것이다. 그 DNA 속에는 유전자 단위로 정보들이 기록되어 있다. 즉 유전자 정보라고도 하는 DNA는 생명의 설계도인 것이다.

〈그림 닮음〉에서 보듯 서로 닮은 염색체 쌍을 이루면서 존재한다. '유전자 풀(pool)' 이란 같은 민족에게는 같은 피가 흐른다는 의미지만, 각 민족과 나라에 따라 염색체가 모두 다르고 다양하게 존재한다. 유대인의 우수성이나 게르만족의 우수성 등 민족 우월성도 유전자 이론을 가지고 증명하는 것이 시대의 흐름이다.

닮음
DNA는 생명의 설계도다.

20세기 후반의 가장 위대한 발견 중의 하나라고 할 만한 DNA의 분자구조는 1953년 미국의 J. D. 왓슨과 영국의 F. C. 크릭에 의해 밝혀졌다. DNA의 분자구조는 이중나선구조로서, 뉴클레오티드의 가늘고 긴 사슬 두 가닥이 새끼줄처럼 꼬여 있다. 이 구조는 마치 사다리를 비틀어서 꼬아놓은 것과 같은 모습으로 10개의 염기가 나누어져 있고, 한 개의 염기에는 A, G, C, T라는 4개의 서로 다른 유형의 염기가 상호 작용하고 있다.

생명의 변화는 어떤 모습인가

DNA는 아주 극미한 형태의 이중나선구조이며 전체적으로 보면 X라는 커다란 형상을 하고 있다. 우리가 모르는 것을 X라 하는 것도 이러한 모습과 일맥상통한다. 영어 알파벳도 X-Y-Z으로 끝나는데 이는 생명의 모습을 암시한 것이다. 즉 생명은 X-Y의 음양이 서로 결합하여 이루어지며 그것이 발전하는 형태가 Z인 것이다. Z은 한자 을(乙)과 같은 형태로서 나선형의 회전모습이 옆에서 보면 이처럼 보인다. 다른 한편으로는 용수철과 같은 모양이기도 하고, 원기둥을 따라 뱀이 휘감아 오르는 양상이기도 하다. 흔히 용이 기둥을 올라타고 있는 모습의 문양이 많이 나오는 것도 이러한 연유이다.

우리가 뱀을 영악하다고 하거나 본능적으로 무서워하는 것은 뱀을 통해 생명의 본모습을 보기 때문이다. 즉 DNA의 모습이 뱀의 형태와 유사하게 생겼을 뿐 아니라, 수많은 뱀이 또아리를 틀면서 생존하는 모습과 인간의 유전자가 존재하는 모습이 같다는 것이다. 또한 뱀이 나선운동을 하면서 움직이듯 생명의 근원도 나선의 움직임을 보인다. 그리고 예로부터 사람들은 뱀이 성장하면서 허물을 벗는 것을 죽음으로부터 다시 태어나는 것으로 인식하여 뱀은 불사(不死)의 존재와 깊은 관련을 맺고 있다고 믿었다. 기독교에서 뱀을 사탄에 비유하는 것도 이러한 원리가 들어 있다. 인간이 영악해지면 신의 율법을 어기는 원인이 되기 때문인 것이다.

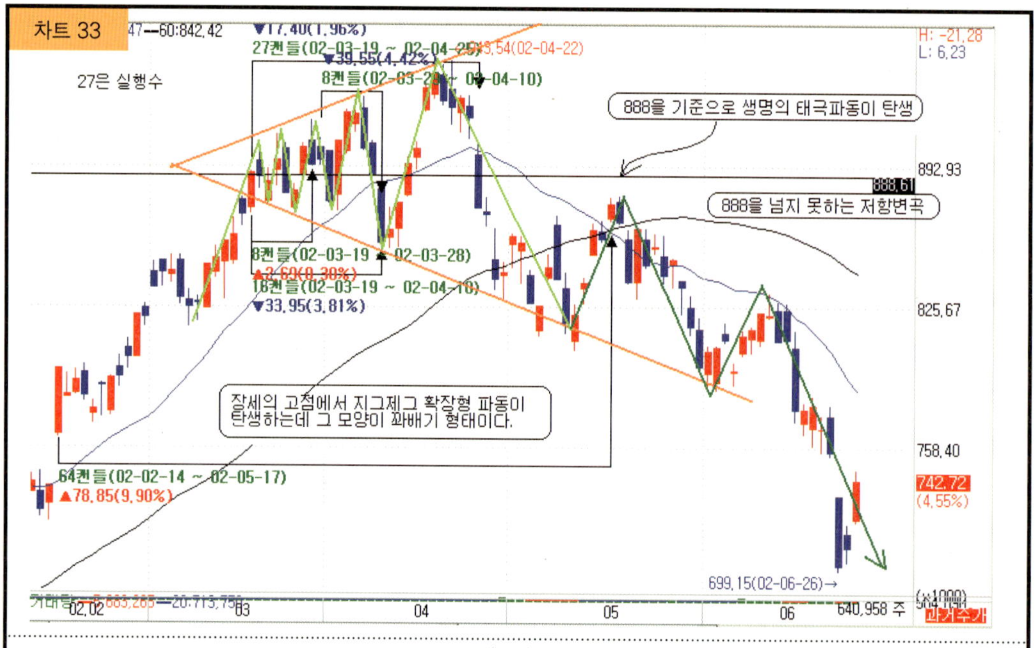

태극파동

〈차트 33〉은 S자형의 주가 움직임이 점차 확대되어 커다란 태극파동을 형성하고 있는 차트이다. 고점에서 특정 라인을 중심으로 상승과 하락이 반복되는 파동이 일어나는 현상은 조만간 새로운 장세의 탄생이 도래함을 암시한다. 주가의 움직임이 기준점으로부터 8수 단위로 움직이지만 그 진폭이 점점 더 커지면서 중심 라인인 888포인트를 강하게 이탈하게 되고, 이후 888포인트를 넘지 못하는 모습을 볼 수 있다. 즉 태극파동(S자형의 파동)이 출발하는 지수대가 중요한 지지와 저항라인임을 알 수 있다.

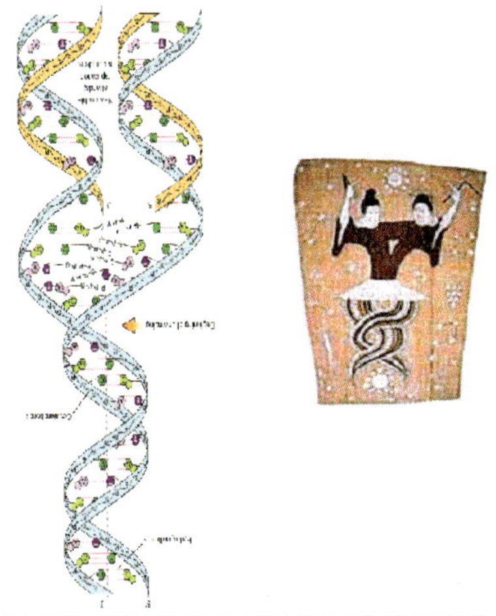

DNA와 복희 · 여와

음양이 화합하는 복희와 여와의 모습이 DNA가 복제되는 과정과 유사하다.

옆의 그림은 6천 년 전 복희 · 여와의 부부상과, 실제 DNA가 2개로 복제되는 과정을 나타내고 있다. 복희는 8괘를 작도한 사람이며 여와는 중국에서 창제신으로 받들어지는 신앙의 대상이다. 머리는 사람이지만 몸은 뱀인 형상을 한 복희와 여와의 모습은 음양이 화합하며 생명이 존재하는 모습을 보여주고 있다. 이 그림은 마치 DNA가 복제되는 모습과 같다. 현대과학이 비로소 증명한 현상을 이미 6천 년 전에 직관으로 보여주었던 것이다. 시간으로 보면 동양문명의 선진성을 보여주는 대목이다.

차트 34

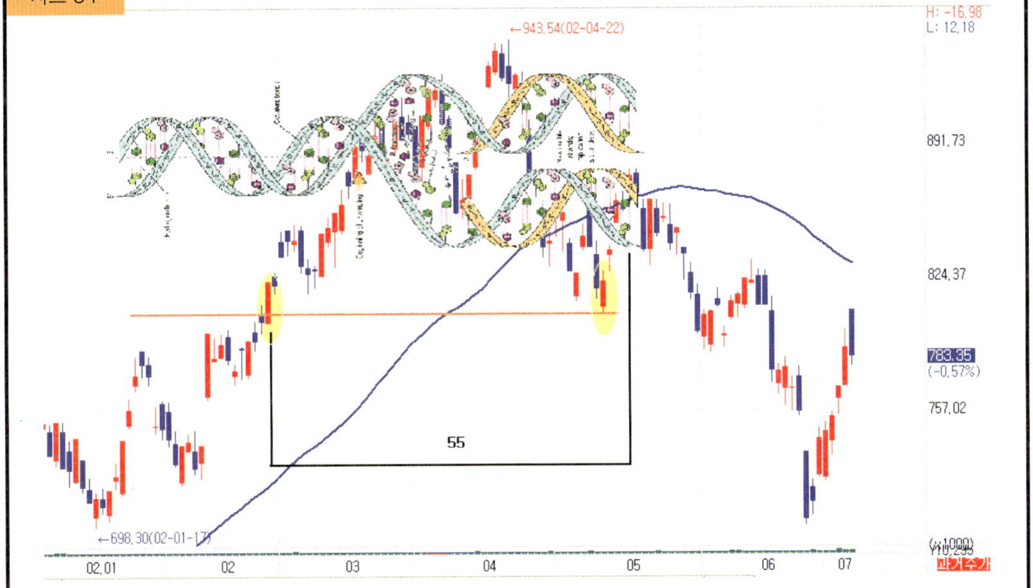

탄생

〈차트 34〉는 고점에서 하락장세로 전환되는 과정이 DNA가 복제되어 이탈하는 과정과 유사하다는 것을 나타내고 있다. 이러한 과정은 나선형의 하락 태극파동이 탄생되는 것으로 볼 수 있다. 또한 상승시 800포인트를 강하게 돌파하는 기준 라인으로부터 55수가 됨으로써 상승 여력이 고갈되었음을 확인할 수 있는 모습이기도 하다. 추가상승의 분기점으로 작용하는 시점에서 하락이탈로 작용하게 되는 끝이 태극 운동을 하는 양상이다.

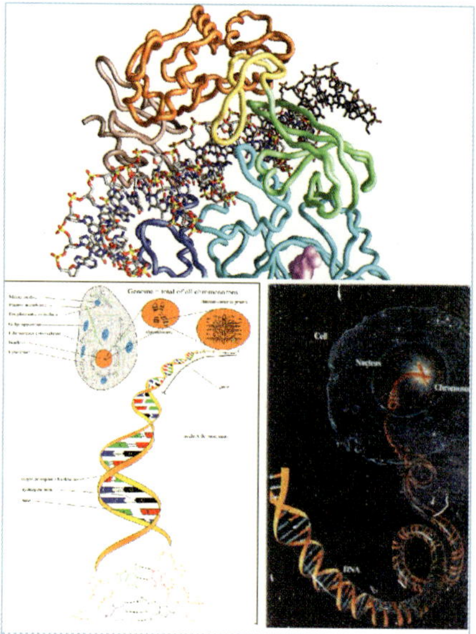

DNA

〈그림 DNA〉는 세포의 핵 속에 들어 있는 DNA의 모습을 점차로 확대한 것이다. 세포 내 X 모양의 DNA를 확대하면 실처럼 뒤섞인 모습이 나오며 그 한 올을 다시 확대하면 이중나선구조의 형태를 띠고 있다. DNA 이중나선구조에서 A는 반드시 T와, G는 반드시 C와 마주보게 된다. 그 이유는 4종 염기의 화학구조 때문인데 이렇게 짝지었을 때 비로소 두 가닥이 일정한 간격을 가진 이중나선구조를 유지할 수 있게 된다. 따라서 DNA를 뉴클레오티드로 완전히 분해한 다음 4종의 염기의 함량비를 측정해 보면 A의 함량은 T와 같고, G의 함량은 C와 같게 된다. 이러한 A-T, G-C의 짝짓기는 DNA가 유전자로서의 기능을 나타내는 데 매우 중요한 의미를 지닌다.

차트 35

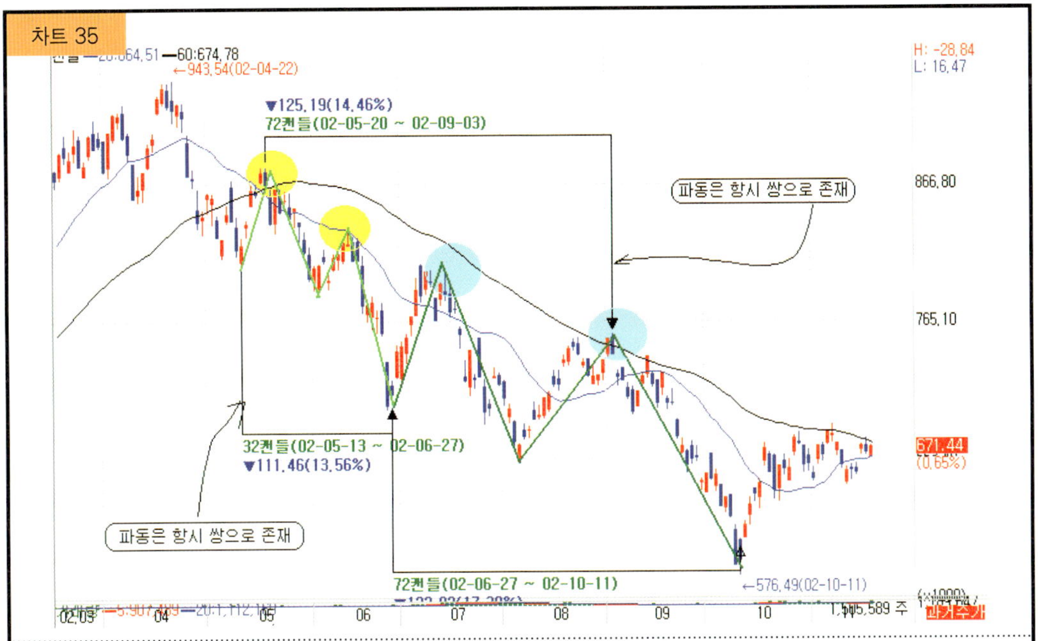

쌍으로 존재하는 세부 파동

〈차트 35〉는 한 파동은 2개의 세부파동이 쌍으로 존재하여 구성된다는 것을 나타내는 차트이다. 순환수란 한 추세 전체의 변화마디를 의미하지만, 그 내부적으로는 닮은꼴을 한 2개의 파동이 쌍으로 존재하여 구성된다. 그런데 내부적으로 2개의 파동으로 분할된 순환수의 한 파동 역시 또다른 순환수의 한 파동과 쌍을 이루어 존재하게 된다. 사물은 항상 쌍을 이루어 존재한다는 개념을 말하는 것인데 이는 대단히 중요한 개념으로서 주가파동을 가늠할 때에도 유용하게 적용될 수 있다. 위의 차트에서는 32순환수 내에 2개가 한 쌍인 파동이 존재하고, 72순환수에서도 2개가 한 쌍인 파동이 존재하며, 전체적으로도 32순환수와 72순환수가 한 쌍을 이루어 파동이 존재하는 모습이다.

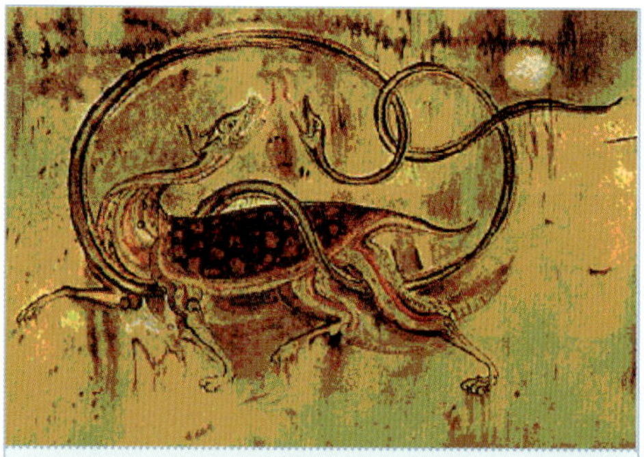

현무도

〈그림 현무도〉는 평남 강서군의 고분벽화에 있는 현무도를 나타낸다. 고대인들은 우주를 다스리는 제왕이 중심에 있고 그 동서남북 4방을 수호하는 방위신이 있다고 생각하였다. 4방위를 주재하는 신수(神獸)로서 동방에는 청룡, 서방에는 백호, 남방에는 주작, 북방에는 현무 등이 있었다. 그중 현무는 거북이와 뱀이 서로 엉키는 모습을 상징화한 것인데, 모든 만물의 시작과 생명의 겨울을 의미하는 북쪽을 수호하고 있다. 현무는 원형의 거북 형상과 태극의 뱀 형상을 합성한 것으로서 이는 무극(無極)과 태극에서 생명이 나왔음을 암시하고 있다. 무극은 10수의 의미요 태극은 1수의 의미이기 때문에 11수에서 모든 만물이 나왔다는 것을 나타낸다. 또 겨울에 해당하는 자리가 뱀이며 봄에 해당하는 자리가 용이다. 즉 뱀이 용으로 변화는 극적인 모습이 생명의 탄생으로 비유될 수 있다. 북현무가 동청룡이 되는 것이다. 뱀이 용이 된다는 것은 뱀이라는 몸체에 4개의 발이 나와야 하는 것을 의미하고 이는 태극에서 4상으로 진화되어야 한다는 이치가 들어 있는 것이다.

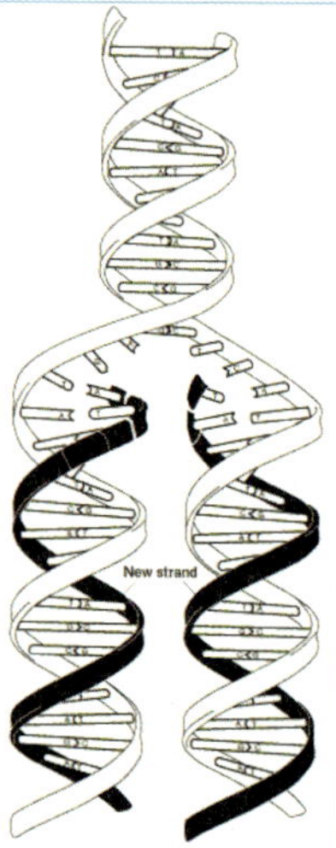

자기 복제
끊임없이 자기복제를 이루어내는 것은 생명체가 유지 발전되는 현상이다.

〈그림 자기 복제〉는 이중나선구조가 복제되어 음양으로 갈라지는 모습을 표현하고 있다. 이는 태극이 음양으로 분화되는 양상으로, 4개의 다리를 만들게 되는 과정과 같다. 네 종류의 염기는 이중고리구조를 한 퓨린(A, G)과 단일 나선구조의 피리미딘(C, T)으로 구분되고, 그중 아데닌(A)은 티민(T)과 2중 수소결합을 하며, 구아닌(G)은 시토신(C)과 3중 수소결합을 하여 염기쌍을 이루게 된다. 이들 연결고리가 나선형으로 유전정보를 저장하고 전달하면서 끊임없이 자기 복제를 이루어내는 것은 생명체가 유지 발전되는 현상인 것이다.

차트 36

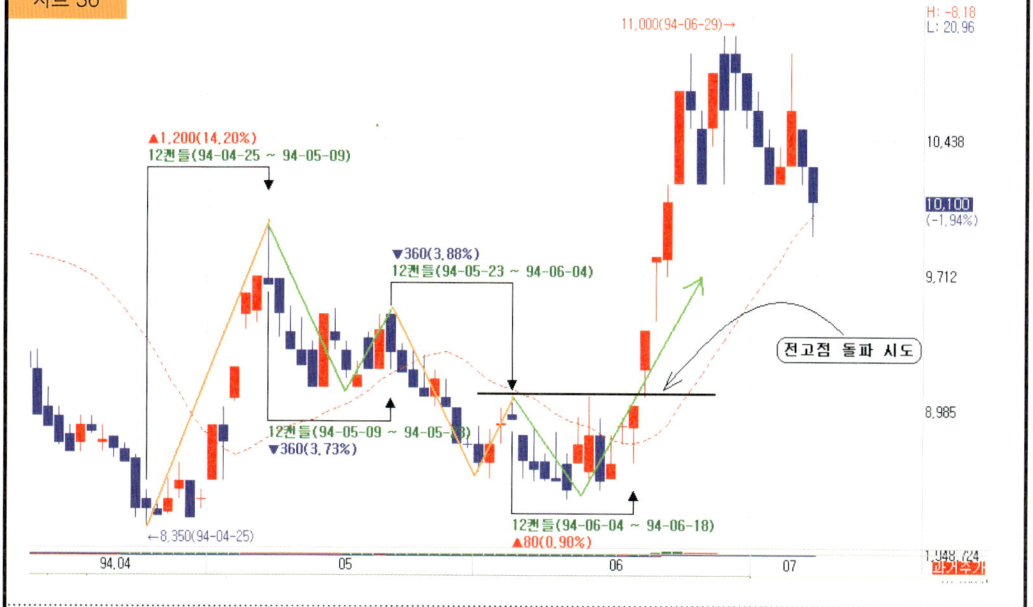

4순환 구조

〈차트 36〉은 12주기의 4순환 완성 후 큰 시세를 분출하게 되는 차트이다. 특정 저점으로부터의 상승이 12수에 고점을 형성하게 되고 그것이 주기적인 파장을 일으키는 경우이다. 반응 1파가 매우 강한 힘으로 전개되어 12캔들째에서 그 고점이 형성되었으며 단기 과도한 상승에 따른 기간조정이 12수의 4변화로 완성되는 형태이다.

생명의 파동 탄생

주식시장의 추세변화 원리를 자연의 이치에 비유를 하면 장세의 바닥에서는 상승파동의 탄생이며, 장세의 고점에서는 하락파동의 탄생이 된다. 이 과정은 태아가 태어나는 과정과 같은 원리를 담고 있다. 인간은 10개월이면 태아에서 아기로 탄생이 되고, 각자의 천수에 따라 60년 혹은 72년 동안 변화를 거치며 생명의 시간을 살아간다. 10개월의 임신기간은 주단위로 보면 40주이며 일로 보면 평균 266일이다. 주식시장의 추세변화 원리도 이러한 수체계와 같은 구조를 가지게 된다.

임신 기간을 자세히 보면 평균 266일이다. 일반적으로 배란일의 정확한 날짜가 확실치 않아 마지막 월경일을 사용하여 이루어진다. 보통 월경 후 14일째가 배란일이기 때문에 266일에 14를 더해 마지막 월경 후 총 280일 혹은 40주가 분만 예정일이 된다.

임신과정 36수와 40수

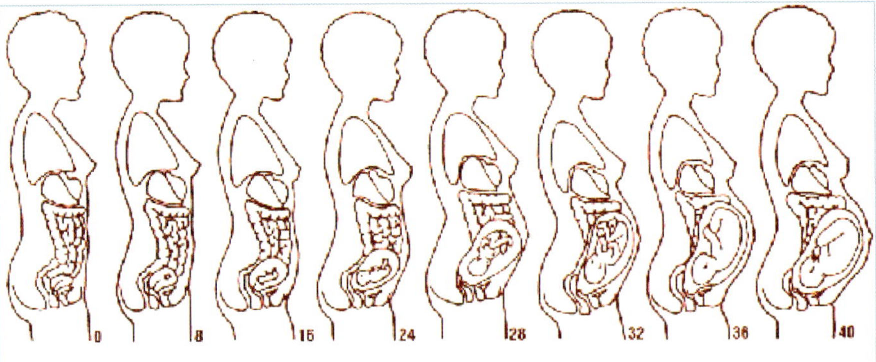

임신 과정

첫달

수정란의 빠른 성장이 일어난다. 심장이 뛰고 혈액을 내보내며, 척추와 척수가 형성된다. 소화계가 만들어지기 시작하여 궁극적으로 사지(四肢)가 되는 작은 싹이 나타난다.

8주경
태아의 크기는 29mm이고, 몸무게는 약 0.1g 정도이다. 얼굴과 형태가 만들어지고 눈썹이 뭉쳐 있다. 사지가 손, 발 등으로 명확히 구분되기 시작하며, 뚜렷한 척수가 형성되어 있다. 또한 긴 뼈와 내장기관이 발달하고 있다.

16주경
태아는 약 16~18cm 정도이며 무게는 약 100g 정도 된다. 심장 박동이 활기차고 근육도 발달해 있다. 피부는 밝은 핑크색으로 속이 들여다보이며 솜털 같은 가는 털로 덮여 있다. 대부분의 뼈가 명백히 보이며, 머리는 불균형적으로 크고 눈과 귀, 코, 입 등이 제 위치에 자리잡는다.

24주경
태아의 크기는 28~35cm 가량이고 몸무게는 560~680g 정도이다. 피부는 쭈글쭈글하나 붉고 반들반들하며 눈썹은 분리되어 속눈썹이 형성되어 있다. 손톱이 손끝까지 도달한다.

28주경
태아는 약 38cm 가량이며 1.14kg 정도로 아직도 붉고 쭈글쭈글하다. 하지만 공간이 없기 때문에 잘 움직일 수 없다. 눈을 뜨고 있으며 머리카락이 나 있다.

32주경
마지막 두 달 동안 태아의 성장과 발달은 매우 중요하다. 머리뼈가 부드럽고 말랑말랑하다.

36주경
36주 뒤에는 태아가 완전히 형성되어 46cm 가량에 약 2.3kg 정도 나간다. 태아는 출생 후 따뜻함을 유지하기 위해 지방조직을 만들고 성숙시키는 데 전(全) 시간을 보낸다.

40주경
해산할 때다. 아이는 진통을 시작하기 위해 어떤 알려지지 않은 신호를 기다리며 준비하고 있다. 출생시 태아는 48cm 정도에 몸무게는 3.2kg 정도이다

차트 37

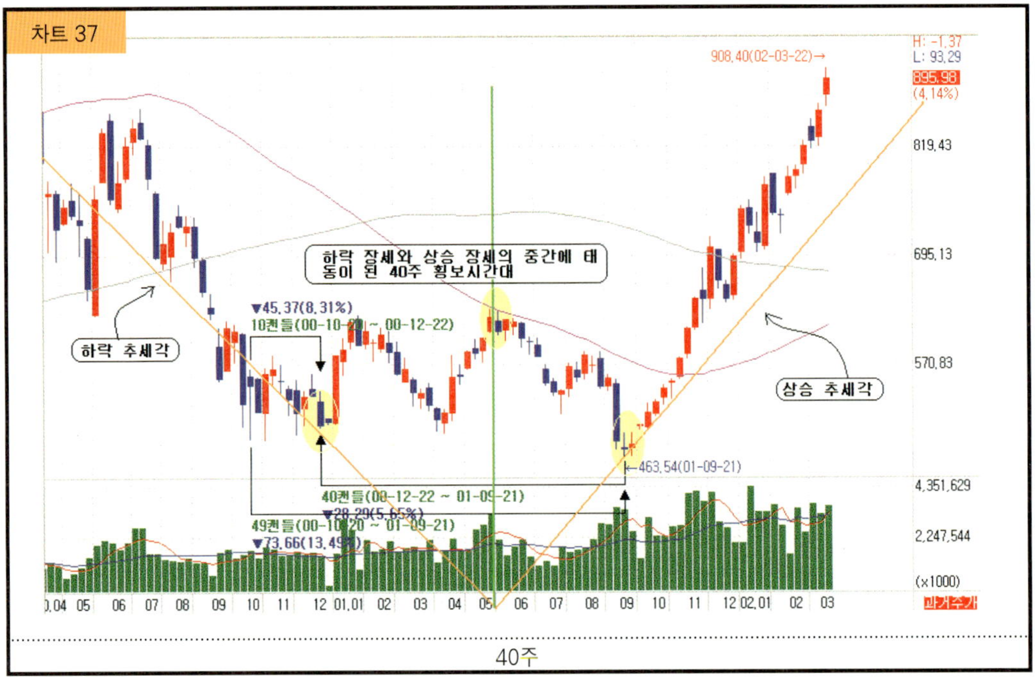

〈차트 37〉은 2000년 초부터 하락하던 장세가 하방경직성을 확보하고 저점을 탐색하고 있는 주봉 차트이다. 전체 바닥권이 49수의 질서를 보이지만, 처음의 하락충격이 가셔지는 10주를 고려한다면 실질적으로는 40주의 횡보 후에 대세가 탄생되는 양상이다. 즉 단기 급락으로 형성된 저점으로부터 10주 후에 강한 반등이 형성됨으로써 하락충격이 해소되는 모습이며, 이는 향후 장세를 낙관한 선도세력의 입질매수가 시작된 것이라고 볼 수 있고, 그로부터 40주 후 9.11 테러 시점을 기점으로 장세는 본격적인 대세상승이 이루어지게 된다. 그런데 그 모습이 마치 대세상승의 씨앗이 40주 동안의 잉태기간을 거쳐 탄생되는 과정과 비슷하다. 한편 동양 상수학에서 '50'은 하늘의 모든 수라는 천수(天數)의 개념으로 가득 찬 큰 수를 나타내며 전체 '100'의 절반의 모습을 담고 있는 개념이기도 하다.

차트 38

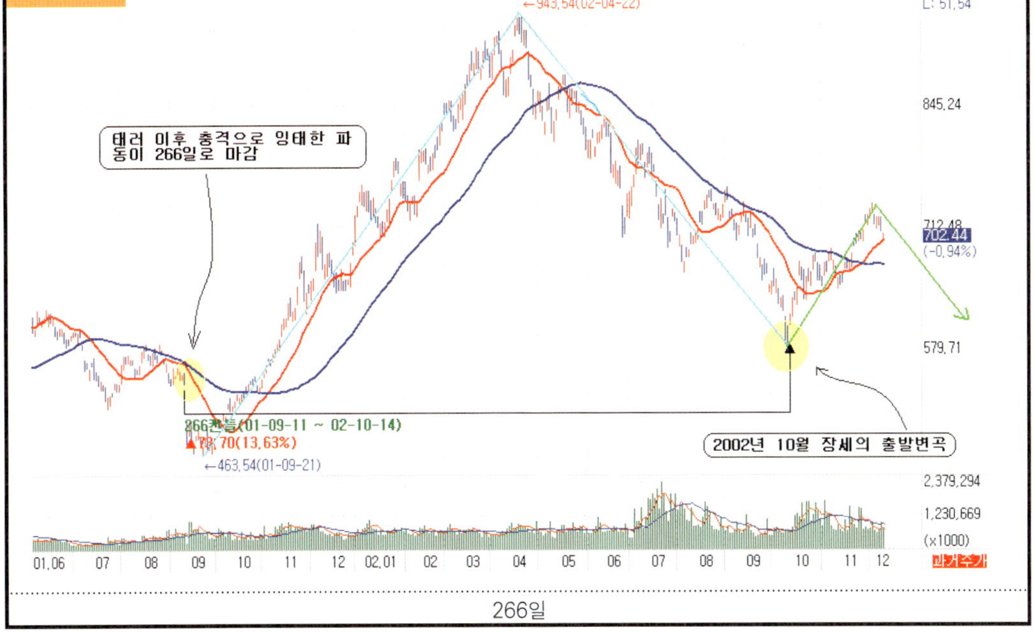

〈차트 38〉은 9.11 테러 이후 상승과 하락을 하던 주가가 266일을 기점으로 커다란 변화를 보이는 차트이다. 앞서 언급한 바 있듯이 10월은 새로운 시간의 문이 열리는 분기점이기도 하다. 다음 해의 시간 에너지는 이미 당해년도 10월부터 작용하기 때문에 한 해의 시작은 금년 10월부터 다음 해의 10월까지라고 할 수 있다. 9.11 테러 후 곧 바로 상승하기보다는 추가적인 시간이 소요되는 현상도 이를 반영한 것이며, 그로부터 266일째는 다시 그 다음 해의 에너지가 영향을 미쳐 큰 반등을 시현하는 모습인 것이다. 그런데 그 주기가 임신의 출산주기와도 일치하여 마치 장세의 잉태변곡으로 작용하는 개념이다.

원의 순환과 사물변화

동서양에서는 원의 변화를 사물의 변화이자 우주변화의 현상으로 보았다.

기하학에서도 원은 사물의 원리이자 근본으로 보았다. 원은 동심원을 그리면서 움직이기도 하고 타원을 그리면서 움직이기도 한다. 즉 중심의 일치와 불일치에 따라 모든 변화가 일어난다. 지구가 이론상 완벽하려면 360일의 정원 궤도를 돌고 있어야 하는데, 현재는 약 365의 타원 궤도를 돌고 있기 때문에 우주의 빙하기가 주기적으로 찾아오게 되고 우주의 4계절이 있게 된다는 것이다. 그리고 음력과 양력이 불일치되어 지구에 사계절이 있는 것처럼, 순환하는 시간흐름에 따라 생명의 음양변화도 순환이 반복되면서 이루어지게 되는데, 그러한 음양변화는 구체적으로 4수로 이루어진다. 한편 우주(宇宙)라는 단어에서 우(宇)는 동서남북(東西南北)과 상하(上下)를 뜻하고, 주(宙)는 고금왕래(古今往來)를 뜻한다(四方上下謂之宇, 往古來今謂之宙 :『회남자(淮南子)』).

우주는 눈에 보이는 물질적 형태로서의 '공간' 과 보이지는 않지만 그 이면에서 끊임없이 규칙적으로 흘러가는 '시간' 으로 구성되어 있고, 그 시간과 공간이 1대 1로 결합해 존재한다. 이러한 성질을 원으로 표현하면 원의 가로와 세로는 곧 시간과 공간을 나타내는 개념이 된다. 주가파동으로 보면 가로는 시간이요 세로는 진폭이며, 시간의 변화는 진폭의 변화로 작용한다. 반야심경에 "색즉시공(色卽是空) 공즉시색(空卽是色)" 이라는 말이 있는데, '색(色)' 은 곧 보이는 것 그리고 '공(空)' 은 보이지 않는 것을 의미하며, 그것은 동일체의 이면현상으로 이해될 수 있다. 아인슈타인의 상대성 이론을 나타내는 E(에너지)=m(질량)×c(광속)^{2}의 공식도 빛의 속도 c는 상수로서 일정하기 때문에 결국 $E=m^2$ 이 되어 그것을 증명하고 있다.

시공간(時空間)이라는 단어에서 시(時)는 태양(日)이 운행을 하다가 토(土)를 만나 마디(寸: 정지)를 이루는 모습(時: 日+土+寸)을 말하며, 이는 우주의 운행은 토(土)의 자리에서 조절이 이루어져 불연속성을 보이게 된다는 것을 의미한다. 또 공(空)이란 우주변화의 기공(工)이 혈(穴) 속에 숨어 있는 상(象)을 취한 것으로 본질로 수축되기 직전의 단계를 의미한다. 따라서 시공간이라는 의미는 "시(時)의 조절작용과 공(空)의 수장작용이 간(間)이라는 교차점의 작용에 의하여 비약할 수도 있으며 또한 변화할 수도 있는 것"을 말하는 것이다(韓東錫 : 『우주변화의 원리』).

원의 기하학적 성질

원은 모든 사물변화의 출발과 끝을 의미하므로 모든 것의 알파요 오메가인 셈이다. 파동변화의 원리도 원에서 비밀을 찾아야 한다. 즉 원의 특징과 성질을 깊이 파악함으로써 주가 움직임의 비밀과 원리 그리고 예측이 가능할 수 있게 되며 또한 보다 효과적인 매매 방법론이 정립될 수 있을 것이다. 원의 특성을 쉽게 이해하기 위해서 먼저 기하학적인 관점에서 두 원의 위치관계를 살펴보기로 한다. 두 원의 위치관계에서 일어날 수 있는 특성은 모두 6개로 분류될 수 있다. 이는 두 원의 중심을 연결한 선의 상태와 두 원의 중심의 위치에 따라 일어날 수 있는 경우의 수가 모두 6가지이기 때문이다.

이상적인 파동의 관점에서 보면 동심원을 이루는 것이 정상이지만 현실적인 파동에서는 타원을 이루거나 두개의 원이 겹치는 구조를 가지고 있다. 그래서 주가

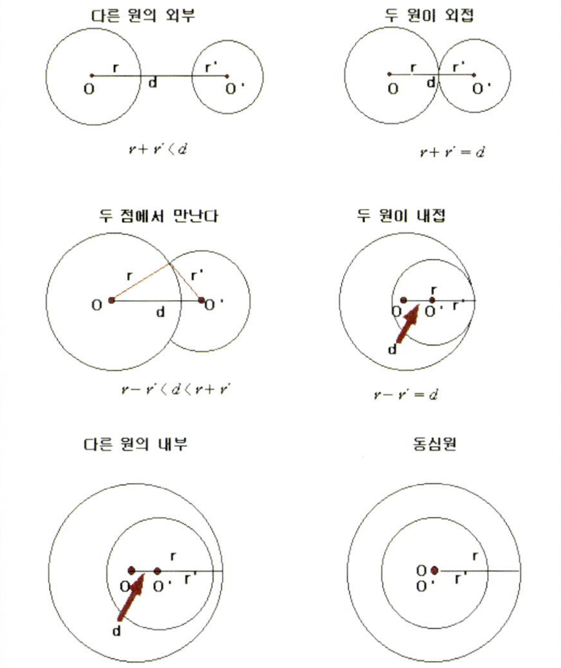

두 원의 위치와 관계(1)

파동에서는 타원형과 두 개의 원의 성질이 순환과 변화의 마디로서 작용한다.

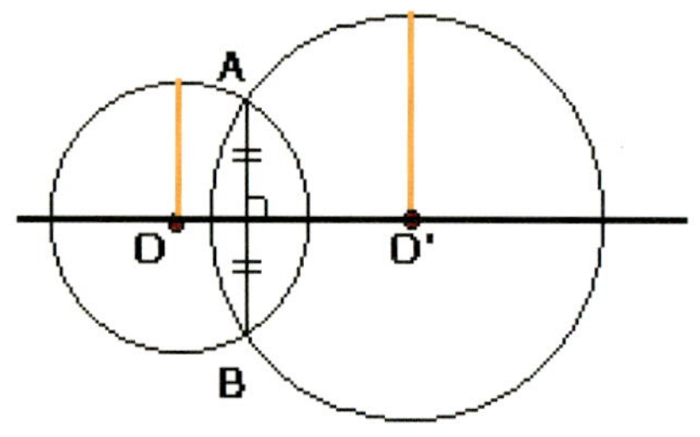

두 원의 위치와 관계(2)

옆의 그림은 두 원이 만날 수 있는 일반적인 경우이다. 즉 원의 성질 중 공통현을 나타낸다. 두 원이 두 점에서 만날 때 두 교점을 이은 선분이 공통현이며, 그 중심선은 공통현을 수직 이등분하는 직선이다. 바로 이때에 원의 중심인 O의 시간과 O'의 시간은 중요한 2개의 변화마디로 작용하게 된다.

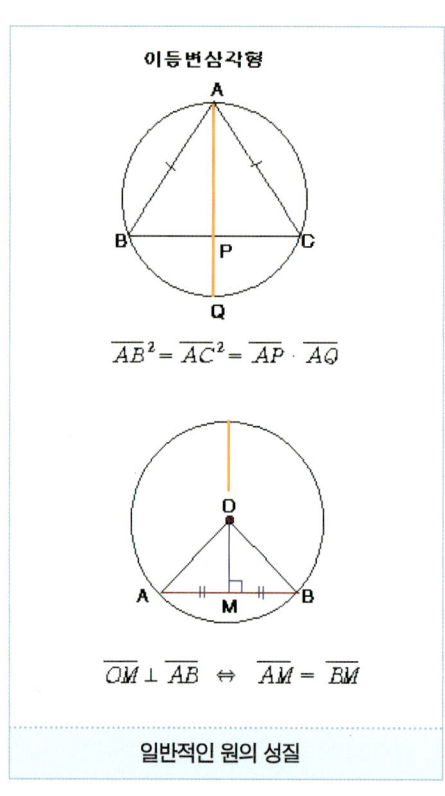

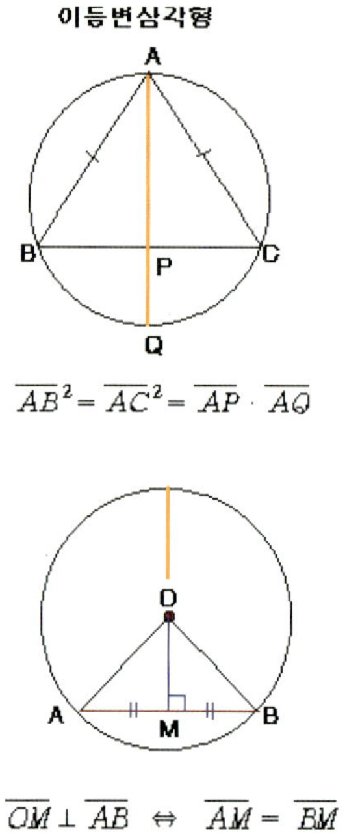

일반적인 원의 성질

다음 그림은 한 원이 나타낼 수 있는 일반적인 경우의 원의 성질이다. 중심에서 현에 내린 수선은 이 현을 수직이등분한다. 그리고 수직이등분선은 이 원의 중심을 지난다. 사선인 AB와 AC가 같고 AM와 MB가 같다. 이때에 수직선이 시간의 변화마디로 작용한다.

전체적으로 정리를 하면 시간의 주요 변화마디는 원의 중심과 지름의 양 끝에서 형성되지만, 두 원이 겹쳐질 경우에는 추가적으로 공통현이 발생하는 구간에서도 변화의 마디가 형성되게 된다. 즉 하나의 원일 경우 주요 변화마디는 3개가 형성되고, 두 원일 경우에는 총 6개의 변화마디가 발생되지만, 두 원이 겹쳐질 경우 안쪽 지름의 양 끝단의 변화마디는 공통현으로 대체되어 모두 5개의 마디만이 생기게 된다. 그런데 두 원이 겹쳐질 경우 결국 보다 커진 하나의 타원이 되어 본질은 한 원에서 발생하는 변화와 동일한 개념을 형성하게 된다.

음양의 이중성과 뫼비우스의 띠

그리스 철학에서는 '둘'은 '신성한 하나'에서 떨어져나온 것이며서 동시에 원래의 하나로 돌아가려는 고뇌로 표현되었다. 즉 '둘'은 '음양'으로 표현되어 원리를 상대적 동시성과 상호 조화와 대립으로 바라보았으며, '하나'로 회귀하려는 속성을 가진 존재로 보았다. 즉 전체는 하나인 모습이 음양으로 나타나 사랑과 증오, 책임과 권리, 원인과 결과, 강함과 부드러움으로 나타난다는 것이다.

주식시장에서도 상승과 하락, 호재와 악재, 매도와 매수 등이 서로 대립과 조화를 이루어 시세가 전개되는 모습이 그와 유사하다. 그런데 이러한 총체적 원리를 잘 나타낸 것이 뫼비우스의 띠이다.

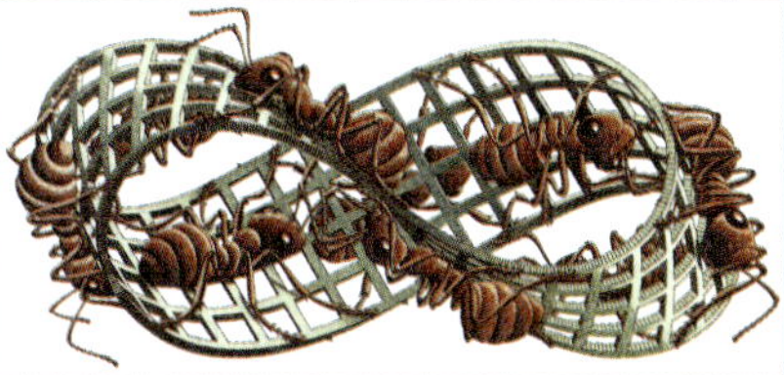

뫼비우스의 띠
한 공간이면서 두 공간인 원의 이중적 성질을 표현하고 있다.

뫼비우스의 띠는 긴 종이를 한 번 꼰 다음 풀로 붙이면 만들어지는데, 이는 순환하는 원의 이중성을 표현한 것으로서 음양과 태극의 원리를 잘 설명하고 있다. 즉 한 공간이면서 두 공간의 원의 이중적 성질을 표현한 것이다. 그림은 뫼비우스 띠를 형상화한 것으로 원의 이중적 구조 원리를 잘 나타내고 있다.

원과 타원의 변곡

모든 순환의 시작과 끝을 상징하는 원과 타원은 기하학과 디자인에서도 흔히 찾아볼 수 있다. 특히 기업의 이념과 이미지를 나타내는 로고 대부분이 원이나 타원을 강조하고 있으며, 은연중에 원의 고유사상을 표출하고 있다. 다음은 원과 타원을 사용하여 역동성과 조화를 강조하고 있는 대기업 로고들이다.

원과 타원을 사용하여 역동성과 조화를 강조한 기업 로고들

그림은 원을 상징하는 로고이다. 엘지의 마크는 양(陽)적인 붉은 이미지에 음(陰)적인 가느다란 로고체로 음양이 조화롭고 웃는 이미지를 닮고 있다. 평화로운 상생의 이미지다. 마스터카드는 기업이 두 원이 조화를 이루는 연결고리 역할을 수행함으로써 소비자와 기업, 수입과 지출의 조화로운 관계를 상징하고 있다. 삼성의 마크는 타원형으로 영원한 젊음의 청색 이미지를 담고 비상하는 기업의 역동성을 표현하고 있다. 메가패스 마크도 핼리혜성과 같은 강력한 타원의 힘과 속도감 있는 문자도안으로 인터넷 시대의 뉴리더임을 상징한다.

주가파동에서 상승추세와 하락추세로 장세가 일순환을 하는 경우가 있지만, 상승추세와 또 다른 상승추세, 그리고 하락추세와 또 다른 하락추세가 결합하여 장세가 일순환을 하는 경우도 있다. 그 경우 모두 원의 순환 변곡으로 분석할 수 있는데, 기본 모형은 다음과 같이 표현될 수 있다.

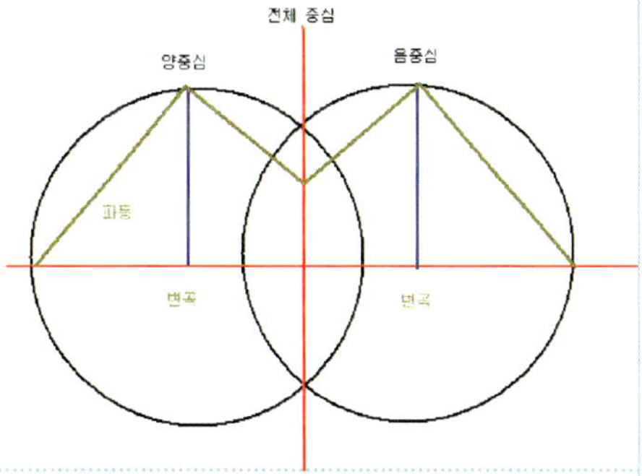

원의 교차점과 주요 변화마디(1)

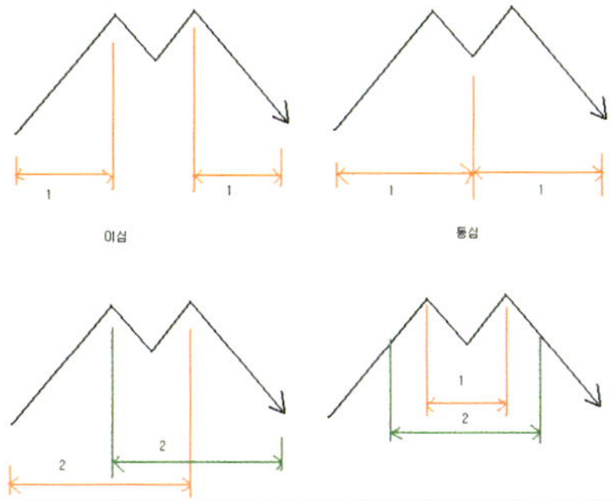

원의 교차점과 주요 변화마디(2)

옆의 그림은 각기 한 파동을 의미하는 두 원을 그리고 그 교차점을 수직으로 이은 곳이 전체의 중심 마디임을 나타내고 있다. 그리고 각각의 원의 중심에서 수직으로 이은 선 또한 장세의 주요 변화마디가 형성되는 곳임을 의미한다. 그런데 실제의 주가파동에서는 원이 나타나지 않으므로, 원을 상징하는 36수로 그 주요 변화마디를 파악하게 되는 것이다.

옆의 그림은 두 원이 어디에서 만나는가에 따라 달라지게 되는 주요 마디를 표시한 것이다. 장세가 상승추세와 하락추세로 일순환하게 되는 모습을 표준으로 본다면 4종류의 경우로 나누어 볼 수 있다. 이심(離心), 동심(同心), 중첩이심(重疊離心), 중첩동심(重疊同心) 등이 그것이다.

이심(離心)은 두 개의 파동이 작용하지만 두 파동의 원이 일정한 간격 이상 떨어져서 중심이 형성되는 경우를 말한다. 동심(同心)은 두 파동의 원이 외접하게 될 때 그 접점을 중심으로 두 파동의 주요 변화마디가 형성되는 경우를 말한다. 중첩이심(重疊離心)이란 두 파동의 일부가 서로 겹쳐져 작용하는 경우로써 파동의 중심은 다르지만 주요 변화마디가 서로 겹치는 경우를 말한다. 중첩동심(重疊同心)은 한 파동의 원 안에 다른 파동이 위치하거나 내접하고 있는 경우로써 주로 추세의 고점이나 저점에서 발생하여 추세의 붕괴 또는 추세를 돌파하는 역할을 수행한다. 위에 예시된 기본 모형에서 1과 2는 36순환수나 100수 또는 중요 기준 마디를 말하며, 대표적인 수는 72, 108, 144 등과 같이 36수의 정수배나 27, 18, 9 등과 같이 36수의 분할수가 있다.

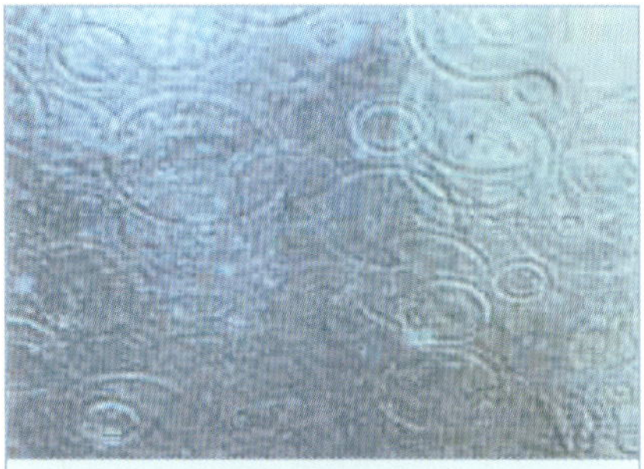
빗방울과 동심원

그림은 빗방울이 떨어져 다양한 크기의 동심원이 만들어지는 모습을 나타내고 있다. 이처럼 장세가 진행될 때는 여러 개의 작은 변화마디가 어울려 나타나게 되는데, 주요 구간에서의 기준은 36수를 기본으로 사용하며, 또한 전체 장세의 흐름을 파악할 때도 36수를 기본으로 사용을 한다. 중요한 것은 큰 파동을 형성하는 동심원의 중심을 잡는 것이며, 그 중심에서 36수의 변화마디를 세어 나가는 것이다. 이는 장세의 크고 작은 모든 변화마디가 36수에서 비롯된다는 의미이다.

근본을 의미하는 태극문양과 어린이의 천진난만한 모습이 묘한 대조를 이루고 있는 모습이다.

파도를 막는 제방의 한 부분이 뚫려 바닷물이 유입되는 모습을 나타낸다. 그 부분을 중심으로 물이라는 에너지가 동심원을 그리면서 퍼져 나가는 모습인데 에너지의 전파 과정을 시각적으로 보여준다.

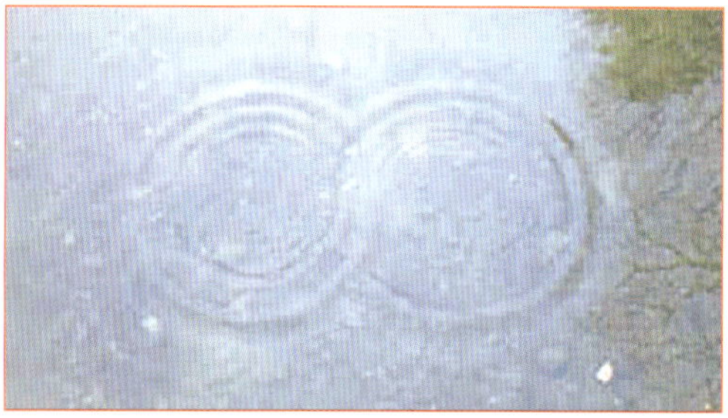

두 동심원의 파동이 만나 교차변곡을 나타내는 모습이다. 즉 한 원이면 한 동심원인데 두 원이면 두 동심원이 만나면서 약간 복잡한 변곡을 형성하지만, 본질은 한 동심원의 변곡이 겹치는 것에 불과하다.

동심원을 그리는 것은 빛에 굴절에서도 잘 나타난다. 무지개는 비가 그쳤을 때 태양의 반대쪽에 나타나는 일곱 가지 빛깔의 아름다운 원호(圓弧)이며, 그 일곱 가지 색깔은 '7'이라는 창조의 수를 상징한다.

동심(同心)이 되는 경우

차트 39

60수

〈차트 39〉는 한 추세가 36수인 두 파동이 외접하여 그 점을 중심으로 커다란 72수의 순환을 이루게 되는 동심(同心)을 나타낸다. 순환의 기준은 일반적으로 저점이나 고점에서 잡는 것이 원칙이지만, 지나치게 침잠한 장세에서는 20일선이나 60일선의 돌파 시점부터 기준을 잡기도 한다. 위의 차트에서는 60일선을 돌파한 때로부터 36일에 고점이 형성되었으며, 그로부터 36일을 하락한 시점에서 60일선의 지지를 받아 2차 상승추세를 이어가는 모습이다.

〈차트 40〉은 상승과 하락의 파동이 108수로 완성이 되는 모습을 나타내지만 그 과정에서 60일선을 중심으로 동심(同心)을 이루는 차트이다. 순환의 기본 마디인 36수가 3순환으로 완성을 이루는 것이 108수인데, 중기 추세의 바로미터인 60일선이 또한 그 108의 중심인 54수에 형성됨으로써 두 파동이 외접하고 있음을 나타내고 있다. 한 추세를 계산할 때 단순히 저점에서 고점까지 또는 고점에서 저점까지의 기간만을 고려하는 경향이 있는데 이는 시세 형성의 한 단면은 설명할 수 있어도 그 이면에 흐르고 있는 장세 순환의 원리는 간과하게 되므로 지엽적인 문제에 치우치게 되거나 매매의 혼선을 초래하게 된다. 즉 기본적인 순환수에 입각하여 전체적인 장세흐름을 먼저 조망한 연후에 세부 시세형성의 원리를 살펴보는 매매자세가 중요하다.

이심(離心)이 되는 경우

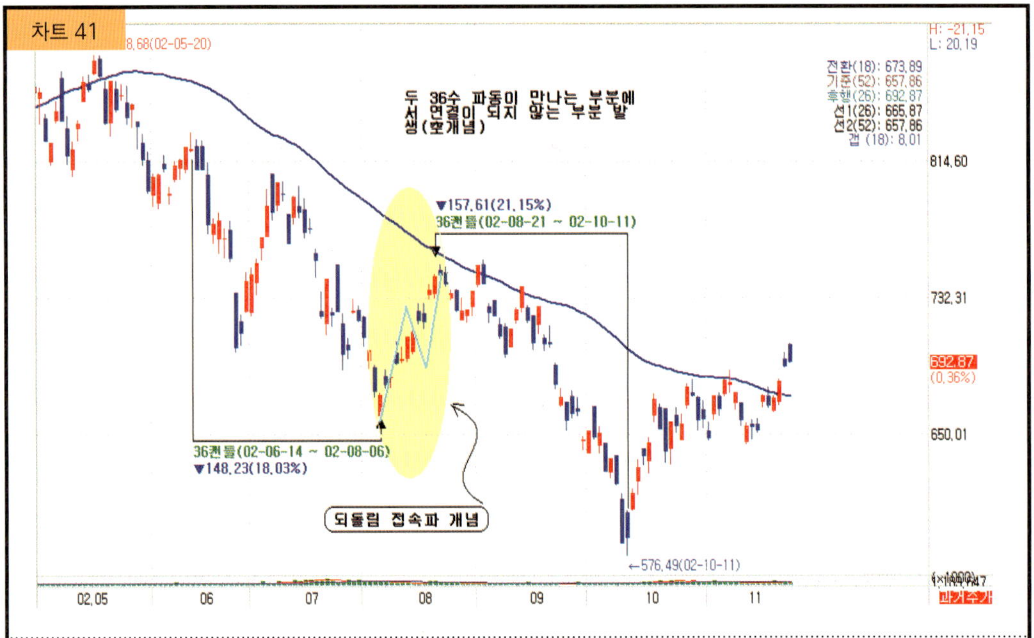

이심(離心)

〈차트 41〉은 한 추세가 36수인 두 파동 사이에 서로 시간의 이격이 존재하는 차트이다. 일정한 기준점에서 하락한 주가는 보통은 36수에서 단기 저점을 형성하게 된다. 그 후 다소 반등이 강하게 형성될지라도 이는 2차 하락을 위한 되돌림 개념으로 파악하는 것이 필요하다. 첫번째 36수의 저점위치는 장세의 고점으로부터 36수가 2순환하는 72수의 위치이기도 하기 때문에 더욱 강한 반등이 형성되는 모습이다. 하지만 저점으로부터 36수의 위치를 역산하여 보면 9일의 반등구간은 한 추세의 순환 마디에서 비어 있는 공간임을 발견하게 된다. 즉 그 구간은 접속파의 개념인데 이러한 현상이 나타나는 이유는 전체 장세와의 균형을 이루기 위한 시간조절 현상 때문이다. 이 개념은 시간이 공(空)맞는다고 표현되는 것으로써, 새로운 시간이 올 때까지는 시간이 비어 있게 되므로 보통 주가가 급락을 하거나 급등을 하게 된다. 위의 경우에서는 하락흐름이지만 시간이 공(空)맞아 단기 급등하는 모습이다.

중첩 이심(重疊 離心)이 되는 경우

차트 42

〈차트 42〉는 한 추세의 파동이 45수로 진행되고 있는 과정에서 새로운 36수의 파동이 개입하여 두 반경의 일부분이 겹치게 되는 중첩 이심(重疊離心)을 나타낸다. 그리고 노란색으로 표시된 세 번째 봉우리는 고점과 저점으로부터 각각 36수에 해당되어 큰 추세의 중심을 나타내는 동심(同心)에 해당된다. 세 번째 봉우리는 고점으로부터 36순환이 마감되고 새로운 36순환의 파동이 시작되는 전환점의 위치인 동시에 고점형성 이후 진행되어 온 중기 하락추세가 45

수로 완성을 이루기 전의 끝마디에 해당됨으로써 단기급락을 하게 되는 중심점으로 작용하는 모습이다. 결국 두 파동의 길이를 합하여 81수가 되지 않고 72수가 되는 것은 45수와 36수의 파동이 겹쳐졌기 때문이며 이는 전체 파동과 균형을 이루기 위해 나타나는 현상이다.

중첩 동심(重疊同心)이 되는 경우

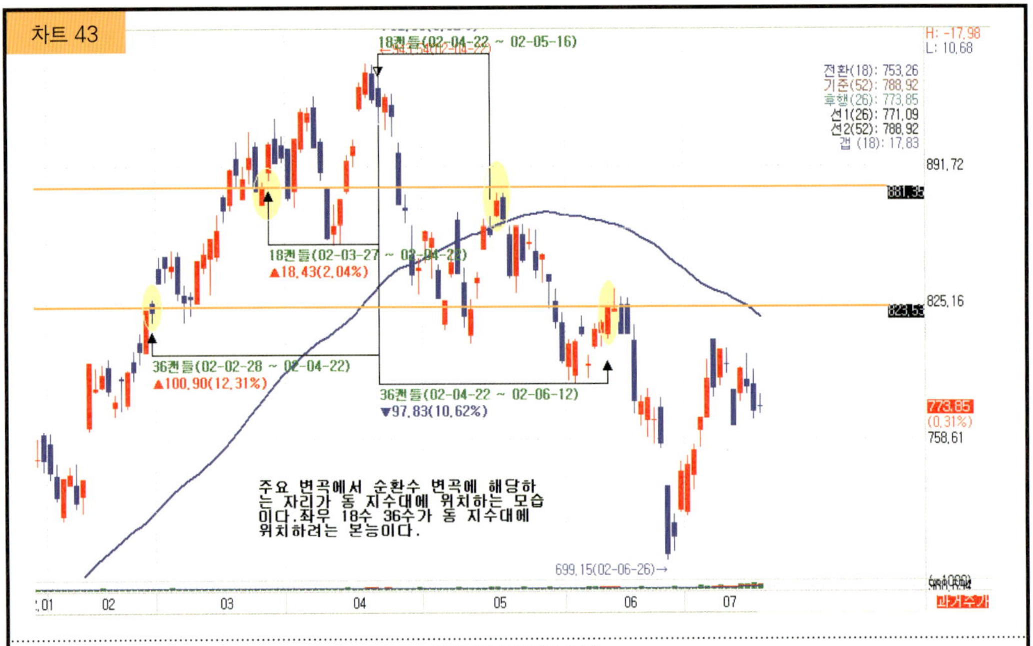

중첩 동심(重疊同心)

〈차트 43〉은 진폭은 서로 다르지만 고점을 중심으로 상승과 하락의 형태가 닮은 꼴을 하고 있는 중첩 동심(重疊同心)을 나타낸다. 진폭은 상이하더라도 고점을 중심으로 좌우 두 파동의 굴곡형태가 마치 물결의 동심원처럼 거의 대칭에 가까운 모습을 하고 있다. 그런데 좌측의 18수와 36수에서 형성된 시가의 기준라인이 중요한 저항선으로 작용을 하여 우측의 파동형태를 유지하려는 속성을 지니고 있는 모습이다.

12순환과 1수의 변곡

모든 파동이 36으로 순환한다는 것은 대명제이다. 그 36수가 정수배로 확장되거나 또는 정수비로 분기되어 순환하는 과정이 시간의 수레바퀴가 굴러가는 것을 의미하며, 그 시간의 수레바퀴가 바뀔 때마다 크고 작은 파동의 변화가 일어나는 것이다. 36순환의 기본 분기는 정수값으로 나누어 분할하는 것이다. 즉 36을 2로 나누면 18이, 3으로 나누면 12가, 그리고 4로 나누면 9가, 또 6으로 나누면 6이 되며, 이러한 18, 12, 9, 6이 36수의 기본 분기수가 된다. 한편 한 파동의 전체를 의미하는 36수가 현상계로 발현될 경우에는 3으로 나타나기 때문에, 36×3=108수와 36÷3=12수는 가장 중요한 기본수가 된다. 동서양에서 12진법을 최고의 기본 순환단위로 삼는 이유도 여기에 있다.

그런데 최고의 기본 순환수인 12수를 다루는 데 있어 늘 유념해야 할 것은 '1' 의 작용 여부이다. 즉 1수는 만물의 근원을 의미하기 때문에 사물의 움직임 또한 '1' 의 개입 여부에 따라 중요한 변화를 거치게 되며, 12순환수에 있어서도 그것은 마찬가지다. 즉 '1' 의 작용이 12수 안에 포함되어 13수로서 존재하기도 하고, 12수 밖에 위치하여 11수로서 나타나기도 하기 때문에 1수의 조화운동을 항상 유의하고 있어야 하는 것이다. 상수이론에서 1수는 본체수라고 하며, 기본 순환수인 12수에서 본체수 '1' 을 가감한 13수와 11수는 결국 모두 동일한 개념을 담고 있는 기본 순환수가 된다.

12수가 기본 순환수로 작용하는 경우 : 12수 + '0'

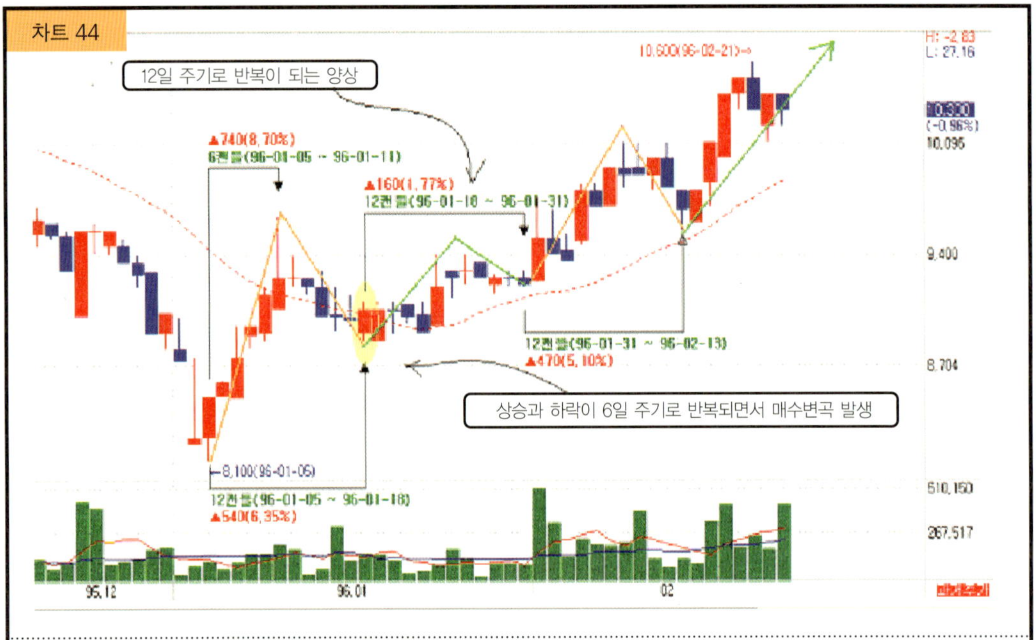

12순환

〈차트 44〉는 상승과정의 한 파동이 12수의 주기로 반복되고 있는 차트이다. 단기급락 이후 형성된 저점으로부터 6수 동안 급등하여 하락추세를 탈피함으로써 그 6수가 상승의 기본단위 역할을 하고 그에 따른 6수가 조정의 기본단위 역할을 하는 12수 주기의 상승채널을 형성하는 모습이다. 초기 상승파동의 주기가 12수이기 때문에 이후 추세도 그러한 습성이 반복되어 연결되는 경우이다. 한편 12주기가 3순환으로 완성되는 지점에서 20일선의 지지를 받아 상승이 가속되는 모습이다.

11수가 기본 순환수로 작용하는 경우 : 12수 – '1'

〈차트 45〉는 11수의 순환마디가 4순환으로 완성된 후 단기급등하는 차트이다. 보통은 36수의 3분의 1인 12수가 기본 순환마디로 작용하지만 12수에서 본체수 '1' 이 차감된 11수가 기본 순환마디로 작용하는 경우도 흔히 나타난다. 위의 차트에서 단기급락한 좌측의 고점을 11수에 돌파한 후 조정이 들어옴으로써 11주기의 주가흐름이 형성되는 모습이다. 상승과 하락이 44일 동안 이루어지고 있는 모습인데, 44수는 11주기가 4순환으로 완성되는 의미인 동시에 천수(天數)를 나타내는 45수에서 본체수 '1' 이 차감된 개념으로서 매우 중요한 분기점이 형성되는 곳임을 암시하고 있었다. 한편 20일선을 기준으로 상승과 하락이 각각 22수로 서로 대칭을 이루고 있어 역시 중요한 변화가 나타날 수 있는 곳임을 나타내고 있다.

13수가 기본 순환수로 작용하는 경우 : 12수 +'1'

〈차트 46〉은 하나의 큰 추세는 72수로 형성되지만 그 과정에서 13수가 중요한 역할을 하고 있는 차트이다. 과도한 1차 상승으로 인해 제법 강한 가격조정이 들어오지만 그 고점으로부터 13수에 반등에 성공하여 상승추세가 이어지는 모습이다. 그런데 그 라인은 박스권을 돌파하는 초기 상승의 힘이 작용하는 위치이기도 하다. 13수는 12수 다음의 수로 12순환을 마치고 새로운 추세의 시작을 의미하는 '1' 수가 합쳐진 개념으로 하락이나 상승이 완전히 마무리되거나 새로운 추세로의 전환 마디로 작용하게 된다. 결국 13수와 11수는 12수에서 단지 본체수 '1' 이 가감된 형태로 모두 동일한 개념을 담고 있는 기본 순환수인 것이다.

3 파동의 척도-상수파동의 세계

기본 시간순환도

시간은 4의 구조를 기본으로 그것이 4순환으로 완성되는 순환구조이다. 그런데 기본 4의 구조에 '1' 수의 변화가 개입하여 3의 구조로 4순환하기도 하고 5의 구조로 4순환하기도 한다. 즉 시간은 기본이 4로 구성됨에도 '1' 수의 조화운동에 의해 3 또는 4 그리고 5의 구조를 띠게 되며, 그것을 기본으로 3-6-9-12로의 순환구조 또는 4-8-12-16으로의 순환구조 그리고 5-10-15-20 등의 순환형태를 이루게 된다. 그리고 시간은 이러한 세 가지 방식 중 어떠한 방식이든지 하나를 취하여 순환하게 된다.

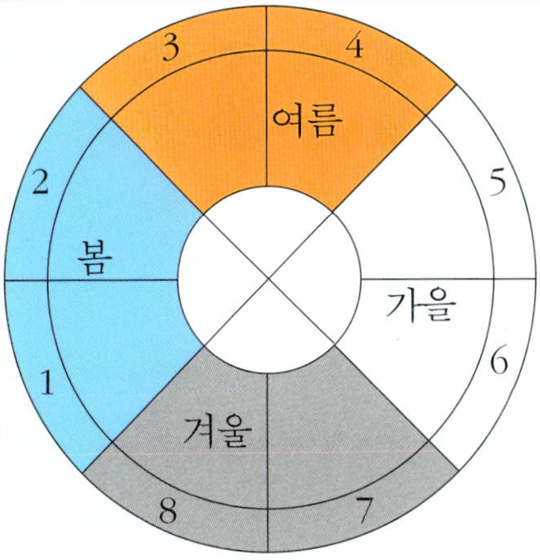

4순환

모든 사물은 이러한 법칙을 가지고 순환하고 있으며 그 법칙에서 벗어나 존재하지 않는다. 주가파동도 예외는 아니다. 그것을 이해하기 쉽게 하기 위하여 사물에 존재하는 순환과정을 간단히 정리한 것이 순환의 도표이다.

〈그림 4순환〉에서는 시간의 변화를 사계절로 나타내고 있다. 즉 시간

은 사계절로 4순환을 하고 있고, 봄-여름의 양(陽)과 가을-겨울의 음(陰)이 반복되면서 서로 대칭이 되는 구조이다. 그런데 사물은 전체가 하나의 큰 덩어리이며 그 내부적으로는 음양의 조화로써 존재하는 모습이다. 그 음양은 서로 각각의 쌍으로 존재하기 때문에 봄과 여름을 '1' 이라 하면 가을과 겨울은 '2' 가 된다. 그리고 1은 2로 분열이 되고, 2는 4로 분열이 된다. 즉 계절로 보면 봄-여름-가을-겨울이 되고, 인생에서는 탄생(유아)-성장(청년)-완성(결혼)-사장(죽음)의 단계가 된다. 이것을 수로 보면 1에서 4까지의 과정이 된다. 그러나 겨울은 본체 자리이고 본질은 현실적으로는 보이지 않는 것이므로 1에서 3까지 취급하기도 한다. 봄-여름-가을-(겨울)-봄-여름-가을-(겨울)로 순환하는 것이다. 결국 현상적으로 3순환을 하게 되는 것은 실제적으로 4순환을 하게 되는 것과 같다. 다만 본체가 보이지 않는 것이다. 그리고 4순환은 다시 2로 분열되어 8단계로 순환하게 된다. 1-2-3-4-5-6-7-8로 순환하는 구조이다. 본질에 해당하는 수, 즉 겨울에 해당하는 4는 보이지 않게 되므로 현상계로 보이는 3까지의 순환을 세부적으로 1-2-3-4-5-6으로 나타낼 수 있다. 본질이 포함된 전체는 8로 순환을 하지만 현상은 6으로 순환을 하게 되는 것이다.

이러한 현상은 사람들이 사과를 먹을 때 처음과 끝에서 무심코 행하게 되는 행동을 비유삼아 설명할 수 있다. 즉 사과의 껍질과 알맹이의 관계로 설명될 수 있다. 사과를 껍질째 먹는 사람도 있겠지만 보통은 껍질은 깎아 버리고 알맹이만을 먹는다. 그리고 알맹이 부분 중 씨앗이 들어 있는 부분은 먹지 않고 또한 버리게 된다. 이는 사물의 처음과 끝을 구별하는 행동을 우리는 자신도 모르는 사이 행하고 있다는 것을 의미한다. 이처럼 전체가 (1)-2-3-4-5-6-7-(8) 등으로 8순환하는 구조에서 처음과 끝을 제외하면 6개의 순환만이 보이는 것이다.

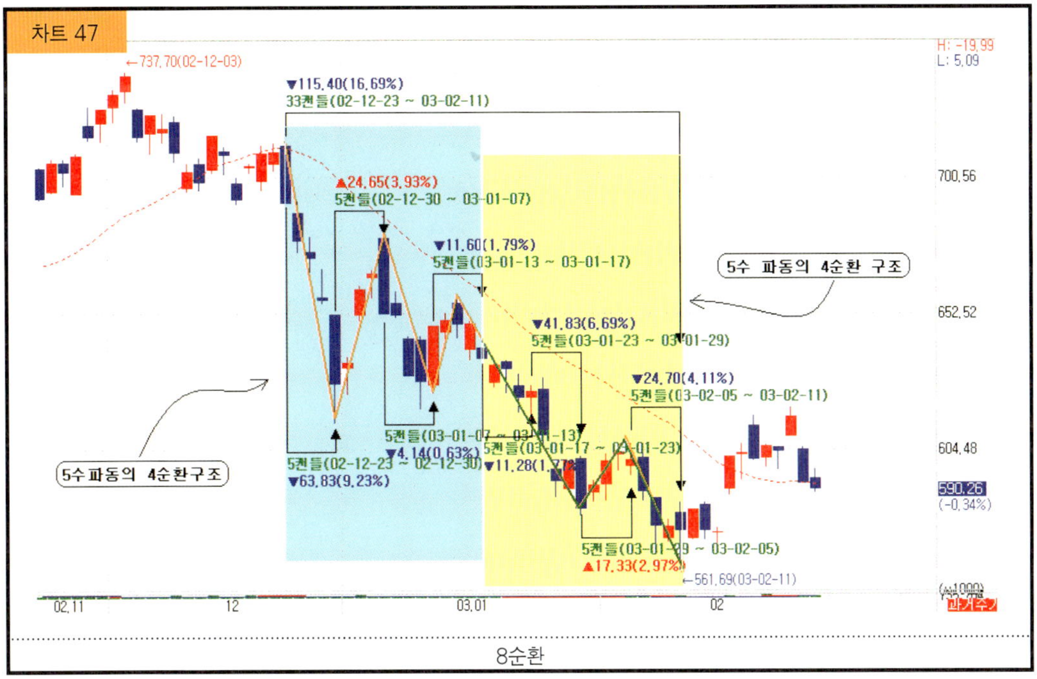

〈차트 47〉은 5일이 한 단위로 8순환을 이룬 뒤에 한 추세가 완성되는 차트를 나타낸다. 20일선을 기준으로 상승과 하락의 갈림길에서 장대음봉과 함께 5일 급락파동이 전개됨으로써 5일이 추세의 한 마디를 형성하는 모습이다. 그리고 5일 급락파동이 1단위가 되어 주기반복이 되면서 전체적으로는 기본 한 단위 5일이 8순환 진행되는 모습이다. 5일이 4순환되는 좌측 영역에서는 추세가 모아지는 추세수렴형을 띠고 있고, 이 파동에 대칭이 되는 우측 5일의 4순환 구조에서는 추세가 재하락되는 양상이다.

기본 시간파동도

원형으로 4순환하는 시간 사이클을 직선으로 나타내면 시간파동도가 된다. 따라서 원형의 시간 사이클을 직선의 4순환 사이클로 표현하면 주가파동에 적용하기 쉬운 파동변곡표가 만들어진다. 〈그림 4순환 파동〉은 그러한 진행관계를 8파동의 4순환 구조로 나타내고 있다.

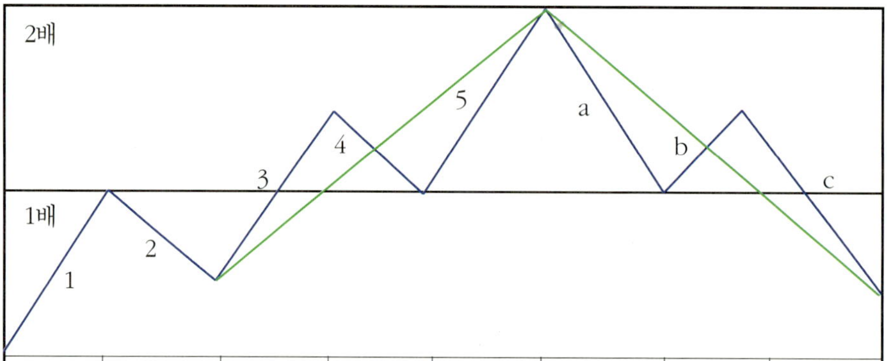

<table>
<tr><td>1파</td><td>2파</td><td>3파</td><td>4파</td><td>5파</td><td>a파</td><td>b파</td><td>c파</td></tr>
<tr><td>1</td><td>2</td><td>3</td><td>4</td><td>5</td><td>6</td><td>7</td><td>8</td></tr>
<tr><td colspan="2">봄-탄생</td><td colspan="2">여름-성장</td><td colspan="2">가을-성장</td><td colspan="2">겨울-사장</td></tr>
<tr><td colspan="4">양</td><td colspan="4">음</td></tr>
<tr><td colspan="8">전체</td></tr>
</table>

4순환 파동

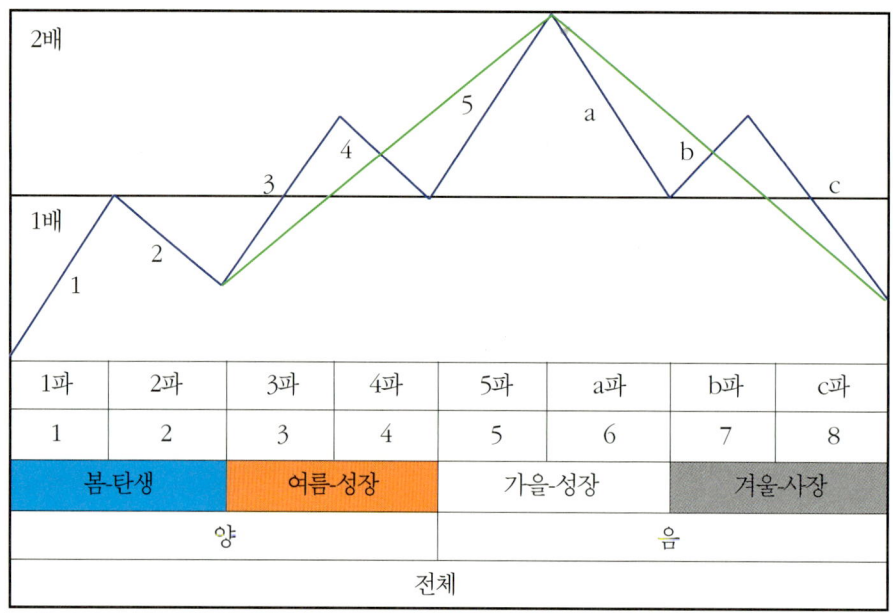

8파동의 4순환 구조는 단순하게 보면 음양의 대칭구조로서 엘리어트 파동이론의 8파동과 같은 원리로 적용이 된다. 8순환은 상수학에서 만물이 창조되고 변화하는 모습을 담고 있는 8괘 원리와 같은 이치이며, 모든 파동이 8파동으로 이루어졌다고 하는 엘리어트 파동이론과 또한 같은 개념이다. 즉 상수 개념과 엘리어트 파동 개념은 모두 사물의 움직임을 규명하기 위한 접근방법이었던 것이다.

1에서 5까지가 엘리어트 상승 5파의 개념이며, 6에서 8까지가 하락 3파의 개념이다. 즉 상수학에서도 전체는 8순환을 하게 되지만 세부적으로는 음양의 대칭구조를 이루면서 순환하게 된다는 개념과 하나의 파동은 상승 5파와 하락 3파를 기본단위로 하여 그것이 반복된다고 하는 엘리어트의 파동이론은 커다란 흐름에서는 서로가 일치하는 모습이다.

차트 48

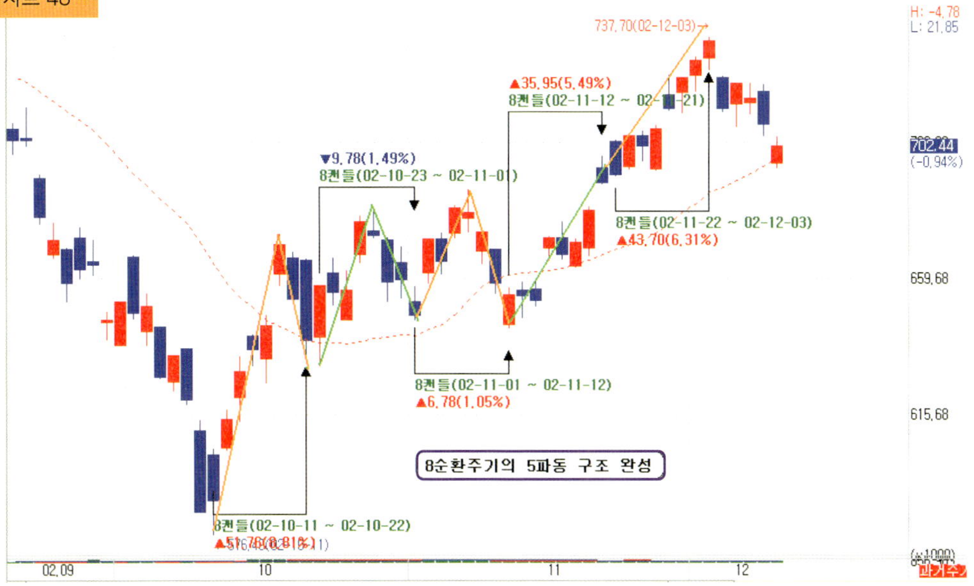

8순환과 5주기

〈차트 48〉은 8일이 한 파동이 되는 모습이다. 8일이 한 파동이 되어 5순환으로 상승의 고점을 형성하고 있다. 즉 상승 5파동을 형성한 것이다. 전체적으로 보면 저점으로부터 고점까지 38수로 완성되는 모습인데, 이는 36의 기본 순환수에 본체수 2수가 합산된 개념으로 볼 수도 있고, 한편으론 한 추세의 완성을 의미하는 40(5×8)수에서 본체수 2가 차감된 개념으로 파악할 수도 있다.

종합 시간순환도

시간순환은 크게 4순환-8변화 구조라고 이미 말한 바 있다. 이 기본 순환 공식을 세부적으로 분열시키면 8순환-64변화로 순환하게 된다. 즉 기본 시간순환도에서의 8변화를 다시 8로 세분하면 8×8=64가 된다. 작게 보면 64지만 크게 보면 8이 되는 이치다. 이는 부분 속에 전체를 복제하는 의미이기도 하고,

또한 프랙탈 이론에서 닮음 꼴의 재생산 원리이기도 하다. 기본 8수 각각에 다시 8수를 적용시킨 순환 사이클이 〈그림 기본 파동〉이다.

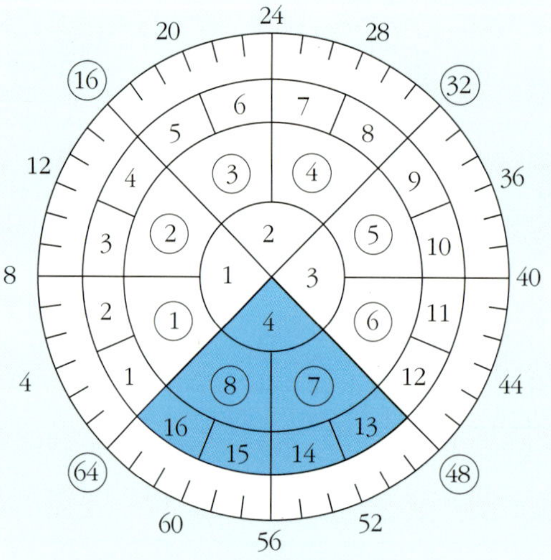

기본 파동

전체적으로 4를 하나의 큰 단위로 보면 4에서 순환이 완성되고, 4가 2분열한 것을 전체 단위로 본다면 8에서 순환이 완성된다. 그리고 다시 8이 2로 분열하면 16에서 순환이 완성되며, 또 16이 4로 분열하면 64에서 모든 순환이 완성된다. 하지만 앞서도 말했듯이 본질은 보이지 않는 것이므로, 실제 마지막 국면은 전체 8수에서 8이 되기 전인 6수에서 변화가 발생하며, 전체 16수에서는 16이 되기 전 12수에서 변화가 발생한다. 또한 전체 64에서는 64가 되기 전인 48수에서 변화가 발생하게 되는 것이다. 그런데 전체를 의미하는 원(圓, 360도)의 절반에 해당하는 반원수(半圓數, 180도)의 위치도 중요한 변화마디가 된다. 즉 전체 8에서는 4수가 그에 해당되며, 전체 16에서는 8수가, 또한 전체 64에서는 32수가 중요한 마디가 된다는 것이다.

따라서 중요한 변화마디를 정리하자면 정원 부분인 4분의 4의 위치, 본체를 제외한 부분인 4분의 3의 위치, 그리고 반원 부분인 4분의 2의 위치 등이 된다. 즉 모든 순환이 이루어지는 구간과 한 순환의 마디가 끝나는 구간에서 주요 변화지점이 형성되는 것이다. 이를 시간으로 보면 시간이 다 차고 새로운 시간이 오는 구간이며, 계절로 보면 한 계절이 지나고 새로운 계절이 찾아오는 환절기 구간이 중요한 변화마디로 작용한다는 것을 의미한다.

주역에는 8괘수(卦數)-64주역수(周易數)-384효수(爻數)라는 것이 있다. 본체인 '1'이 2-4-8로 분열하는 양태를 순서대로 음양(陰陽)-사상(四象)-팔괘(八卦)라 하는데, 그 팔괘가 다시 8분열하는 것을 64주역수라 하며, 64주역수가 6순환하는 모습을 384효수라 한다. 주역에서는 모든 만물의 변화모습을 대표적인 64가지의 상(象)으로 나타낼 수 있고, 그 각각의 변화 양태는 대성괘 내에서의 효(爻)의 종류와 위치에 따라 모두 384종류로 나누어 볼 수 있다고 본다. 그런데 상수학에서 64수의 의미는 기본 주기수 '60'에 본체수 4수가 포함된 개념이며, 384수는 기본 순환수 '360'에 본체수인 24절후수가 포함된 개념이다. 여기에서 중요한 것은 60주기수와 360순환수 간의 관계이다. 360순환수는 60주기수가 6순환하는 개념이며, 60주기수는 60갑자를 나타내는 10간 12지의 60진법의 수배열과 같다. 결국 64주역수와 60주기수가 내재하고 있는 개념은 서로가 동일하다. 다만 차이가 있다면 본체수 4의 합산 여부이며, 384만물수와 360순환수 역시도 본체수 24의 차이라는 것이다.

차트 49

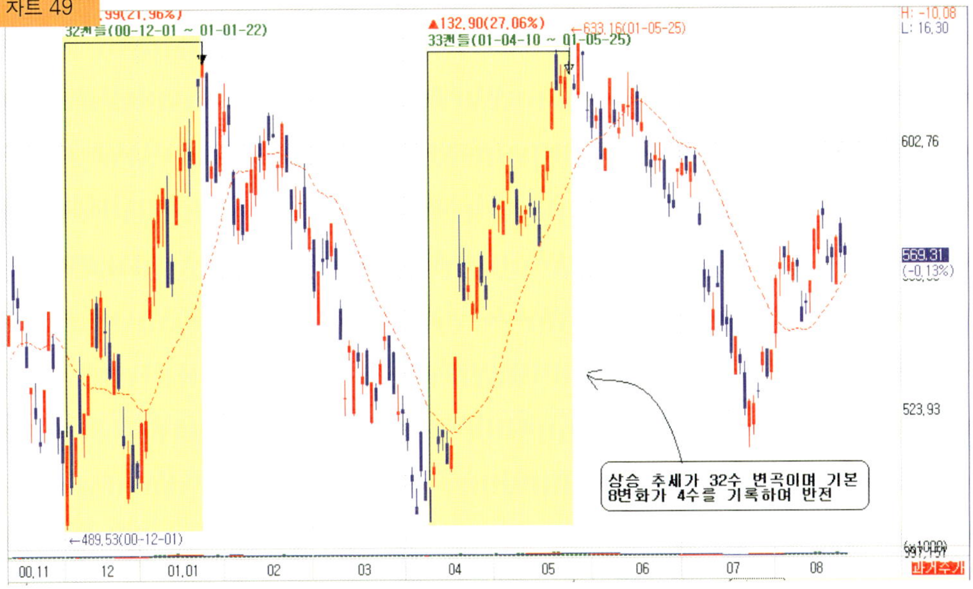

32수(1)

〈차트 49〉는 2000년 10월 초순에서 2001년 9월 하순까지 서로 대칭을 보이면서 장기 박스권에서 움직였던 주가흐름을 나타내고 있다. 상승흐름이 서로 64변화수의 절반에 해당되는 32수에서 멈춘 모습이고, 또한 저점과 저점 사이의 기간과 고점과 고점 사이의 기간이 각각 84수로 서로 대칭을 이루고 있는 모습이다. 32수는 8순환 파동이 4회 반복되며, 84수는 불(火)을 상징하는 '7'수가 12순환으로 완성되는 의미로서 모두가 한 추세가 마무리되는 시점임을 암시하고 있다.

종합 시간파동도

4순환하는 시간 사이클을 세부적으로 나타내면 종합 시간파동도가 된다. 앞서의 기본 시간 파동도에서 언급한 것을 세분화시킨 것이다. 아래의 〈그림 64 종합 시간파동〉은 파동과 수의 진행관계를 함께 나타낸 도표이다.

전체가 8순환하는 구조라고 본다면 1에서 5까지가 상승 5파의 개념이며, 전체가 16으로 순환하는 구조라고 본다면 '10'이 상승 5파의 끝이 되고, 전체가 64로 순환하는 구조라고 '40'이 상승 5파의 끝이 된다. 또한 6에서 8까지가 하락파로써 하락 3파의 개념이며, 전체 16으로 순환하는 구조에서는 '16'이 하락의 끝이며, 전체 64로 순환하는 구조에서는 64가 하락의 끝을 의미한다. 한편 전체가 8순환으로 구성된다고 볼 때 큰 변화마디는 각 구간이 바뀌는 위치에서 발생한다. 즉 1-2-3-4-(5)-6-7-8 등의 각 마디가 주요 변곡으로 작용하게 되고, 전체 16순환 구조에서는 2-4-6-8-(10)-12-14-16 등의 마디가, 또한 전체 64순환 구조에서는 8-16-24-32-(40)-48-64 등의 마디가 중요한 변화 지점으로 작용한다.

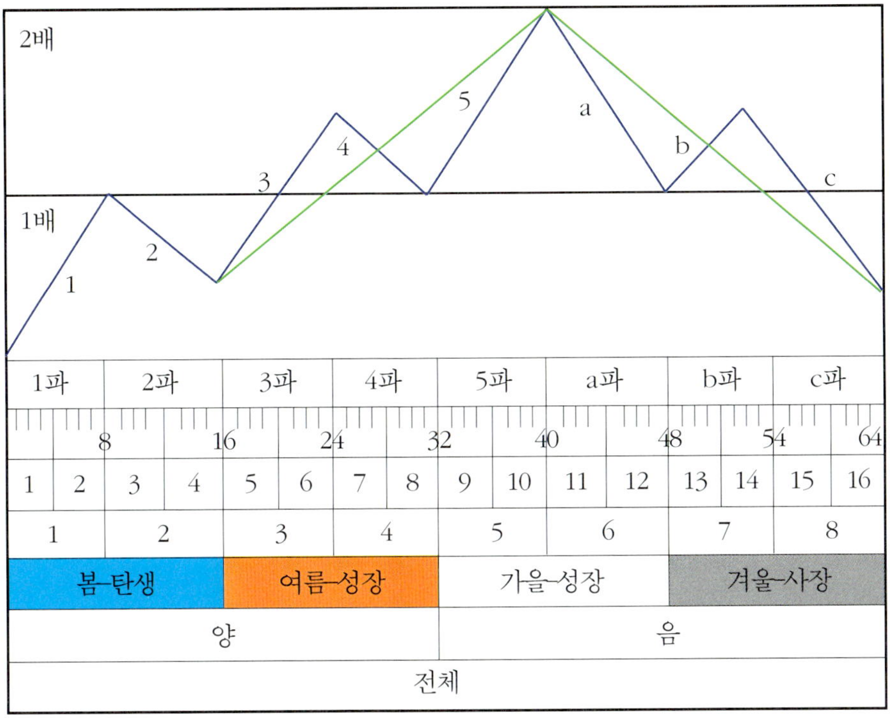

64종합 시간파동

상수파동과 엘리어트 파동

상수파동으로 보는 시간 순환개념의 변곡과 엘리어트 파동으로 보는 진폭파동에는 다소 차이가 있다. 즉 엘리어트 파동 이론이 가격변화에 초점을 맞추고 있다면, 상수파동은 진폭변화의 계기가 시간의 변화에서 비롯된다고 본다. 하지만 엘리어트 파동의 세부파동 단위를 상수학에서의 시간마디로 관찰해 보면 두 파동이 매우 유사하다는 점을 알 수 있다.

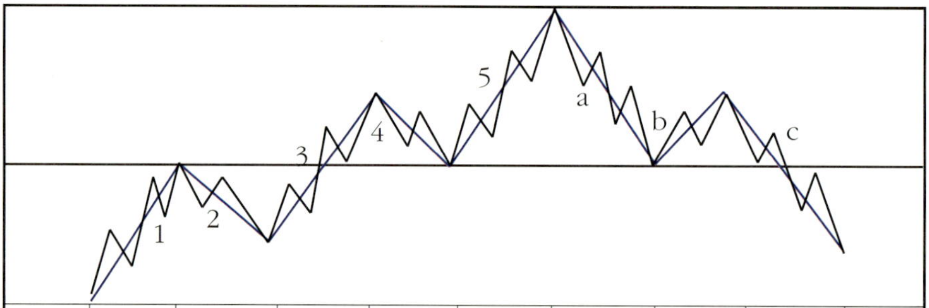

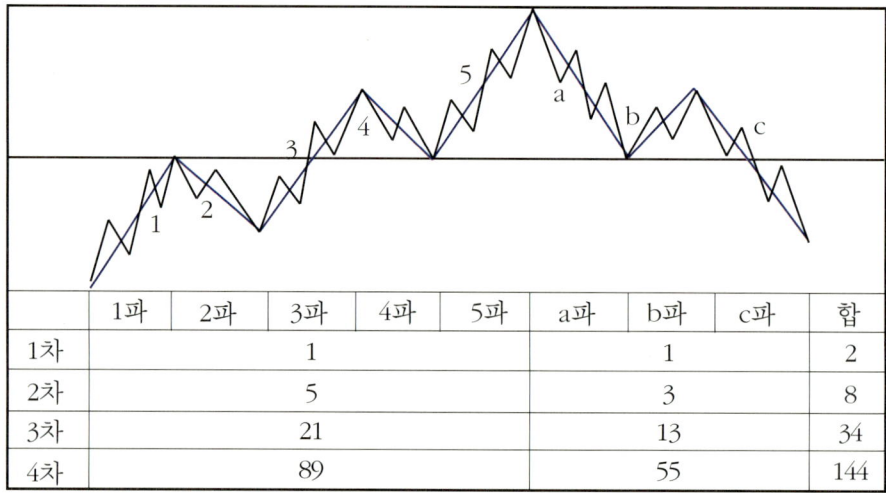

	1파	2파	3파	4파	5파	a파	b파	c파	합
1차			1				1		2
2차			5				3		8
3차			21				13		34
4차			89				55		144

엘리어트 파동

〈그림 엘리어트 파동〉은 엘리어트 파동의 파동변곡표를 나타낸다. 엘리어트 파동 이론에서 진폭 순환부분을 가장 큰 파동인 1차부터 4차까지 나누어 표현하였다. 1차 파동은 상승과 하락이 1대 1로 순환하며, 2차 파동은 상승 5파와 하락 3파로 구성되어 도합 8파동으로 순환하고, 3차 파동은 상승 21파와 하락 13파 등의 34파동으로 순환하며, 4차 파동은 상승 89파와 하락 55파 등으로 도합 144파동으로 순환된다고 하였다. 그런데 4차 파동의 합계가 144로 순환한다는 것은 상수파동에서 36수×4 또는 72수×2를 의미하며 이는 36수와 72수가 주기반복하여 4순환 또는 2순환으로 완성된다는 개념과 같다. 즉 엘리어트 파동 이론은 상수파동의 개념과 공통적인 시간 순환흐름을 지니고 있고 상호 연동성이 깊은 모습을 보이고 있다.

차트 50

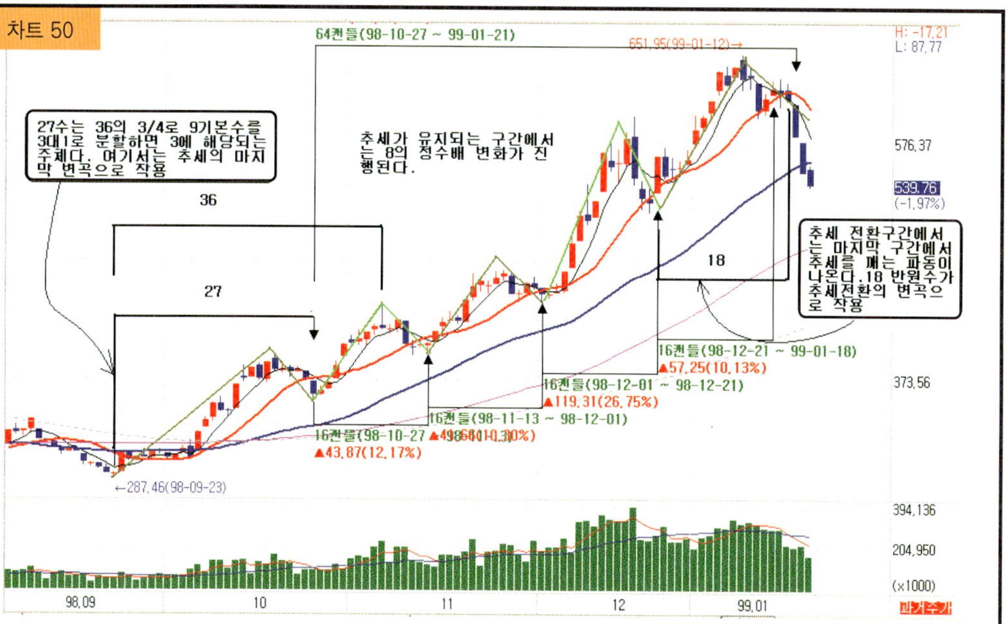

1주기와 6변화

〈차트 50〉은 IMF 충격으로 폭락했던 주가가 4달 동안의 바닥권 횡보 후에 다시 4달 동안 상승하여 1차 상승의 고점을 형성하는 차트이다. 바닥권의 횡보 추세를 돌파하는 27수의 흐름 뒤에 16수가 4변화하는 64수의 변화마디로 1차 상승의 고점이 완성되는 모습이다. 앞서 언급했듯이 특정 주기가 4순환을 이루게 되면 그 추세의 완성을 의미하고, 상승추세가 계속 유지되기 위해서는 추세 끝 부분에서 저점 지지 후 다시 상승하는 모습을 보여야 함에도 오히려 붕괴되어 이 같은 사실을 확인시켜 주고 있다. 그리고 64수의 변화마디는 8수의 8수배라는 의미로서 또한 한 추세의 완성을 나타낸다.

차트 51

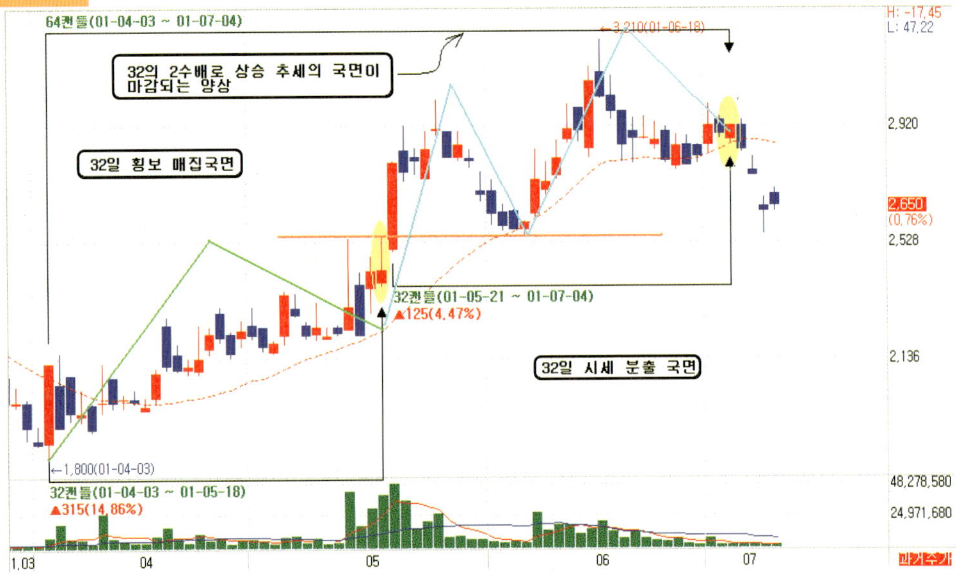

32수(2)

〈차트 51〉은 상승추세의 마디가 32수의 정수배로 움직이다가 결국 64수로서 완성되는 차트이다. 견고하게 저점을 다지다가 20일선 돌파 후 재차 20일선에서 지지되는 시간까지가 32수이다. 그리고 20일선 지지 후 상승하여 시세 분출을 하고 20일선 아래로 하락하는 시세 종결까지가 32수로 구성되는 모습이다. 저점에서 고점까지의 시간이 정확히 64수로 형성된 모습은 아니지만, 20일선을 기준으로 하는 시간으로 보면 32수의 2수배 개념으로 시세가 분출되었다. 즉 32수는 8변화의 4수배 개념이며, 또한 64수는 8변화의 8수배 개념으로 8파동의 전형적인 모습들이다.

차트 52

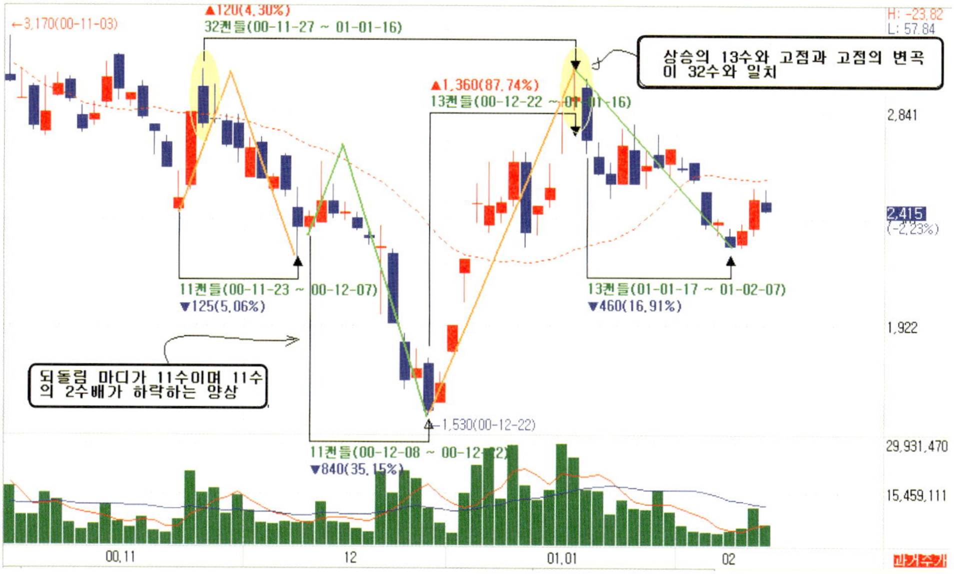

V파동

〈차트 52〉는 급락 직전의 고점에서 되돌림 고점까지가 32수를 보인 차트이다. 좌측 상단을 보면 상승추세의 바로미터인 20일선을 강하게 하락 돌파함으로써 완연한 하락추세로 접어드는 모습인데, 20일선을 강하게 하향 돌파한 저점을 기준으로 반등과 재하락의 주기가 11수로 대칭을 이루며 저점을 완성하는 모습이다. 이후 주가는 단기 급등하는 양상이지만 본격적인 하락추세가 시작되기 직전의 고점으로부터 32수에 1차상승의 고점이 형성되고 있다.

상수파동과 일목균형표

일목균형표는 일종의 보조 지표로서 독특한 수체계를 응용하여 시세의 균형과 그 도식을 잘 나타내고 있다는 점에서 국내에서도 널리 활용되고 있다. 그런데 흔히 보조지표 자체를 일목균형 이론으로 잘못 알고 있으며, 보조지표 자체가 선행적이라는 오해를 하는 경향이 있다. 즉 보조지표가 보여주는 것은 파동의 지지와 저항 그리고 시세의 한계와 변곡의 범위 등이고, 그 보조지표와 시간(캔들)의 수체계가 결합될 때 나름의 선행성을 띠게 된다. 결국 일목균형표에서 중요한 것은 보조지표를 효과적으로 활용할 수 있는 수체계를 파악하는 데 있다.

차트 53

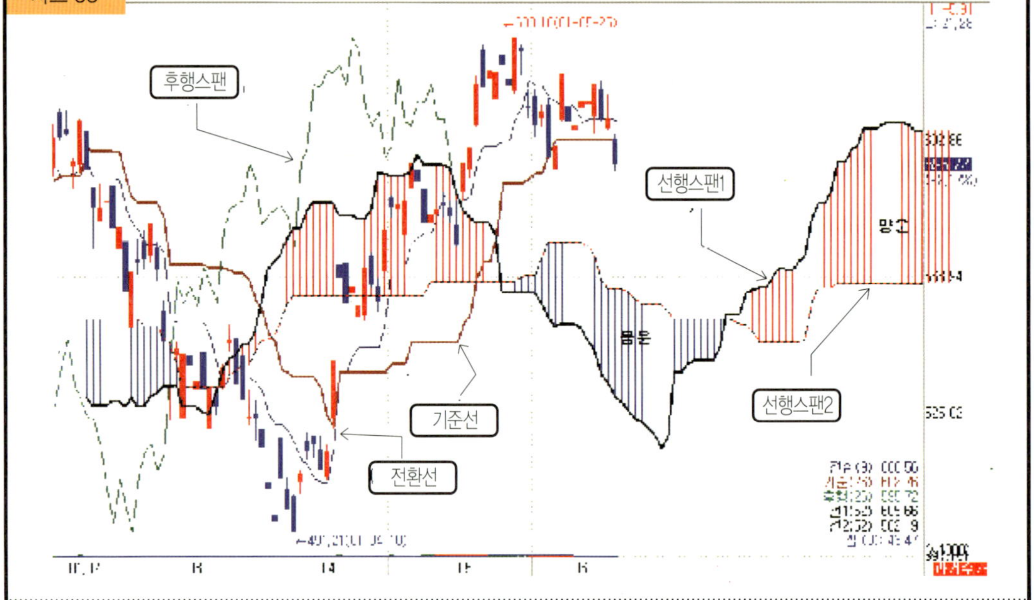

일목균형표(1)

〈차트 53〉은 일목균형표를 나타낸다. 일목균형표는 총 5개의 선으로 구성되는데, 그 5개의 선이란 전환선과 기준선 그리고 후행스팬과 선행스팬1, 선행스팬2 등이다. 그런데 선행스팬의 공간을 양운(陽雲)과 음운(陰雲)으로 표시하는 음양(陰陽)의 개념과 기준이 되는 주요 5선의 개념이 동양학의 음양오행설과 외견상 비슷하다. 물론 일목균형표에서는 시공(시간과 진폭)의 분열과 수렴이 오선(五線)을 기준으로 이루어진다고 보기 때문에 실제 오행(五行)과 오선(五線)의 의미는 판이하게 다르다.

일목균형표에서 중요하게 취급되는 것으로 전환선과 기준선이 있다. 전환선이란 단기 시세의 균형관계를 보여주는 선으로 과거 9일 동안의 최고가와 최저가의 합계를 2로 나눈 중간값이고, 기준선이란 과거 26일간의 최고가와 최저가의 합계를 2로 나눈 중간값으로 시세 판단의 중요한 두 선이 된다. 이러한 9일 전환선과 26일 기준선은 이동평균선과 다른 개념이기는 하지만 이해의 차원에서 9일 이동평균선과 26일 이동평균선으로 생각하여도 별 무리가 없다. 그것들이 그려지는 원리를 간단히 살펴보자.

차트 54

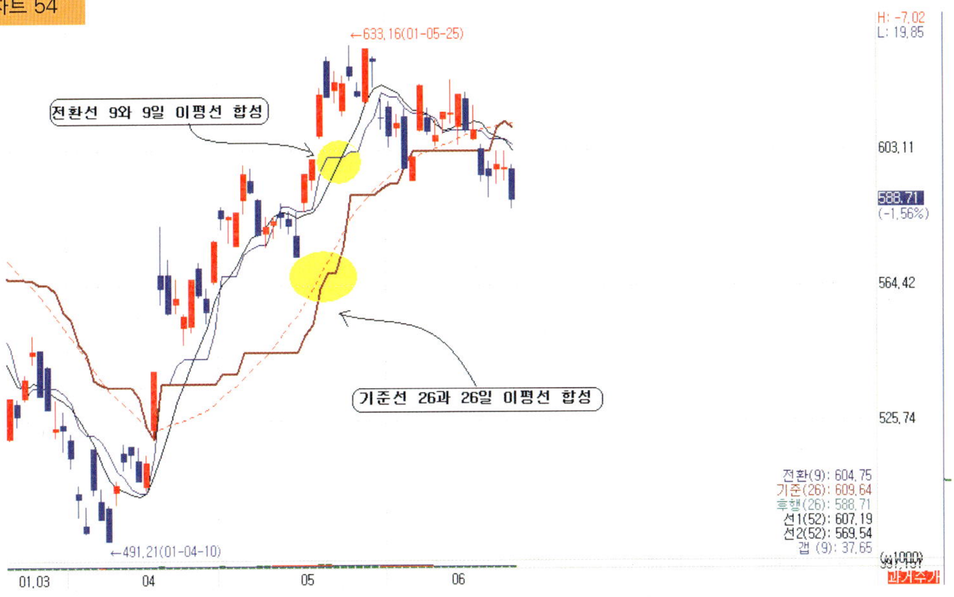

일목균형표(2)

〈차트 54〉는 9일 전환선과 26일 기준선, 그리고 9일 이동평균선과 26일 이동평균선의 합성 부분을 나타내고 있다. 둘 간의 관계가 서로 일치하는 경우도 있고 다소 차이가 나는 경우도 있지만 대체적으로 비슷하게 움직이고 있으며 큰 범주 안에서 일치를 하는 모습이다. 매매방법은 단기 이동평균선이 장기 이동평균선을 돌파하면 골든크로스로서 매수신호로 해석하고, 단기 이동평균선이 장기 이동평균선을 붕괴하면 데드크로스로서 매도신호로 해석되는 이동평균선의 매매원리처럼, 9일 전환선과 26일 기준선의 크로스 관계를 활용하면 된다.

일목균형표에서 26일을 기준선으로 두는 이유를 상수이론 측면에서 보면 27수는 완전한 변곡으로서 현상계에 직접적으로 드러나기보다는 1수 부족한 상태에서 실제 변화가 주로 일어나기 때문이다. 즉 일목균형표에서의 26수는 기본 27수에서 본체수 1수를 차감한 개념으로 매우 중요한 의미를 지닌다. 그리고 9일의 중심선이 전환선이 되는 이유 역시 상수이론에서 수의 발전원리로 찾아볼 수 있다. 기본 순환수인 27수를 3분기하면 9가 되고, 역으로 9는 27의 3분의 1의 위치로 27로 발전하기 위한 중요한 전환변곡으로 작용하기 때문이다. 결국 9일 중심선에서의 전환 여부가 26일 기준선까지의 발전 형태를 결정하는 것이다.

또한 일목균형표에서는 17수를 '2절(節)'이라 하여 중요한 변화마디로 취급한다. 일반적으로 정배열의 상승추세에서 26일 중심선(이동평균선)의 의미는 잘 나타나지 않고, 17일 중심선(이동평균선)이 보다 중요하게 작용하게 된다. 17수는 20수와 근접한 수로서 주가 움직임이 보통 20일 이동평균선을 지지받아 올라가는 패턴이 많은 것도 이 때문이다. 그런데 17수는 기본 순환수인 9수가 2수배 분열한 18수에서 본체수 1수를 차감한 개념이다. 즉 일목균형표에서 사용하는 대부분의 주요 수체계는 상수이론의 기본 순환수에서 현상계에 드러나지 않는 본체수를 차감한 개념을 사용하고 있는 것이다.

한편 일목균형표를 완성시키려면 기준선과 전환선 외에도 후행스팬과 선행스팬이 추가되어야 한다. 후행스팬은 금일 종가를 좌측으로 26일 후퇴하여 나타낸 선을 말하며, 이것은 9수가 3순환하는 주기 사이클을 좌측으로 옮겨 표현하는 개념이다. 즉 과거 시점에서 9수의 3순환되는 시점이 현재의 가격이라는 것이다. 이와 유사한 방법으로 현재 가격을 26일 우측으로 이동시켜 표시하면 선행스팬이 된다. 다만 선행스팬은1과 선행스팬2로 나누어지며, 선행스팬1은 9일 전환선과 26일 기준선의 합계를 2로 나눈 중간값(17~18일)으로서 우측으로 26일 옮겨 기재하고, 선행스팬2는 과거 52일 동안의 최고가와 최저가의 합계를 2로 나는 중간값으로서 우측으로 26일 옮겨 기재하게 되면, 양운(陽雲)이나 음운(陰雲)의 형태를 띠게 된다.

차트 55

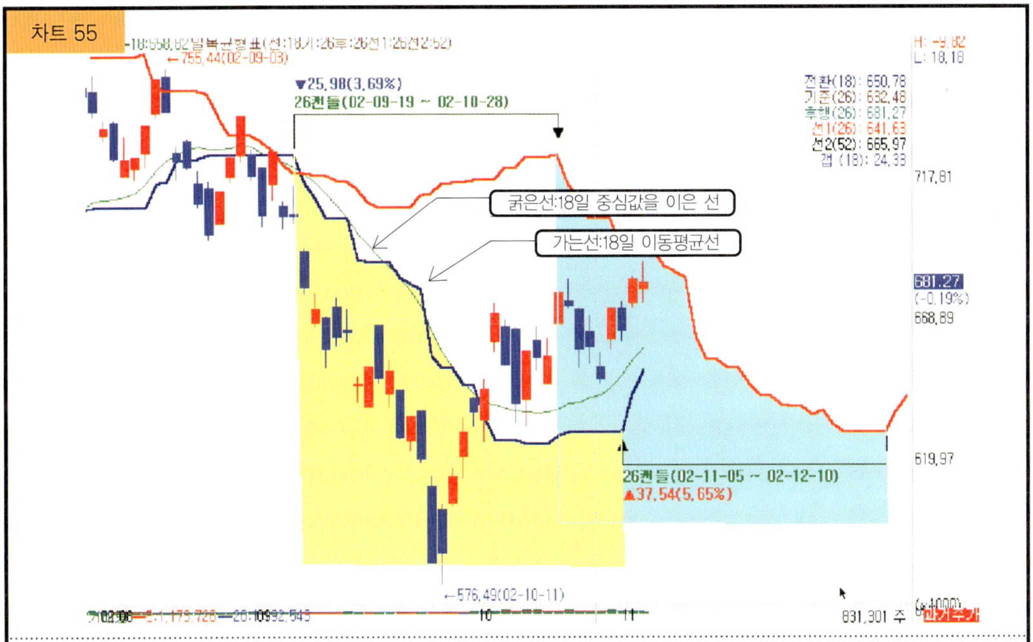

일목균형표(3)

〈차트 55〉는 선행스팬1에 대한 이해를 돕기 위해 이동평균선과 합성한 차트이다. 선행스팬1은 9일 전환선과 26일 기준선의 합계를 2로 나눈 중간값(17~18일)을 우측으로 26일 옮겨서 기재하는 방식이다. 다르게 말하면 18일의 중심값을 나타내는 이동평균선을 그대로 복사하여 우측으로 26일 옮겨 표현하는 개념과 비슷하다. 물론 선행스팬1과 18일 이동평균선 간의 개념은 엄밀히 얘기해서 서로 다르지만 두 값이 오차 범위 내에서 움직이기 때문에, 선행스팬1은 18일 이동평균선을 26일 우측으로 이동시켜 표현한 것으로 이해하면 된다. 즉 위의 그림에서 노란색 부분을 그대로 파란색 부분으로 이전하는 모습이다. 결국 선행스팬1은 9수의 3순환 과정을 18일의 중심값으로 그려내는 시간과 에너지의 라인인 것이다.

차트 56

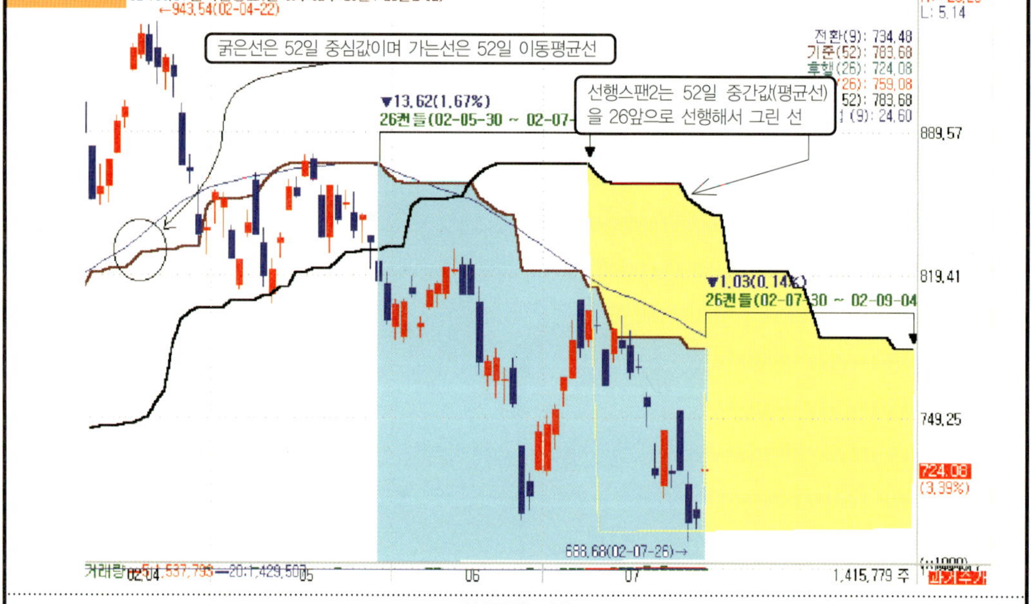

일목균형표(4)

〈차트 56〉은 선행스팬2에 대한 이해를 돕기 위해 이동평균선과 합성한 차트이다. 선행스팬2는 기준일을 중심으로 이전 52일 동안의 최고가와 최저가의 중간값을 우측으로 26일 옮겨서 표시한 선이다. 그런데 이 역시도 52일 이동평균선의 값과 오차 범위 내에서 움직이기 때문에, 52일 이동평균선을 우측으로

26일 옮겨서 표현한 것과 비슷하다. 위의 그림에서는 파란색 부분을 노란색 부분으로 이전하는 모습이다.

차트 57

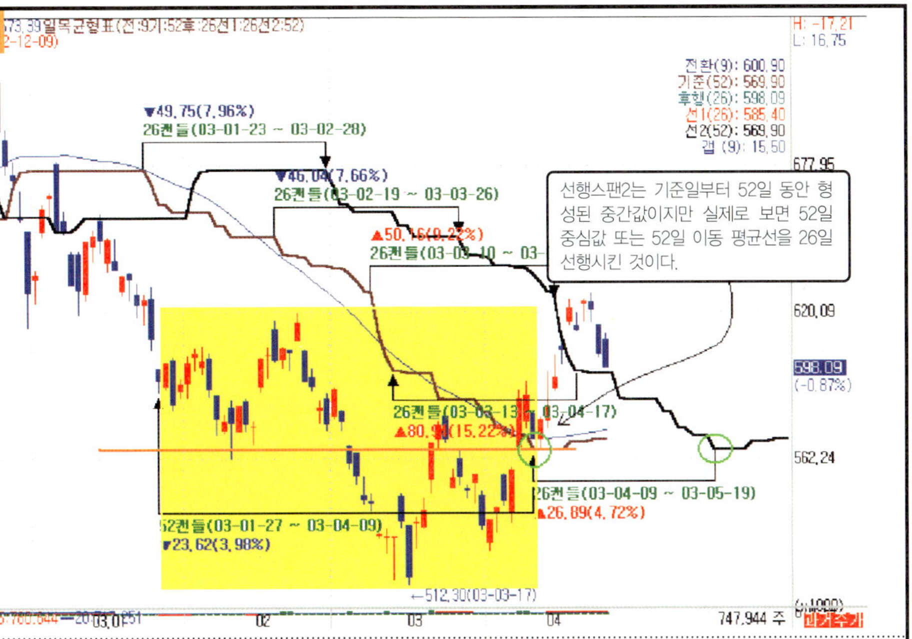

일목균형표(5)

〈차트 57〉은 선행스팬2가 그려지는 원리를 부연하여 나타내고 있는 차트다. 선행스팬2는 기준일 이전 52일 동안의 최고가와 최저가의 중간값을 우측으로 26일 옮겨 표시한 선으로서 위의 그림에서 검은색의 굵은 실선에 해당한다. 그런데 그 라인을 다시 좌측으로 26일 이동시켜 갈색의 굵은 실선으로 표시하고, 파란색 가는 실선으로 표시된 52일 이동평균선과 비교하여 보면 두 값이 거의 비슷하게 움직이고 있음을 알 수 있다. 즉 선행스팬2는 52일 이동평균선(중심선)을 우측으로 26일 옮겨 표현한 에너지 라인으로 이해해도 큰 무리가 없는 모습이다.

차트 58

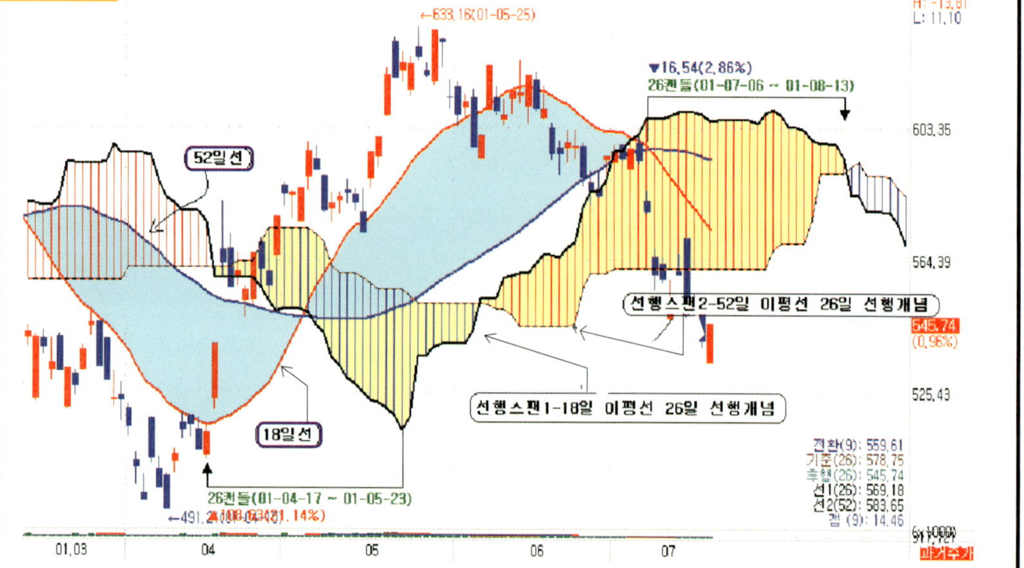

일목균형표(6)

〈차트 58〉은 이동평균선(중심선)과 선행스팬의 관계를 비교한 차트이다. 앞의 하늘색 부분은 18일 이동평균선과 52일 이동평균선간의 간격을 나타낸 것이고, 뒤의 빗금친 부분은 선행스팬 1과 2간의 간격을 나타낸 것이다.

한눈에 쉽게 알 수 있듯이 선행스팬 구조는 이동평균선 구조를 그대로 우측으로 이동시켜 표현한 것과 거의 유사한 흐름을 가진다. 즉 구름층으로 표시되는 높낮이와 두께에서 미세한 차이는 있을지라도 거의 비슷한 구조로서 하늘색 부분을 노란색 부분으로 옮겨서 표현한 셈이다. 결국 선행스팬은 이동평균선의 그림자라 할 수 있으며, 주가 움직임의 주기 반복과 순환 개념을 잘 나타내고 있다.

선행스팬1과 2로 형성된 공간을 구름층이라 한다. 선행스팬1이 선행스팬2보다 위에 있는 경우를 양운(陽雲)이라 하며 반대의 경우에는 음운(陰雲)이라 한다. 양운과 음운은 상승과 하락의 기운을 담고 있으며 구름층의 두께는 그 기운의 강도를 담고 있는데, 이는 18일 이동평균선과 52일 이동평균선 간의 골든크로스와 데드크로스 관계를 우측으로 26일 이동시켜 표현한 것으로 이해될 수 있다. 한편 선행스팬1은 17일 중심값과 26일 주기간의 관계를 표현한 것으로써 9수의 2순환(18−1=17)과 3주기 순환(9×3−1=26) 개념을 나타내고 있고, 선행스팬2는 26일 주기와 52일 중심값의 관계를 표현한 것으로써 9수가 3주기 순환(27×1−1=26)하고 6순환(27×2−2=52)하는 개념을 표현하고 있다.

차트 59

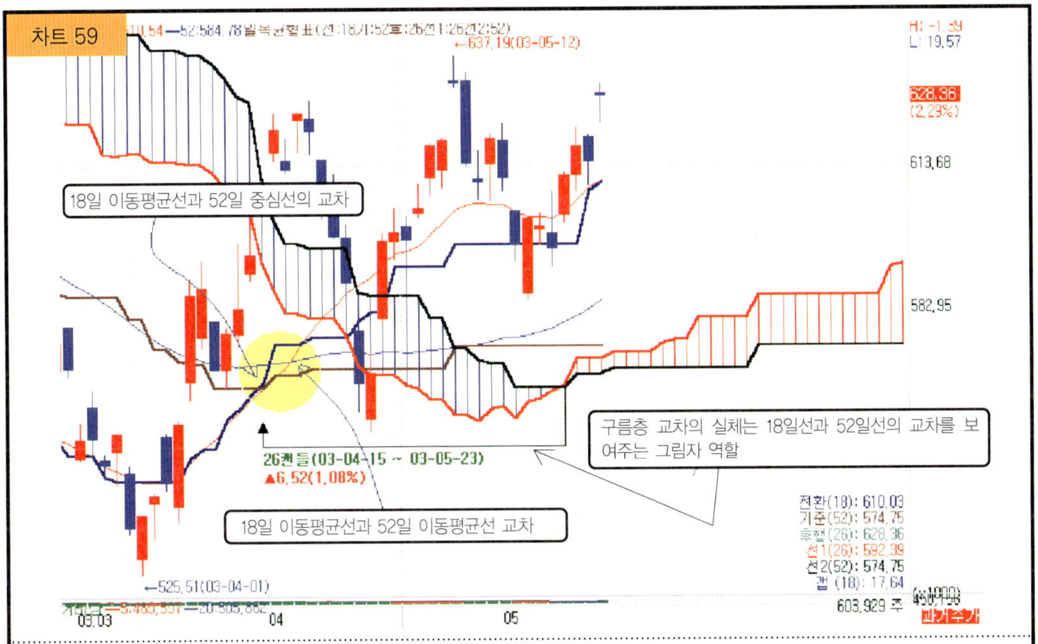

일목균형표(7)

〈차트 59〉는 이동평균선(중심값)의 골든크로스와 선행스팬의 교차관계를 비교한 차트다. 빨간색 가는 실선으로 표시된 18일 이동평균선이 파란색 가는 실선으로 표시된 52일 이동평균선을 돌파하는 골든크로스 발생 시기에 26일 선행하여 움직이는 선행스팬도 크로스되어 양운이 시작되는 모습이다. 즉 선행스팬 구름층에 양운이 발생해서 주가가 오르는 것이 아니라, 주가가 올라 선행스팬의 구름층이 양운으로 전환됨을 알 수 있다. 결국 이동평균선이 주가 움직임에 대해 선행성이 없는 것처럼 선행스팬의 구름층도 마찬가지로 선행성이 없다. 즉 선행스팬이란 이동평균선의 그림자로서 현재 움직이고 있는 중심 에너지를 단지 26일 우측으로 옮겨 표현하고 있다는 것이다.

일목균형표의 수 변곡과 상수이론의 수 해석

일목균형표의 수는 9수를 기본으로 하고 있으며 시세가 3순환된다는 것을 기초 개념으로 삼고 있다. 즉 9수가 분열하여 9-17-26 등에서 주요 변화마디가 형성되며 '26'이 됨으로써 3순환이 완성되는 것이다. 또 이러한 3순환을 기본으로 '26'이 다시 26-52-76 등으로 분열하며, 또 '76'은 3순환하여 '226'으로 완성된다. 그중 가장 큰 수는 '226'의 3순환인 '676'이 되는 수체계를 가지고 있다. 그리고 나머지는 복합변곡으로서 13, 33, 42, 65, 129, 172 등이 있으며, 물론 이외에도 여러 변곡이 있지만 나머지는 각 변곡들을 합성해 나온 수이므로 주요 변화의 마디는 위와 같이 정리될 수 있다. 결론적으로 일목균형표는 4순환의 수체계가 없다는 것이 특징이다.

그런데 위와 같은 수체계가 이루어지게 된 배경은 과연 무엇 때문이며, 그 근본적인 틀은 어디에서 나온 것인가? 그것의 시원(始原)은 다름아닌 상수학이며, 그 체계는 상수학의 36순환수와 4순환의 구조로 쉽게 설명될 수 있다. 이러한 근거는 다음의 비교표를 보면 이해가 될 것이다.

비 교	1 배	2 배	3 배	4 배	4배 합
36순환수	9	9	9	9	36 순환수
일목균형표	9				9(1절)
	9	9-1=8			17(2절)
	9	9	9-1=8		25(3절=1기)
비 교	9	9	9-1=8	9-1=8	일목33과 엘리어트34

비 교	1 배	2 배	3 배	4 배	4배 합
36순환수	27	27	27	27	108 순환수(36×3)
일목균형표	26				26(1기)
	26	26			52(2기)
	26	26	26−2=24		76(3기=1순)
비 교	26	26	26−2=24	26−2=24	100완전수

비 교	1 배	2 배	3 배	4 배	4배 합
36순환수	72	72	72	72	288 순환수(36×8)
일목균형표	76				78(1순)
	76	9−1=8			150(가상순 2순)
	76	9	9−1=8		226(3순)
비 교	76	9	9−1=8	9−1=8	290(36×8=288과 유사)

〈일목균형표와 상수파동의 수체계 비교〉

위의 비교표는 일목균형표의 수체계와 36순환수의 순환체계를 나타내고 있다. 동양에서는 24절기를 쓰는데 절기는 절(節)과 기(氣)의 합성이다. 즉 5일을 절(節) 또는 후(候)라 하여 5일이 세 번 모여 15일이 되면 기(氣)라고 하며, 그 15일 한 절후가 24번 돌면 1년이된다. 이러한 체계 삼오분기(三五分氣)라 하는데 5가 세 번 모여 하나의 단위를 이룬다는 개념이다. 즉 5일×3회=15일이 되며 이 15일이 한 단위를 이루는 절기구조이다.

일목균형표에서는 그 체계를 본따 9일을 절(節)이라 하고 9일이 세 번 순환하는 26일(27-본체수)을 1기(期)라 표현한 것이다. 즉 9일 1절(節)이 세 번 모여 3절(節)=1기(期)가 되는 구조이다. 이 공식이 확대 재생산되어 26일 1기(期)가 세 번 모여 3기(期)=1순(巡) 76일을 이루며(여기에서 26일×3회=78일이지만 중복되는 부분의 2를 차감해 76일이 되는 개념이고, 이후에도 같은 방법을 적용하고 있다), 1순(巡)이 세 번 모여 3순(巡)=1환(環) 226일을 이루고, 또한 1

환(環)이 확대 재생산되어 3환(環)=1순환(循環) 676일까지 진행이 되는 수의 발전체계를 가지고 있다.

일목균형표의 수체계는 전체적으로 상수이론에서 파생되었다. 즉 1기(期) 26일을 보면 26은 상수이론의 핵심 수치인 36순환수의 4분할 구조에서 나왔다는 것을 알 수 있다. 36을 4분할하면 9가 기본이 되고, 9-17-26의 수체계는 9-18-27에서 본체수를 뺀 개념이 되는 것으로, 9(0)-17(18-1)-26(27-1)로 진행된다. 그리고 2기(期) 52일과 3기(期) 76일을 보면, 36순환수의 3수배는 108인데 그 108순환수를 4분할하면 27이 된다. 즉 108을 4분할한 기본수인 27에서 본체수 1을 차감한 26이 3순환으로 발전하는 형태인 것이다.

본체수란 바둑으로 비유하면 가운데 1에 해당하는 자리다. 바둑판은 가로 19줄, 세로 19줄로 구성이 되어 19×19=361이 되는데, 가운데 1은 천원(天元)이라 하여 '하늘의 근원' 또는 '천지를 운행하는 중심' 이라는 의미로서 가운데 천원(天元)을 빼면 360이 된다. 이것은 '360' (전체 또는 상수학에서 無極)과 '1' (씨앗 또는 상수학에서 太極)로 나누어지는 이치와 같다. 즉 1=360이 되는 이치와 같다.

또한 일목균형표에서 가장 큰 수체계인 1환(環) 226일과 3환(環)=1순환(循環)인 676일 역시도 상수학의 200일과 200일의 3수배인 600에서 나왔다. 즉 1환(環) 226일은 200+26(27-1)이며, 3환(環) 676일은 600+76(72+4)을 의미한다. 이는 작은 순환에서는 본체수(씨앗)가 빠지지만 전체로 보면 그 동안 빠진 본체수가 더해져서 나오는 개념이다. 한편 상수파동은 100을 완전수로 보고 있다. 그런데 위의 표에서 나타나듯 일목균형표는 3순환 시점부터는 본체수가 2씩 차감하는 형태가 되어 결국 26수의 4수배가 100으로 귀일하는 모습이며, 76의 4순환 또한 290이 됨으로써 72의 4수배와 거의 일치되고 있다.

대부분의 장세변화는 특정 변곡과 일치되어 일어나기보다는 해당 변화마디의 직전이나 직후의 위치에서 발생한다. 그런데 본질은 항상 '1' 이며 그러한

'1' 이 분열되거나 작용하여 전체 순환수에 영향을 미치게 되는 것이다. 일목균형표에서 26일을 중요한 기준선으로 활용하는 것도 기본 시간마디인 27에서 1을 뺀 수이기 때문이다. 그리고 36순환수인 360일을 4로 나누면 계절을 의미하는 봄-여름-가을-겨울이 되듯 계절이 바뀌는 환절기에서 큰 변화가 일어난다. 또한 엘리어트 파동이론의 기본파는 상승 5파와 하락 3파로 구성되지만 더 세분하면 상승 21파와 하락 13파로 구분된다. 즉 상승파와 하락파를 합하여 34파동이 나오는데 이것은 기본 순환수인 36에서 2가 빠진 개념이다. 또 일목균형표에서도 1기(期) 1절(節)인 33일이 중요한 수치로 활용되는데 이 수 역시 36에서 3이 빠진 개념이다.

정통적인 일목균형 이론에서 본다면 위와 같은 분석방법에 대해 반론이 있을 수 있겠으나 사물의 깊은 원리인 상수개념에서 보면 너무나 자연스러운 공식인 것이다. 즉 일목균형표의 수체계는 본체수의 개념이 빠져 현상계로 드러나는 파동의 변화현상을 논하는 변곡인 반면, 상수이론의 36순환수 체계는 전체 파동의 순환원리를 논하는 것이다. 따라서 상수이론의 36순환수 체계로 파동의 기준을 정하면 엘리어트 파동 이론의 진폭수 개념과 일목균형표의 시간체계를 모두 설명할 수 있으며, 그 이론들의 결론과 하등 배치되지 않는 결과를 얻을 수 있다.

상수학적인 개념에서 보면 장세의 주요 변화는 절대 기준점을 전후한 시점에서 발생한다. 앞에서 살펴보았던 것처럼 일목균형표의 수체계나 엘리어트 파동이론의 주요 변화도 이러한 도식 체계에서 나왔다. 그런데 모든 변화는 전체적으로 4순환하는 구조를 지닌다. 물론 경우에 따라 3순환으로 끝나는 변화현상도 있지만, 그것은 진행과정의 부분으로서 나타나는 모습일 뿐 전체는 항상 4순환으로 완성을 이루게 되는 것이다.

상수체계는 자연 그 자체의 변화체계로서 원천적 순환질서와 변화원리 등을 담고 있으며 어떠한 이론과도 배치되지 않는다. 그것이 인간 심리 행위의 일반적 규칙이든, 경제순환의 주기적 흐름이든 간에 관계없이 시간과 공간의 원리를 표출하는 만물의 존재원리와 변화원리를 담고 있다. 그래서 상수학이 만학(萬學)의 제왕학(帝王學)이라 불리우는 것이다.

쉬 어 가 기

신기한 수배열

'1' 수의 분열과 수렴의 원리 그리고 철저한 좌우대칭적인 개념이 잘 나타난 수배열이다.

$1 \times 9 + 2 = 11$

$12 \times 9 + 3 = 111$

$123 \times 9 + 4 = 1111$

$1234 \times 9 + 5 = 11111$

$12345 \times 9 + 6 = 111111$

$123456 \times 9 + 7 = 1111111$

$1234567 \times 9 + 8 = 11111111$

$12345678 \times 9 + 9 = 111111111$

$123456789 \times 9 = 111111111$

$123456789 \times 18 = 222222222$

$123456789 \times 27 = 333333333$

$123456789 \times 36 = 444444444$

$123456789 \times 45 = 555555555$

$123456789 \times 54 = 666666666$

$123456789 \times 63 = 777777777$

$123456789 \times 72 = 888888888$

$123456789 \times 81 = 999999999$

$1 \times 1 = 1$

$11 \times 11 = 121$

$111 \times 111 = 12321$

$1111 \times 1111 = 1234321$

$11111 \times 11111 = 123454321$

2 주가변화의 비밀코드 360주가방정식

1. 파동의 전체와 분할
2. 360으로 순환하는 장세 주기론
3. 360수 파동의 과학적 원리
4. 360순환수의 기본 분열도
5. 이동평균선의 순환수 원리와 실전 적용

1 파동의 전체와 분할

복잡한 혼돈의 세계를 흔히 카오스(chaos)라고 한다. 그런데 이러한 혼돈의 세계를 잘 설명해 주는 이론 중의 하나가 바로 프랙탈(fractal) 이론이다. 프랙탈 이론은 무질서하게 보이는 세계도 일정한 기본 법칙이 있음을 알려주고 있다. 주요 특징이 자기 유사성과 순환성이 있다는 것인데, 예를 들어 자식이 부모를 닮으며(자기 유사성) 후손을 만드는 것도(순환성), 인간을 체세포 하나로 복제할 수 있다는 현대의 생명공학 이론도, 또 원자핵 주위에 전자가 도는 모습이 태양 주위를 돌고 있는 행성의 모습과 유사한 것도 모두 프랙탈 이론으로 설명될 수 있다. 즉 작은 부분 속에 전체에 대한 정보가 이미 들어 있기 때문에 부분을 통해 전체를 유추할 수 있고 또 전체를 통해 부분을 사유할 수 있다는 것이다.

그런데 고대 동양에는 일찍부터 '일시무시일(一始無始一): 하나에서 전체가 비롯되고 전체는 다시 하나가 된다)' 또는 '일즉다 다즉일(一卽多 多卽一: 부분이 전체가 되고, 전체가 부분이 된다)' 의 사상이 있었다. 예를 들어 사람의 몸은 하나의 작은 우주이며 그것이 대우주와 대응한다는 믿음이다. 말하자면 인간의 세포 하나에 해당하는 것이 하늘의 별이라는 발상인데, 인간을 대우주에 대응시킨 고대 동양사상이 현대의 복잡성 과학이라는 이름으로 재생되고 있는 것이다. 이는 혼돈의 형상처럼 보이는 것에는 전체가 내포하는 특질이 어디에서나 나타날 수 있으며, 또 부분이 전체에서 차지하는 위치를 알기 위해서는 전체적 관계를 보지 않고는 그 본질을 이해할 수 없다는 의미이다.

이처럼 한 세계의 전체를 아는 것은 참으로 중요하다. 앞서 설명한 바 있듯이 동양에서는 발달된 직관으로 전체와 부분 간의 관계를 다양한 방식으로 표현하고 있다. 하지만 여기에서는 100수와 360수를 전체를 대표하는 상징과 개념으로 사용하고 있다. 수는 1, 2, 3, …… 9, 10 등으로 발전하며 10수로 완성된다. 그 완성을 의미하는 10수가 다시 10배수로 완성될 경우 100수(10×10=100)가 되며 이는 완전수의 개념으로서 전체의 질서를 상징한다. 또 순환과 전체를 상징하는 원의 각도가 360도이므로 360수 역시 전체 순환을 대표하는 개념으로 사용한다.

전체라는 사이클을 얼마로 보느냐 하는 것은 대단히 중요한 일이다. 전체를 포괄적인 개념으로 받아들일 수 있을 때 전체는 이미 부분에 반영되어 일정한 주기를 이루며 순환하게 된다는 것을 알 수 있고, 또한 부분의 주기가 어떻게 되는가에 따라 진행되는 추세의 전체 사이클에서 어느 위치에 해당하는지 파악할 수 있기 때문이다. 따라서 주가의 흐름을 분석하거나 예측할 때 이미 진행된 부분을 정수배로 선행하거나 후행하여 전체와의 관계를 고려할 경우, 중요 작용을 하는 변곡 지점을 쉽게 가늠할 수 있을 뿐만 아니라 매우 탁월한 장세 판단의 지표로 활용할 수 있다.

100수는 전체를 상징하는 대표적인 질서수다. 질서수란 완성을 의미하는 10수의 배수와 관련된 수인데, 그 음양 경우의 수 모두가 고려된 100수는 대표적인 질서수다. 그러한 논리를 확장하면 200수, 300수, 400수 …… 등 100수 단위의 수들도 중요한 질서수가 되는 셈이다. 또 360수는 1순환을 의미하는 36수가 10배수로 완성되는 개념으로 전체를 대표하는 순환수가 된다. 순환수란 9수의 배수와 관련된 수로서 특정 흐름이 완성되기 직전의 상태를 나타내지만, 360수는 9×40=360 또는 9×4×10=360의 의미로서 순환(9수)과 질서의 완성(10수)이 공존하는 개념이다. 마찬가지로 360수가 2배수 되는 720수, 3배수 되는

1,080수, 4배수 되는 1,440수 …… 등의 수들도 대표적인 순환수가 된다.

전체와 부분간의 관계를 살펴볼 때 사용되는 것은 정수다. 정수는 자연수 전체에 그 역원과 0을 합친 수이기 때문에 눈에 보이는 자연현상을 가장 잘 나타내기 때문이다. 전체를 상징하는 100수와 360수를 정수배로 분할해가면 그 전체가 몇 개의 부분으로 구성되는가를 파악할 수 있고, 그 정수배로 나누어지는 마디가 주요 변곡에 해당된다는 것을 알 수 있다.

	전체-100		전체-360	
1분법	100	100	360	360
2분법	50+50	100	180+180	360
3분법	33+33+33	99	120+120+120+	360
4분법	25+25+25+25	100	90+90+90+90	360
5분법	20+20+20+20+20	100	72+72+72+72+72	360
6분법	16+16+16+16+16+16	96	60+60+60+60+60+60	360
7분법	14+14+14+14+14+14+14	98	51+51+51+51+51+51+51	357
8분법	12+12+12+12+12+12+1212	96	45+45+45+45+45+45+45+45	360
9분법	11+11+11+11+11+11+11+11+11	99	40+40+40+40+40+40+40+40+40	360
10분법	10+10+10+10+10+10+10+10+10+10	100	36+36+36+36+36+36+36+36+36+36	360

파동 분할

〈도표 파동 분할〉은 전체를 상징하는 100수와 360수를 정수배로 나누어 분할한 도표다. 사물이 정수배로 나누어지는 모습과 또 분할된 부분이 정수배로 모여서 전체를 형성하는 모습을 보여주는데, 분할법에 따라 전체가 나누어 떨어지지 않는 모습도 보인다. 이는 복합적인 변곡이 적용된다는 의미로써 반복되는 부분의 규칙성이 장세 흐름 중에 약간 변형되어 반영된다는 것을 의미한다.

전체를 100으로 보고 분할하면 다음과 같다. 2분할법은 50+50으로서 50수 2

개가 전체를 이룬다는 개념이고, 3분할법은 33+33+33으로서 33수 3개가 전체를 이룬다는 개념인데, 100이 되려면 1이 부족하기 때문에 1을 채우려는 변화가 주가 흐름 중에 발생할 수 있다. 이러한 방법으로 연속하여 진행하여 보면, 4분할법은 25수가 4개, 5분할법은 20수가 5개, 6분할법은 16수가 6개, 7분할법은 14수가 7개, 8분할법은 12수가 8개, 9분할법은 11수가 9개, 10분할법은 10수가 10개로 전체를 구성한다. 중요한 분할법은 2-3-5분할로서 50수, 33수, 20수 등의 변화마디가 그에 해당된다.

또 전체를 360으로 보고 분할하면, 2분할법은 180+180으로서 180수 2개가 전체를 구성한다는 개념이고, 3분할법은 120+120+120으로서 120수 3개가 전체를 구성한다는 개념이다. 계속해서 4분할법은 90수가 4개, 5분할법은 72수가 5개, 6분할법은 60수가 6개, 7분할법은 51수가 7개, 8분할법은 45수가 8개, 9분할법은 40수가 9개, 10분할법은 36수가 10개 등으로 전체를 구성한다는 개념이다. 역시 중요한 분할법은 2-3-5분할법으로서 180수, 120수, 72수 등의 변화마디가 중요하다.

차트 60

100수 2분할법

〈차트 60〉은 IMF 저점 이후 상승하던 주가가 쌍봉을 시현한 후 하락하게 되는 종합지수 일봉 차트다. 고점으로부터 저점까지가 98수(100−본체수2=98)인데, 그 절반에 해당되는 50수에서 중요한 분기점이 형성되고 있다. 원으로 표시되어 있는 50수에서 반등 후 하락하는 패턴이 장세 전체의 패턴과 거의 유사한 형태로서 전체가 부분에 반영되고 있는 양상이다. 100수는 특정 추세의 전체를 상징하는 개념이지만 장세의 커다란 순환주기와 맞물려 그 추세가 형성되기 때문에 완성된 수 그대로 드러나는 경우는 거의 없다. 즉 본체수만큼 약간의 차이가 발생할 수 있다는 의미이며, 위의 차트는 고점으로부터 저점까지의 하락추세가 98수(100−2=98)가 되지만, 전체적으로는 144수에서 장세의 한 순환이 마무리되는 것이다.

차트 61

100수 3분할법

〈차트 61〉은 위의 차트에서 진행된 98수를 3분할한 차트다. 2분할한 50수의 위치와 3분할한 33수 위치의 변곡을 비교해 볼 수 있다. 역시 3분할의 위치에서도 중요한 가격변화가 나타나고 있다. 중간의 33수 구간에서의 가격흐름이 좌우가 서로 비슷한 형태로 나타나고 있으며, 첫 번째 33수 구간과 세 번째 34수 구간의 가격흐름도 거의 유사한 형태로 역 대칭의 모습을 보이고 있다. 고점부터 저점까지 진행된 하락추세가 98수를 이루지만 분할된 마디를 중복 계산할 경우 하락 구간은 전체 100수(33+33+34=100)가 된다.

차트 62

100수 5분할법

〈차트 62〉는 위의 차트를 5분할한 차트다. 이제는 2분할한 50수의 위치, 3분할한 33수의 위치 그리고 5분할한 20수의 위치 등의 변곡을 명료하게 비교해 볼 수 있다. 이전 3분할의 위치에서의 변곡보다 더 분명하게 장세의 주요 고점과 저점이 20수 주기로 나타나고 있다. 또 가격흐름이 단순히 위에서 아래로 흘러 내려가는 모습이기보다는 중간의 21수 구간을 중심으로 그 영향력이 마치 태풍처럼 양쪽으로 뻗어 나가고 있는 듯한 인상이다.

실제 나타난 하락 구간은 전체 98수지만 분할된 마디를 중복 계산할 경우 102수(21+20+21+20+20=102)가 된다. 분할시 이미 형성된 시세의 주요마디와 순환수와의 관계를 고려하여 분할할 때보다 적절한 장세 판단이 이루어질 수 있다.

2 360으로 순환하는 장세 주기론

주가파동은 겉으로 보면 예측하기 어려운 불규칙적인 속성을 지니고 있지만 이면적인 원리로 보면 규칙적인 속성을 지닌다. 외면적으로 드러나는 주가파동은 경제 논리와 시장의 심리에 의해 좌우되어 예측하기 어려운 것이 현실이다. 그러나 그 내면에 흐르고 있는 파동의 움직임은 시간에 따라 변화하는 자연의 법칙을 따르고 있기 때문에 시간과 가격이라는 구체적인 데이터가 있을 경우 그 움직임에 대한 원리적 접근과 해석이 가능하다. 앞서 살펴보았듯이 주가파동은 시간의 흐름을 따라 영원히 순환하는 것이며, 순환하면서 변화한다는 것 자체는 변하지 않는 대명제이다.

순환하는 주기 사이클에 존재하는 두 개의 큰 축은 패닉(panic)과 버블(bubble)이다. 예측 불가능한 악재의 출현으로 인한 공포와 두려움이 투매를 낳고 또 인간의 환상과 욕심이 만들어 내는 투기적 수요가 주가를 움직이게 하는 원동력으로 작용하는 것이다. 그런데 주식시장에서의 패닉과 버블은 자연현상에서 수축을 상징하는 겨울과 확장을 상징하는 여름에 대비된다. 즉 패닉과 버블이 순환하는 시간의 흐름에 따라 나타나는 자연스러운 현상이라는 것을 이해하고 받아들일 수 있을 때, 공포와 두려움에 의한 하락 피날레를 여유있게 기다리며 매수할 수 있게 될 것이고, 욕심과 환상에 의한 상승 피날레에 빠져들어 고통받는 우를 범하지 않게 될 것이다.

이처럼 주가의 움직임은 눈에 보이는 현상이 일방적으로 진행되고 있는 직선도로라고 착각하기 쉽지만, 눈에 보이지 않는 본질이 분열과 통합을 하며 진행되는 순환도로라는 것을 알아야 한다. 주식투자에 성공하기 위해서는 순환에 따라 흐르는 상승과 하락 파동을 가늠할 수 있어야 하는 것이다. 즉 상승과 하락은 일정한 주기와 순환을 이루며 전체를 형성하고 있고, 전체는 그 부분을 반영하여 흐르고 있기 때문에 현재 진행되고 있는 파동의 주기를 파악하는 것은 매우 중요한 일이다.

차트 63

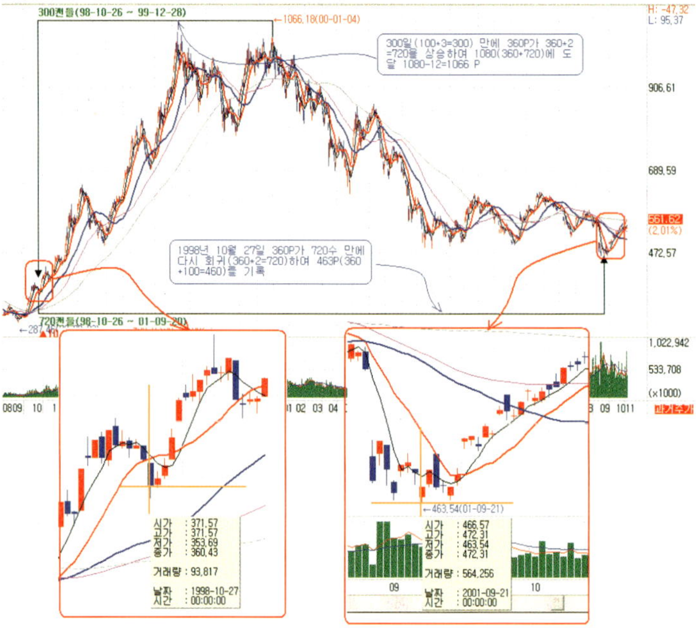

파동의 원리

〈차트 63〉은 종합지수가 지난 IMF 저점 형성 후 1998년 10월을 시점(始點)으로 상승하여 2001년 9.11 테러 직후를 종점(終點)으로 큰 순환을 마무리하는 3년 장세를 나타내고 있다. 주가파동의 순환원리가 종합적으로 잘 드러나 있으며, 시간뿐만 아니라 진폭에 있어서도 일정한 질서와 규칙을 따라 변화해 나간다는 것을 알 수 있다.

먼저 IMF 사태로 인해 장기간 침체해 있던 박스권 장세가 돌파된 후 조정이 마무리되는 시점이 1998년 10월 27일이다. 이날을 기점으로 상승 가속도가 붙으며 큰 시세를 내게 되는데, 당일의 종가 360포인트가 360순환수와 일치하는 모습이다. 본격적인 시세의 출발을 알리는 기점이 되는 것이다. 이 기점으로부터 거래일수로 정확히 720일이 지난 2001년 9월 21일에 463포인트의 저점이 형성되었다. 절묘하게도 360순환수의 2수배인 720수에서 순환주기가 끝나는 모습이다.

상승추세에 있어서도 시간과 진폭을 보면 두 가지 파동원리가 나온다. 1998년 10월 27일을 기점으로 정확히 300일 만에 1,066포인트의 고점을 기록하였고 진폭은 706포인트(1,066-360=706)가 되었다. 기점 360포인트에 360순환수가 2배수로 완성되는 개념인 720포인트(360×2=720)를 더하면 1,080포인트(360+720=1,080)가 나오는데, 이는 실제 기록되었던 고점 1,066포인트와 불과 14포인트의 오차가 나는 수치다. 즉 오차변수를 인정한다면 360순환수의 2배수 진폭을 보여준 셈이다. 또 고점까지의 상승 기간도 100수가 3배수로 완성되는 300질서수에서 형성되고 있다.

여기에서 알 수 있는 것은 장세의 흐름은 시간과 진폭 모두에서 360순환수의 질서에 따라 균형과 조화를 이루며 변화해 간다는 사실이다. 이처럼 주가파동은 순환원리에 따라 일정한 질서를 보이면서 움직이는 신비하고 정교한 생명체인 것이다.

차트 64

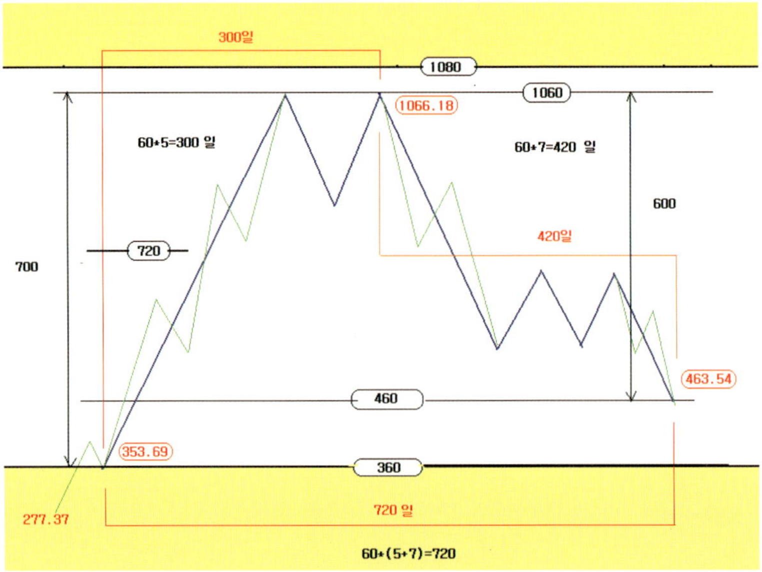

순환도표

〈차트 64〉는 위의 차트를 보다 단순화시켜 720일 거래일 동안의 3년 장세가 어떠한 질서를 보이면서 순환하였는가를 나타내고 있다. 여기서 중요한 것은 최저점인 277포인트에서 기준을 잡는 것이 아니라 360포인트에서 기준을 잡는다는 점이다. 왜냐하면 수는 단순히 양적인 의미가 아니라 선행적으로 주어진 질적인 의미를 지니기 때문에 전체 순환의 기본단위를 상징하는 360포인트에 안착하는 것을 기준으로 한다. 그리고 그 점에서 100수 단위의 시간과 진폭으로 움직이는 질서를 파악해야 한다. 즉 고점까지 이르는 상승기간은 그 기점으로부터 100수가 3배수로 완성되는 300수의 캔들 위치에서 형성되었고, 전체 상승진폭은 1,060-360=700포인트로서 기본적인 정수배 진폭에 따를 경우 오차는 있지만 700질서수와 일치하는 모습이다. 상승기간 300수는 상수학에서 60진법의 5행 순환(60×5=300)의 의미를 지니며, 상승진폭 700포인트는 큰 불(火)과 분열을 의미하는 7수가 100배수로 완성(7×100=700)되는 개념이다. 즉 위의 차트는 360포인트에서 시작된 장세 분열이 300캔들이 되는 시간에서 고점을 형성하고, 700포인트의 진폭이 더해진 1,060포인트(360+700=1,060) 구간에서 장세 고점이 완성되는 개념인 것이다. 360순환수의 견지에서 보면 360-720-1,080 등으로 형성되는 큰 순환흐름에서 3순환의 완성을 의미하는 1,080수에 약간 못 미치는 위치에서 고점이 형성되는 것이다.

고점에서 하락한 주가흐름은 최종 저점을 형성하는 데 420일이 걸렸으며 하락진폭은 600포인트를 기록하였다. 하락기간 420일은 전체 720순환 주기에서 300수를 차감한 수지만, 물(水)과 수렴을 의미하는 60수가 7배수로 완성(60×7=420)되는 의미를 지니며, 하락진폭 600포인트는 수렴을 의미하는 6수가 100배수로 완성(6×100=600)되는 개념을 지닌다. 즉 1,060포인트에서 시작된 하락장세가 420캔들이 되는 시간에서 마무리되고, 600포인트의 하락진폭이 차감된 460포인트(1,060-600=460)에서 바닥이 형성되는 것이다. 상승 기점 360포인트에서 보면 100포인트가 상승한 460포인트(360+100=460) 위치에서 지지를 받는 양상이다. 이를 전체적으로 정리하면 주가흐름은 100수 단위와 360수 단위로 중요한 변화를 보이며, 구체적으로는 60(6×10=60)수 단위의 정수배 구간에서 의미 있는 움직임을 보이게 된다. 즉 순환을 대표하는 360순환수, 질서를 대표하는 100수, 정수배를 대표하는 10수가 전체 장세를 지배하는 힘을 지녔다는 것이다.

차트 65

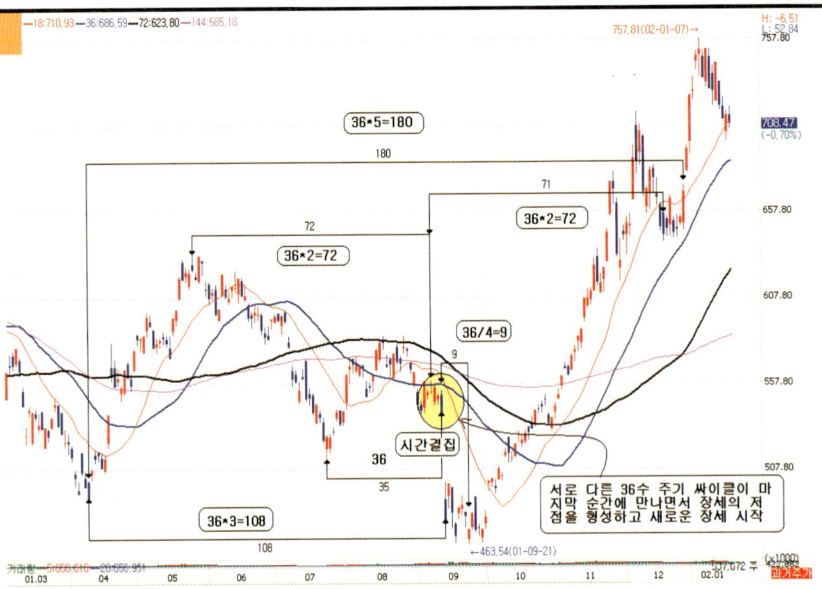

108수 시간 결집

〈차트 65〉는 2001년 9.11 테러가 일어나는 시기의 종합지수 일봉 차트다. 순환원리에서 보면 9.11 테러라는 큰 충격은 예고된 변곡이었다. 즉 시간의 순환이 일치되는 구간에서 일어났던 시간 변곡의 대변동성이었던 것이다.

9.11 테러 발생 직전일은 좌측의 중기 저점으로부터 36수가 3순환으로 완성되는 108수(36×3=108) 직전에 해당되는 날이었으며, 중간의 단기 저점으로부터도 36수가 1순환을 완성하기 직전에 해당되는 날이었다. 9.11 테러가 있기 전을 기준으로 72수 변곡점을 본다면 대칭 변곡점을 형성하는 모습이다. 그리고 1998년 10월부터 시작된 3년 장세의 720순환 지점을 9일 앞둔 시점이기도 하였다. 즉 중기와 단기 장세순환이 서로 일치되는 시간의 전환점에서 테러라는 큰 충격이 일어났으며, 그로부터 9일이 경과하는 날 3년 장세가 마감되고 새로운 장세가 시작되는 모습이다. 이처럼 시간의 기본 순환마디는 9수이고, 장세는 36수가 정수배로 순환되는 과정이며, 그 순환이 서로 일치되거나 완성되는 구간에서 커다란 장세 변화가 발생하게 됨을 알 수 있다.

3 360수 파동의 과학적 원리

주가파동을 대하는 데 있어 중요한 상식의 오류는 주가파동이 경제상황에 선행하여 반응한다는 믿음이다. 이는 여러 거시경제 데이터가 통계적으로 정리되어 발표되는 시기가 보통 3~6개월 정도 소요되기 때문에 나타나는 현상으로 보여진다. 즉 경제상황이 주가 움직임에 대해 후행적으로 보이는 것은 실제 데이터나 자료를 토대로 물리적 검증이 된 후에야 그 이유와 결과가 알려지기 때문인 것이다. 주가파동이 때로는 어떤 경기 변수에 선행(先行)하기도 하고 후행(後行)하기도 하며 동행(同行)하기도 한다고 하지만, 이는 주가파동이 경기변동 주기와 같은 파동으로 존재하면서 시차를 두고 주기적으로 나타나는 현상이거나, 주기가 다른 파동이 시차를 두고 존재하면서 나타나는 현상이다. 주가는 시장의 총체적 에너지를 나타내는 지표이기 때문에 경기 변동과 주식시장은 정확히 연동되어 반응을 한다. 즉 주가는 현 경제상황의 주소를 실시간으로 반영하고 있는 거울인 것이다.

파동의 정의

일반적으로 파동이란 어떤 물리량(에너지)이 주기적으로 변하면서 그 변화가 공간을 따라 전파되어 나가는 것을 가리킨다. 자연현상으로 보면 음파나 지진파 또는 물결과 빛 등의 파동에서 찾아볼 수 있다. 그런데 자연현상에서 나타나는 파동의 원리나 주가의 움직임에서 나타나는 파동의 원리는 같다. 다만 주가파동은 시장의 심리나 경기의 흐름 그리고 갑작스러운 호재나 악재 등의 복합 요인들을 종합적으로 고려해야 한다는 차이가 있다.

어떤 파동이든지 파동에는 가장 기본이 되는 두 가지가 있다. 첫 번째는 시간에 대한 관점으로 파동의 시작과 끝의 진행 시간이며, 두 번째는 진폭에 대한 관점으로써 저가와 고가의 가격이다. 이는 시간과 공간으로 대별된다.

차트 66

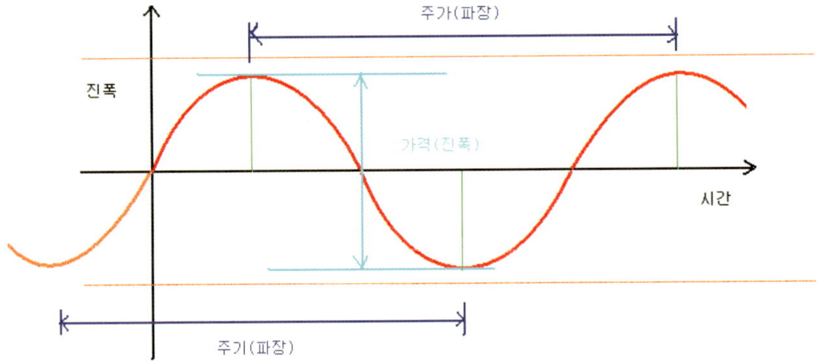

파동의 원형

〈차트 66〉은 자연현상에서 나타나는 파동의 원형을 표현하고 있다. 한 저점(고점)으로부터 다음 저점(고점)까지 한 번의 왕복운동이 일어나는 기간을 주기(파장)라 하며, 고점과 저점의 가격차이를 진폭이라 한다. 파동은 순환하는 원의 성질을 띠고 있으며, 한 주기는 크게 보면 2분할 작게 보면 4분할로 구성되어 있다.

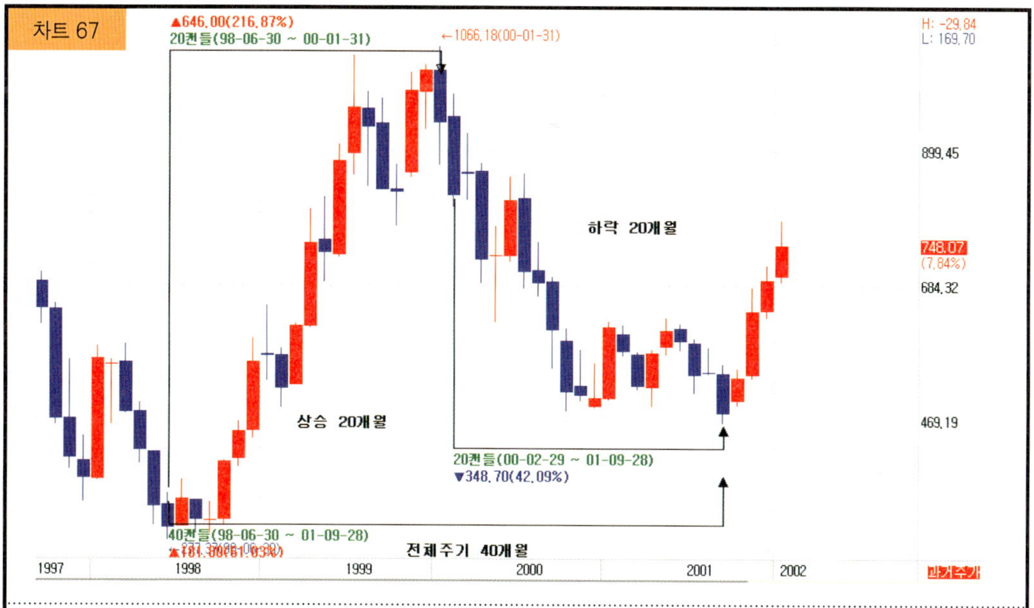

40개월의 주기

〈차트 67〉은 3년 장세를 나타내고 있는 종합지수 월봉 차트다. 저점에서 고점까지가 20개월이며 고점 이후 다음 저점까지가 20개월이다. 저점으로부터 다음 저점까지는 총 40개월을 기록하였다. 자연현상에서 한 저점으로부터 다음 저점까지 한 번의 왕복운동이 일어나는 기간을 주기라고 하는데, 위 차트에서 형성된 40개월이 주기이며 그 주기의 절반은 20개월로써 장세의 고점과 거의 정확히 일치하는 모습이다. 자연현상에서 주기 또는 파장은 주식시장 용어로 장세의 기간이 되는 셈이다.

차트 68

주기 반복

〈차트 68〉은 2003년 3월의 저점이 형성될 때의 주가흐름을 나타내고 있는 종합지수 주봉 차트다. 전체적으로 주가흐름의 주기적 반복 특성이 매우 잘 드러나고 있다. 먼저 좌측의 원으로 표시된 고점으로부터 저점까지의 16수와 장세 고점으로부터 우측의 원으로 표시된 저점까지 16수가 서로 동일한 하락기간이고, 하락진폭도 225.4포인트(737.70−512.30=225.4)와 225.53포인트(939.52−713.99=225.53)로써 거의 완벽하게 일치하고 있다. 또 저점으로부터 의미 있는 눌림목까지가 7수이고 장세 고점을 형성하기 직전의 주요 가격흐름도 7수이며, 장세 중간의 상승마디가 23수와 24수로써 거의 같은 상승기간을 갖는 모습이다. 전체적인 주가흐름도 붉은 라인을 중심으로 대칭에 가까운 패턴을 보이고 있으며, 좌측의 원으로 표시된 고점으로부터 장세 고점까지 73수와 장세 저점으로부터 우측의 원으로 표시된 저점까지 73수가 정확히 일치되는 주기적 특성을 보이고 있다. 주가파동이 신비하고 정교한 생명체라는 것을 다시 한 번 확인할 수 있는 부분이다.

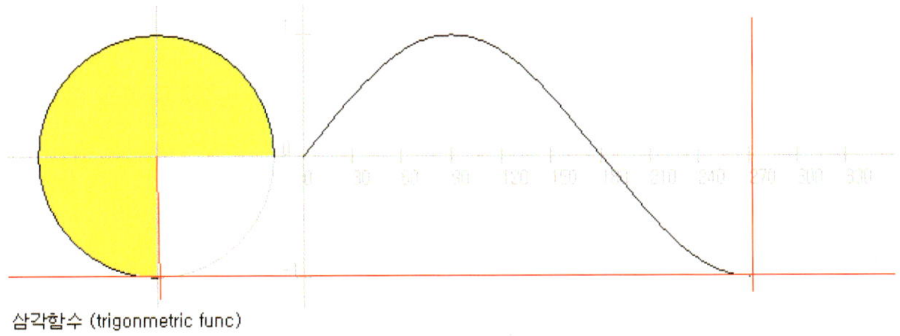

삼각함수

〈그림 삼각함수〉는 삼각함수의 사인곡선(sine curve)을 나타내고 있다. 원이 회전하면서 나타나는 반지름의 직각 높이를 세로축에 표시하고 각도를 가로축에 표시하고 있다. 가로축은 시간을 나타내고 세로축은 진폭을 나타낸다. 가로축에서 보면 시간이 0에서 360으로 흘러가는 과정이며, 세로축에서 보면 단위원(unit circle)의 반지름이 위아래로 움직이는 과정이다.

시간이 90도만큼 흘러가면 기본 진폭이 '1' 이 되며 이는 상승추세나 하락추세가 일단락되는 위치를 의미하고, 90도에서 180도만큼 흘러가면 높이는 '0' 이 나오며 이는 추세에서 중요 눌림목이나 연결고리가 형성된다는 의미이다. 180도에서 270도만큼 흘러가면 다시 기본 진폭 '-1' 이 되며 그 위치에서 장세 저점이나 고점이 형성된다.

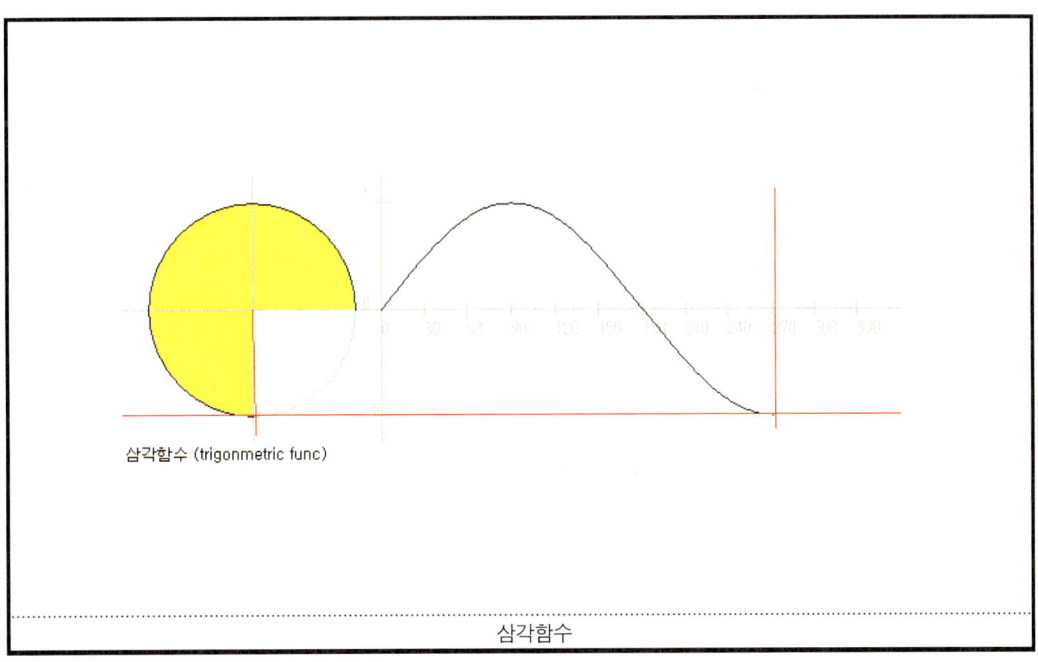

파동이란 시간과 진폭이라는 두 요소가 합성된 것이므로 파동변화는 시간의 흐름에 따라 진폭(가격)이 변화하는 모습을 의미한다. 시간의 변화가 곧 진폭의 변화라는 것을 알 수 있다. 가로축에서 보면 360이라는 시간대가 되면 원이 일순환을 하고, 원점으로 돌아와 다시 새로이 출발하게 되는 기준점이 된다. 360도가 한 단위가 되는 것이다. 그렇기 때문에 주가 분석시 360을 기본으로 장세의 주기와 변곡을 찾게 되는 것이다.

차트 69

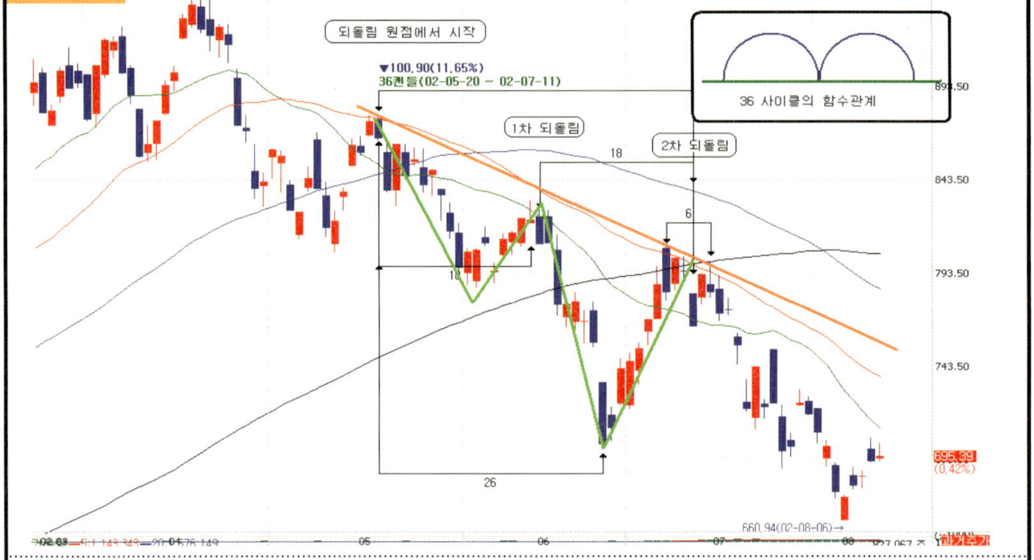

18수

〈차트 69〉는 첫 되돌림부터 시작하여 저항 주추세선을 따라 흘러내리는 차트의 모습을 보여주고 있다. 되돌림 고점에서 다시 되돌림 고점까지 주기적인 하락을 보이는 변곡점이 18수 전후로 일치하고 있다. 마치 원(360) 두 개가 횡렬로 겹치는 것을 반(180)으로 절단한 듯한 모습이다. 첫 고점은 장중 최고가에서 시작되는 점이며, 마지막 고점은 전체 고점 봉오리의 중심점에서 끝나는 점이 36으로 일치하고 있다.

특이할 만한 것은 주가흐름이 36일 이동평균선에 근접할 때마다 저항에 부딪혀 하락하는 모습이다. 하락추세로 전환된 이후 36일 이동평균선은 중요한 저항역할을 하게 되는데, 이는 원의 일순환을 의미하는 36순환수가 근본을 의미하기 때문이다. 즉 그 근본이 같은 에너지의 근본이 될 수도 있고, 같은 추세의 근본이 될 수도 있고, 같은 진폭의 근본이 될 수도 있는 것이다.

차트 70

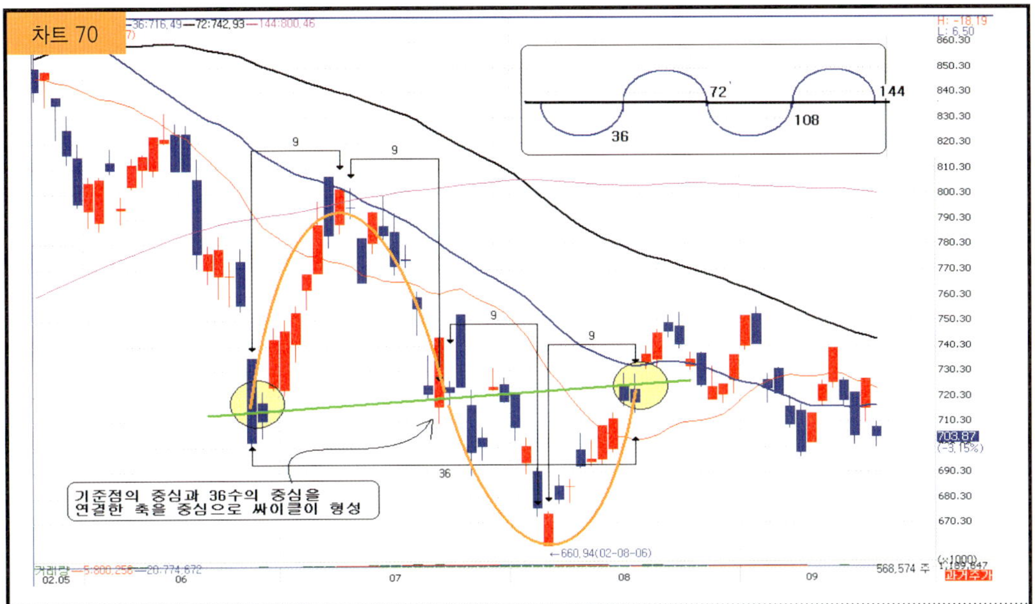

36수

〈차트 70〉은 위 차트 이후의 주가흐름을 나타내고 있는데, 36수라는 파동이 사인 함수와 흡사한 모습을 보여주고 있다. 주가파동은 보이지 않는 여러 사이클이 존재하지만 36수라는 사이클로 흐르고 있으며 더 나아가 자연현상에 나타난 파동 형태의 속성을 가지고 있다는 것이다. 일정한 중심 축을 기준으로 위아래 진폭을 보이면서 파동이 형성되는데 일정한 주기의 한 단위가 잘 나타난 차트다. 이 차트에서는 일정한 축을 중심으로 위아래가 등락을 보이면서 물결처럼 움직이고 있다. 한 주기는 36수이며 9수 전후마다 중요한 반전을 보이고 있다. 주가파동은 다르게 표현하면 복잡한 함수 그래프 또는 잡음이 심한

노이즈(소음) 그래프라고도 할 수 있다.

36수 응용

〈차트 71〉은 상승추세에 있는 거래소 주봉 차트다. 최저점에서 상승한 파동은 72수에서 다시 재상승하고 있으며, 이 72수는 36수를 기반으로 하는 수파동이다. 그리고 이후 지속적으로 상승하지만 36수의 정수배로 맞아떨어지지는 않는 것처럼 보인다. 그러나 직전 고점에서 같은 진폭대에 있는 의미 있는 변곡점에서 바라보면 54수이며 이 54수가 기본이 되어 대칭점이 형성되는 것을 알 수 있다. 어떤 저항이나 진폭 자체도 시간 변곡이 숨어 있기 때문에 의미 있는 시간 전환점을 찾는 기준이 된다.

파동의 발생, 시간 · 원 · 태극의 삼위일체

파도나 호수의 물결과 같은 자연의 파동은 삼각함수의 사인곡선처럼 흐르는 모습이거나 태극의 문양과 같은 모습을 하고 있다. 물결의 한 사이클은 원 하나에 해당되는 모습이며 형성되는 물결의 주기는 원의 개수와 서로 일치한다. 다시 원이 보이지 않는 전제 조건이라면 원 안의 물결만이 흘러가는 모습인데, 이는 결국 자연의 파동이 태극운동을 하고 있음을 유추할 수 있게 한다. 이처럼 자연의 파동은 태극운동을 하며 주가의 움직임 역시 태극운동을 한다.

따라서 주기를 나타내는 시간, 그 주기가 담겨 있는 원, 그리고 주기와 원을 내포하고 있는 태극은 서로 하나가 됨을 알 수 있다. 곧 주가의 흐름을 태극원리로 풀어 접목시키면 매우 탁월한 미래예측의 공식을 유도할 수 있다. 주가의 흐름이 태극운동으로 대비될 수 있다면 주가를 예측하는 것이 가능해지며, 탁월한 장세 판단의 도구로 활용될 수 있을 것이다.

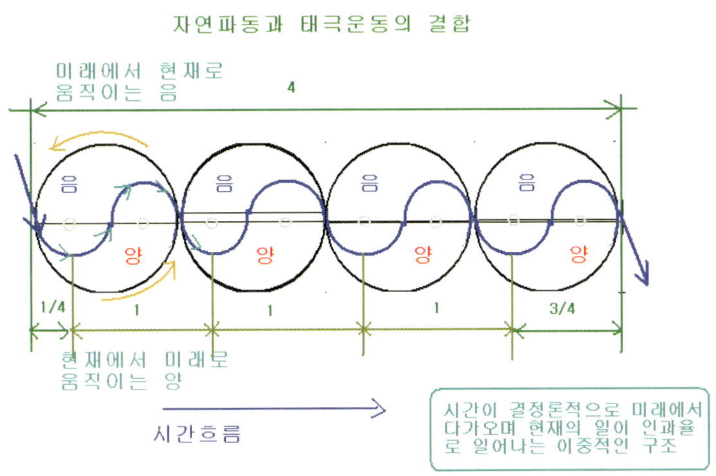

태극파동

파동의 단순 합성

파동의 단순 합성은 두 개의 서로 다른 주기와 진폭을 가진 파동이 충돌하면서 벌어지는 현상이다. 두 개의 파동이 만나면 진폭과 주기에 변화가 생긴다. 진폭이 다른 파동이라면 두 진폭의 합이 최종 진폭이 되며, 진폭이 같은 파동이라면 기준 진폭의 2배수가 나오게 된다.

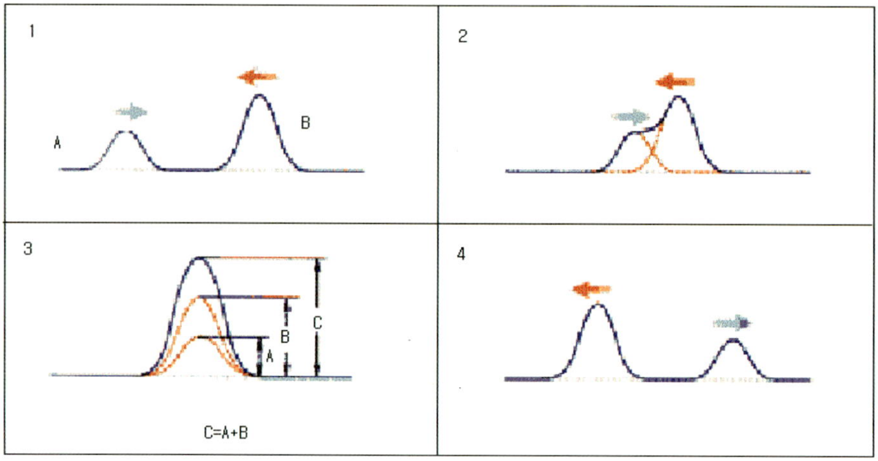

파동의 충돌

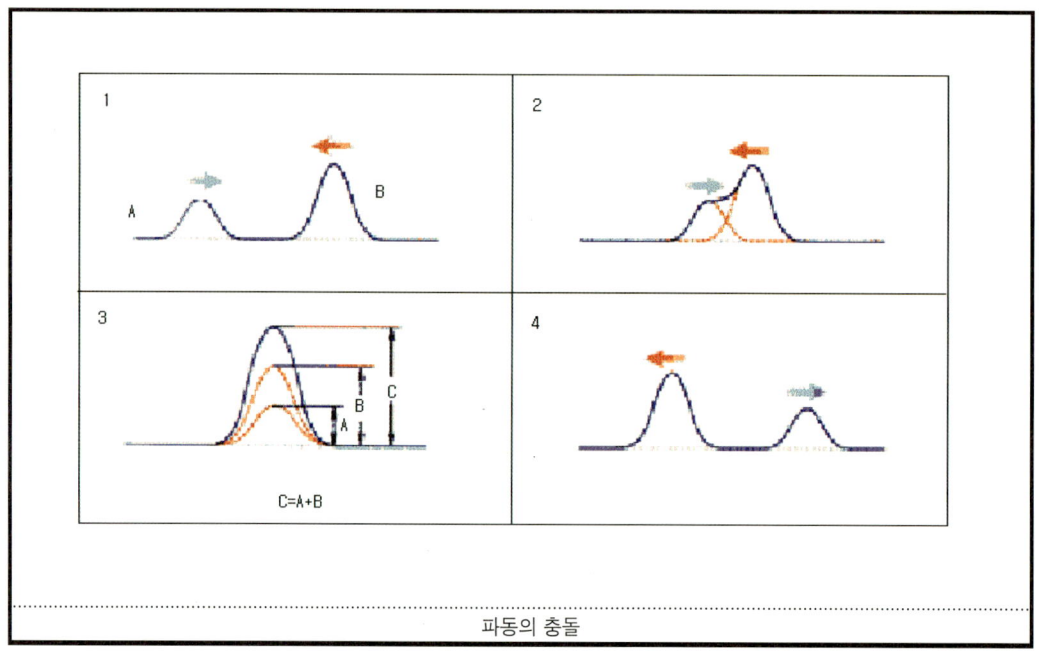

〈그림 파동의 충돌〉은 두 파동이 충돌하면서 진폭이 어떻게 변하는지를 시간별(1-2-3-4)로 보여준다. 엘리어트 주가파동 이론으로 보면 A파동이 1파의 진폭이며 B파동이 3파의 진폭이며 C파동이 5파의 최종 진폭이라고 할 수 있다. 일반적으로 A파동의 1파에 해당하는 진폭의 2배수 가량 상승하면 그것이 추세의 최종 진폭이 되는 경향이 있다. 1수가 또 다른 1수를 만나 2수가 되는 이치와 같다.

〈그림 합성〉은 두 파동이 합성되는 모습을 보여주고 있다. 처음의 커다란 파동은 하나로 구성된 것이 아닌 합성된 파동(A+B)이기 때문에 파동은 언제든지

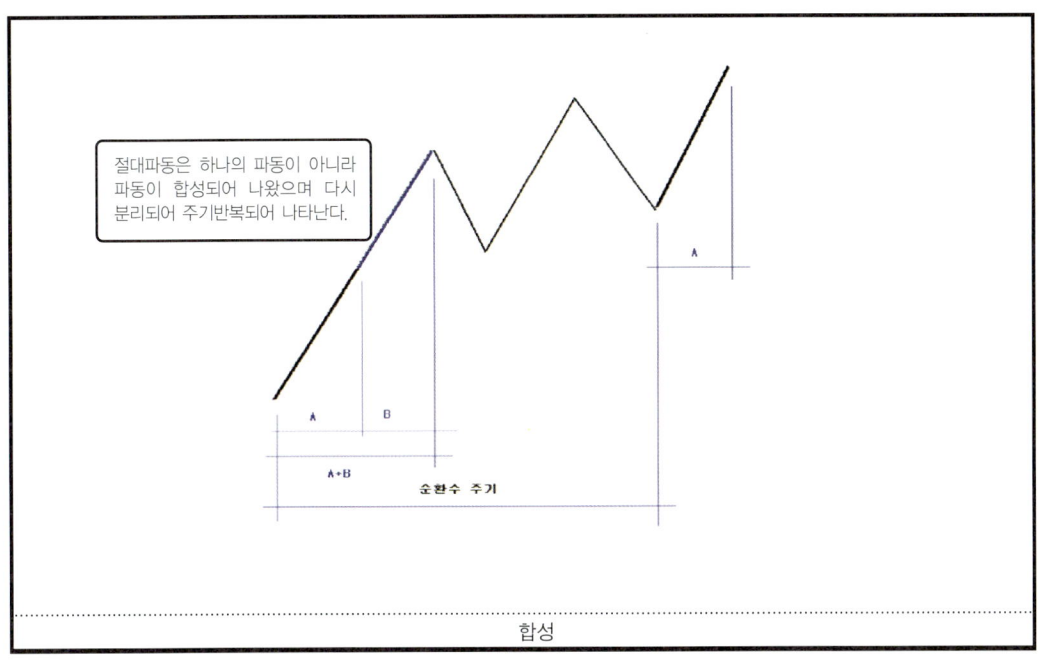

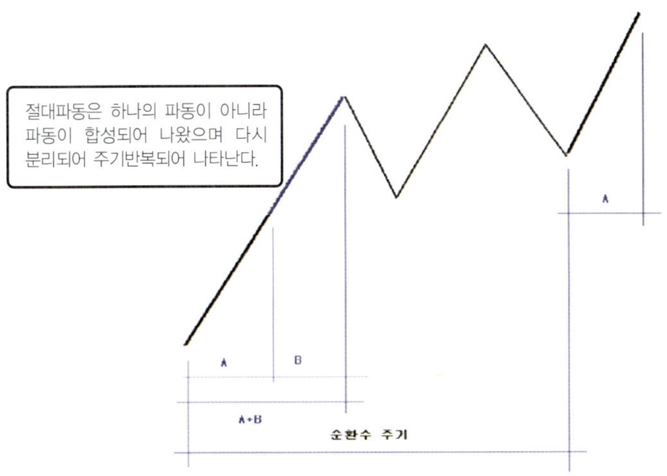
절대파동은 하나의 파동이 아니라
파동이 합성되어 나왔으며 다시
분리되어 주기반복되어 나타난다.
A
B
A+B
순환수 주기
A

합성

분리되어 다시 나타날 수 있다. 파동은 없는 것이 나타나는 것이 아니라 합성되어 있던 파동(A와B)이 분열과 통합을 하며 나타나는 것이다. 즉 이후 재현되는 파동은 두 파동이 합성된 상태로 다시 출현하거나 A파동 또는 B파동으로 분리되어 출현할 수 있으며, 마지막으로 출현하는 파동은 기간이나 진폭이 A파동과 유사하게 나타나는 것이다. 그런데 첫 상승파동 진폭의 2배수가 되는 가격대에서는 진행되고 있는 추세의 고점이 형성되거나 중요한 변화가 발생할 수 있으므로 그 가격대 전후 구간에서는 주의가 필요하다.

차트 72

2배수-4분할

〈차트 72〉는 2001년 9.11 테러 이후 2006년 8월까지 최근 5년 동안의 주가흐름을 나타내고 있는 종합지수 주봉 차트다. 첫 번째 장기파동의 진폭이 향후 장세에 중요한 영향을 미치고 있음을 확인할 수 있다. 테러 이후 첫 번째 상승 진폭은 480포인트(943.54-463.54=480)였는데, 진폭의 2배수 위치가 되는 1,423.54포인트는 2006년 1월의 고점 1,426.21포인트와 거의 일치하고 있다. 또 2006년 5월 1,464포인트의 고점을 시현한 후 급락하던 주가흐름이 그 진폭의 2분할 위치인 1,184포인트 구간(실제 저점은 1,192.09포인트)에서 지지된 후 강한 반등세를 시현하고 있다. 즉 첫 파동을 2분할한 각각의 라인들도 장세의 중요한 에너지 구간으로 작용하고 있는 것이다.

차트 73

2배수

〈차트 73〉은 위의 차트를 보다 구체적으로 나타내고 있다. 즉 2004년 8월의 저점을 기준점으로 시작된 추세에서 첫 번째 파동의 진폭이 이후 장세에 어떠한 영향을 미치고 있는가를 나타내고 있다. 당시 저점 713포인트는 2001년에 형성된 첫 번째 장기 상승진폭을 2분할한 위치(943.54-240=703.54)에서 지지되는 양상이었다. 저점 이후 새로이 시작된 첫 파동의 진폭은 182.25포인트(896.24-713.99=182.25)였고, 위의 차트는 그 진폭의 정수배 라인들을 표시하고 있다. 상승추세가 이어지는 동안 그 정수배가 되는 각각의 구간들에서 의미 있는 가격 변화가 나타나고 있다. 그리고 첫 파동 진폭의 4배수가 되는 1,443포인트 전후 구간에서는 매우 큰 주가 변동성과 함께 그 동안 진행되던 상승추세가 결국 고점을 형성하는 모습이다. 앞서 설명한 바 있듯이 한 추세의 끝에서 출현하는 파동은 보통 첫 번째 파동과 유사한 형태로 나타나는 경향이 있는데, 큰 원으로 표시되어 있는 저점과 고점의 두 부분을 보면 그 패턴과 진폭(182.50과 179.07)이 비슷하게 진행되었음을 확인할 수 있다. 결국 첫 상승진폭의 4배수 구간에서 장세의 고점이 형성되는 양상이지만, 전체적으로는 2001년 저점에서 형성된 첫 번째 장기 상승파동 진폭의 2배수 구간에서 약간 오버슈팅되고 있다.

파동의 복합 합성

전체라는 개념은 그 기준과 대상에 따라 다양한 방식으로 표현되지만 공통적으로는 각기 순환하는 하나의 원으로 표현될 수 있다. 즉 1년이라는 자연현상을 이해하는 것이 주가의 움직임을 효과적으로 파악하기 위한 첫걸음이 된다. 1년에는 '4계절' 이라는 계절 순환이 있고 '24절기' 라는 기후 변화가 있으며, 전체 '12개월' 또는 '360일(음력 354.37일과 양력 365.24일을 평균한 값)' 으로 구성되어 있다. 이러한 자연의 변화와 구성원리가 주가의 움직임에도 그대로 적용된다.

1년은 3개월의 기간을 지닌 4계절로 구분할 수 있으며, 4계절을 합치면 1년이 된다. 1년은 크게 보면 한 주기이지만 자세히 보면 4개의 주기로 이루어져 있다. 주가의 파동도 수많은 주기의 사이클로 이루어져 있으며 특정 주기 안에는 더 작은 주기가 있다. 1년을 분리하면 12개월이 되고, 1개월을 분리하면 30일이 되며, 1일을 분리하면 24시간이 된다. 마찬가지로 주가파동에서도 하루하루의 시세 30개가 모여 1개월의 시세가 되고, 3개월의 시세가 모여 1계절의 시세가 되며, 4계절의 시세가 모여 1년의 시세가 된다.

따라서 특정 시세를 파악할 때는 어떠한 주기에서 움직이고 있는지를 먼저 살펴보아야 한다. 단기적으로 매우 큰 주가낙폭이 발생하였다고 할지라도 보다 큰 주기의 시세가 하락 흐름이라면 그 영향을 받게 되므로 그 주기의 시세가 끝나는지를 확인하고 매수해야 한다. 주기의 변화일과 방향성을 통해 새로운 주기의 힘과 영향력을 가늠할 수 있다.

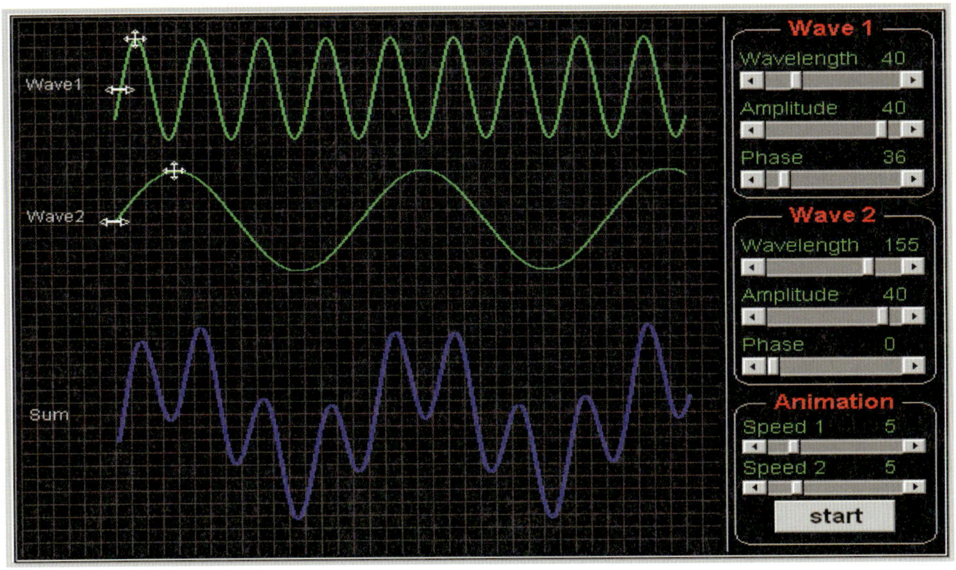

파동

〈그림 파동〉은 자연의 소리파동이 합성되는 과정을 나타내고 있다. 주기가 다른 파동이 합성되어 마치 엘리어트 파동과 유사한 소리파동이 나타나고 있다. 복잡하게 보이는 하단의 파동은 큰 주기 길이 하나에 작은 주기 4개가 합성되어 있는 모습이다. 즉 큰 원(큰 주기) 안에서 작은 원(작은 주기)이 중복되어 경사지게 펼쳐지는 현상으로 설명될 수 있다. 이것은 큰 주기파동을 작은 주기파동으로 분할할 수 있다는 의미이며, 또 작은 주기의 주기파동을 합하여 큰 주기파동으로 이해할 수 있다는 의미가 된다. 주가의 움직임도 마찬가지로 작은 주기의 사이클과 큰 주기의 사이클이 합성되어 언뜻 위와 같은 복잡한 파동으로 보일 수 있는 것이다.

파동의 주기 분해

일반적으로 사물에 존재하는 파동은 복합적인 주기 사이클이 합성되어 나타난다. 그런데 현상계의 사물을 구성하는 것은 3수라는 기본 요소다. 예를 들어 자연의 색상을 만들 때 3원색인 빨강 · 파랑 · 노랑색으로 모든 색상을 만들 수 있고, 원자의 세계에도 원자 · 전자 · 중간자라는 3요소가 필요하다. 또 동양에서는 일찍부터 천지인 삼재(三才) 또는 무극 · 태극 · 황극의 삼극(三極) 등으로 사물의 구성원리를 파악하였다. 이처럼 자연의 파동은 크게 세 가지의 서로 다른 주기 사이클을 지니며, 주가파동에서도 3수의 원리가 존재하여 주가파동의 주요 변곡으로 작용한다.

파동의 응용은 푸리에(Fourier) 파동원리에서 찾아볼 수 있다. 푸리에는 프랑스의 수학자이자 물리학자로 열전도 방정식을 유도하였다. 푸리에 변환이나 급수를 통하면 시간영역의 신호는 주파수영역의 신호로 표현된다. 푸리에 해석은 소리나 빛 등의 복잡한 주기함수를 가진 파동을 보다 간단하게 기술하여 현재 여러 파동원리에도 적용되고 있으며, 전자회로를 사용하여 여러 가지 음색을 만들어 내는 신시사이저나 디지털 악기 또는 컴퓨터 기술인 JPG압축, MP3압축 등에도 널리 쓰인다. 그는 "모든 주기함수는 코사인과 사인 함수들의 합으로 분해할 수 있다"라는 매우 유명한 정리를 남겼다. 음악으로 표현하면 모든 음들은 배음들의 합으로 분해할 수 있고, 파동으로 보면 주기가 다른 파동으로 분해할 수 있다는 것이다.

〈그림 1+3+5〉는 주기가 1인 파동과 주기가 3인 파동 그리고 주기가 5인 파동이 어떻게 결합하여 존재하는지 나타내고 있다. 두 그림 중 위에 있는 그림은 파동의 주기가 서로 분해되어 있는 상태이고, 아래 그림은 그 파동들이 결합하여 복합적인 형태로 표현되고 있다. 여기에서 알 수 있는 것은 복합 주기로 나타날 때 구성된 각 파동의 고유 주기가 변하는 위치에서 변곡이 발생한다

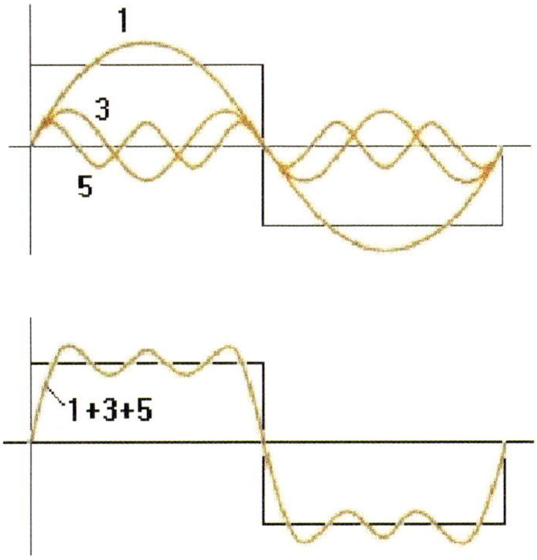

1+3+5

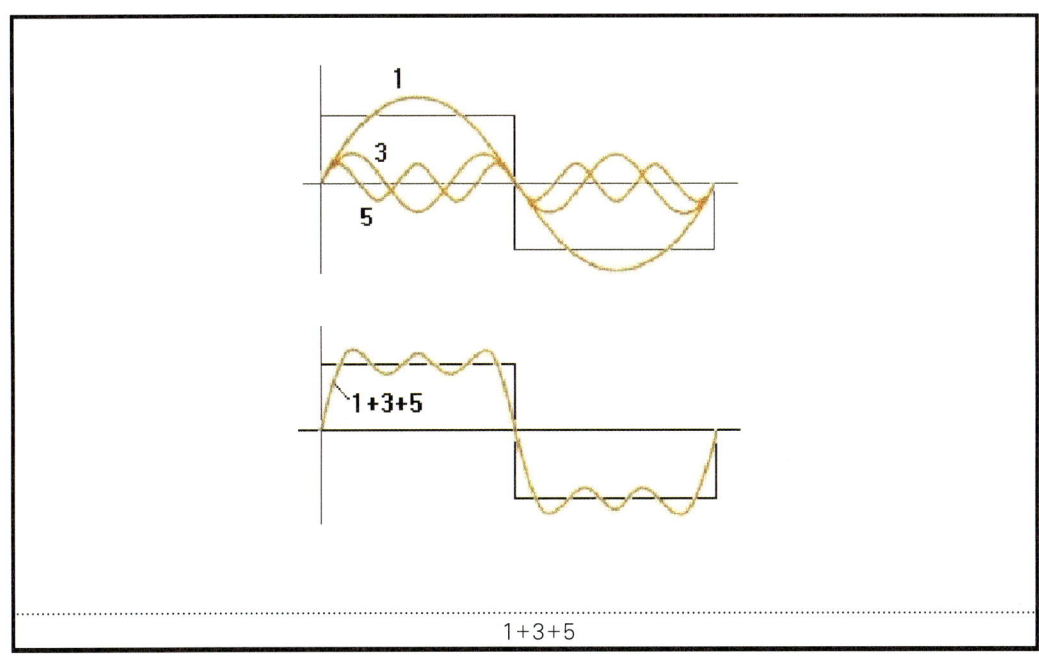

는 것이다. 예를 들어 계절과 날씨는 각 시간의 변화에 따라 변곡이 생긴다. 즉 하나의 큰 시간에서 다른 큰 시간으로 바뀌면서 변화가 생기는데, 작은 단위의 시간이 바뀌면 작은 변화가 생기고 큰 단위의 시간이 바뀌면 큰 변화가 생기는 것이다. 결국 주가의 흐름을 보다 정확하게 알기 위해서는 각기 다른 주기의 사이클을 파악하여 그 파동에서 존재하는 일정한 규칙과 질서의 수를 찾아내는 과정이 필요하다.

각 사이클에서 정점과 저점의 개수, 즉 변곡의 개수를 계산해 보면, 전체 주기가 1인 파동에서는 왼쪽의 정점과 오른쪽의 저점을 합하여 2개(1×2=2)의 변곡이, 전체 주기가 3인 파동에서는 좌우를 합하여 6개(3×2=6)의 변곡이, 전체 주기가 5인 파동에서는 좌우를 합하여 10개(5×2=10)의 변곡이 발생하여 전체 18개(2+6+10=18)의 변곡이 형성됨을 알 수 있다. 다르게 표현하면 각 사이클을 모두 합친 전체 9주기(1+3+5=9)가 각각 2개의 정점과 저점을 지니므로 전체 18수(9×2=18)의 변곡이 되는 것이다. 그런데 아래 그림에서와 같이 주기가 각기 다른 파동이 복합적으로 나타나게 될 경우, 각 사이클의 가운데 정점이나 저점에서의 변곡이 겹치기 때문에 전체 5주기로 운행되어 10개의 변곡이 형성됨을 알 수 있다. 결국 전체적으로는 주기가 서로 다른 3개의 파동이 18수의 변곡을 형성하므로 6순환(18/3=6)되는 개념이지만, 전체 5주기 10변곡(5×2=10)의 형태로 사이클이 완성되는 개념이기도 하다. 즉 전체를 부분으로 나누기도 하고 부분을 합하여 전체를 구성하기도 하는 것이다. 구체적으로는 6순환-3수(파동수)로 변화하거나 5주기-10수(변곡수)의 운행질서로 나타난다.

파동의 전체는 하나 또는 1수의 개념이다. 하나(1수)라는 전체 파동 속에는 2개, 3개, 5개의 작은 파동이 있을 수 있다. 즉 1수라는 전체 파동 속에는 그보다 작은 파동이 복합적으로 존재하여 2수로 보이기도 하고 3수로 보이기도 하며 5수로 보이기도 하는 것이다. 동양 상수학에서 1수라는 전체를 태극으로 보기도 하고, 2음양으로 보기도 하며, 3극으로 보기도 하는 것도 같은 개념이다. 세부적으로 5행과 6기 또는 10간과 12지로 보는 것도 마찬가지 개념이다.

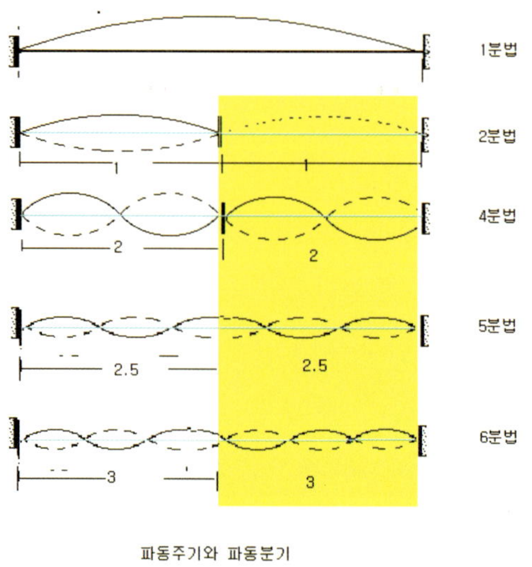

파동분기

〈그림 파동분기〉는 복합적인 파동을 분할주기로 나타내고 있다. 1분할법은 전체를 하나(1수)로 보는 것이다. 파동으로 보면 1주기 사이클이며 장세로 보면 일순환 개념이다. 2분할법은 전체 1수를 2로 나누는 것이며, 각 1/2(0.5)로 나누어진다. 4분할법은 전체 1수를 4로 나누는 것이며, 각 1/4(0.25)로 나누어진다. 5분할법은 전체 1수를 5로 나누는 것이며, 각 1/5(0.2)로 나누어진다. 6분할법은 전체 1수를 6으로 나누는 것이며, 각 1/6(0.1666)로 나누어진다.

역으로 2분할된 1/2(0.5)을 2배수하면 전체 1수가 되고, 4분할된 1/4(0.25)을 4배수하면 전체 1수가 되며, 5분할된 1/5(0.2)을 5배수하면 전체 1수가 되며, 6분할 된 1/6(0.1666)을 6배수하면 전체 1수가 된다. 따라서 파동의 전체를 100수로 보면, 50수의 2배수가 되면 전체 100수가 되고, 25수의 4배수가 되면 전체 100수가 되며, 20수의 5배수가 되면 전체 100수가 되고, 16.66수가 6배수가 되면 전체 100수가 된다.

차트 74

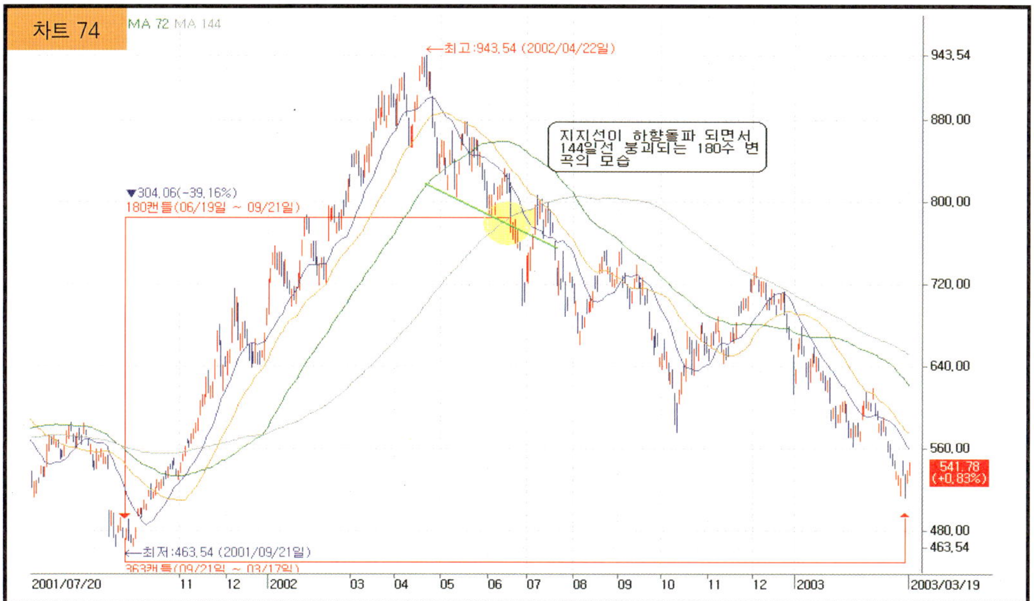

2분할법

〈차트 74〉는 한 장세의 주기가 360수 전후인 363을 주기로 움직이는 모습이다. 363은 121×3=11×11×3 으로도 해석할 수 있다. 여기서 180수 전후의 파동을 비교 분석해 보면 이 지점이 매우 의미 있는 변곡점임을 알 수 있다. 180수 전후는 두 번이나 지지가 되었던 점이며 세 번째 지지에 실패하고 144일 이평선을 하향 돌파하는 모습을 보이고 있다.

원리적으로 사물의 변화는 360수에서 정확히 일순환하지만 현상계에서 1년이 음력 354.37일과 양력 365.24일로 나타나듯이 약간의 차이가 발생할 수 있다. 전체 장세의 2분할 위치인 180캔들에서 144일 이동평균선을 강하게 붕괴시켜 장기하락세로 접어들 수 있음을 나타낸다. 144일선은 36수가 4순환(36×4=144)으로 완성되는 개념으로써 장기추세를 가늠할 수 있는 척도가 되기때문이다.

차트 75

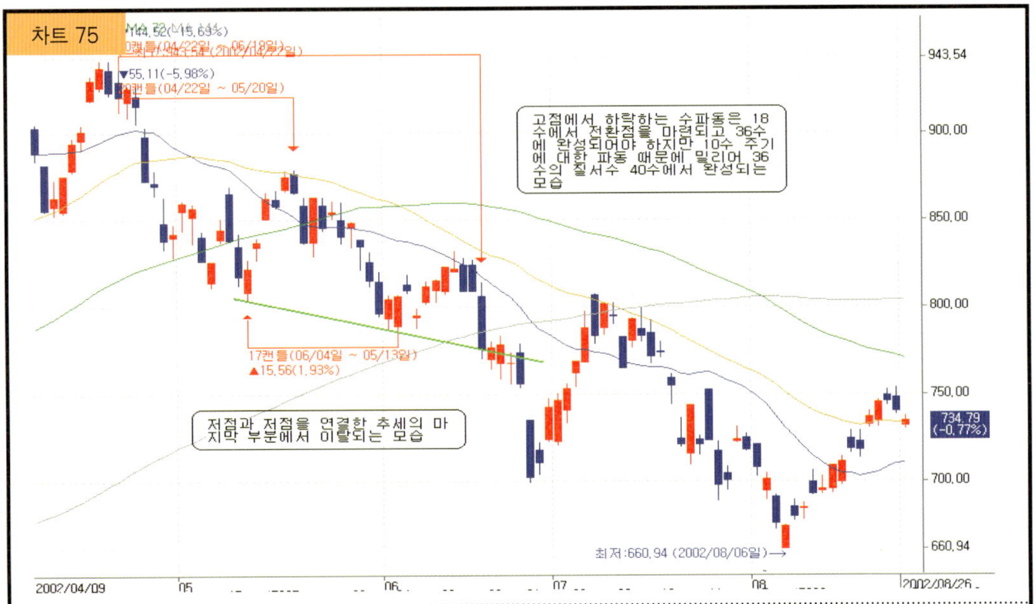

180수 변곡과 40수

〈그림 75〉는 이전의 2분할 차트에서 180수 변곡을 중심으로 형성된 주가흐름을 보다 세부적으로 나타내고 있다. 전체를 2분할한 위치인 180수 변곡과 장세 고점으로부터의 40수가 서로 겹쳐 장기 추세의 바로미터인 144일선을 하향 돌파하는 모습이다.

고점에서 20수에 되돌림 고점을 형성하였으며, 이후 다시 첫 고점으로부터 40수에서 큰 변곡이 나타나고 있다. 실제 18수와 36수에서 정확히 변곡점이 실현되어야 하지만, 9를 기반으로 하는 순환수는 10일 기반으로 하는 질서수의 지배를 받거나 그 영향 아래 있기 때문이다. 결국 저점으로 본다면 3번 저점을 형성하고 추세이탈하는 모습이다.

180수는 큰 원을 의미하는 360수의 반원 개념이며, 40수는 완성을 의미하는 10수가 4순환되는 개념으로서 중요한 변곡으로 작용한다. 그런데 180수 직전의 주가흐름도 36일 이동평균선의 강한 저항에 부딪혀 장세 고점 이후 3봉을 형성하고 있었다. 즉 180수 변곡을 중심으로 세 가지의 중요한 에너지가 모두

차트 76

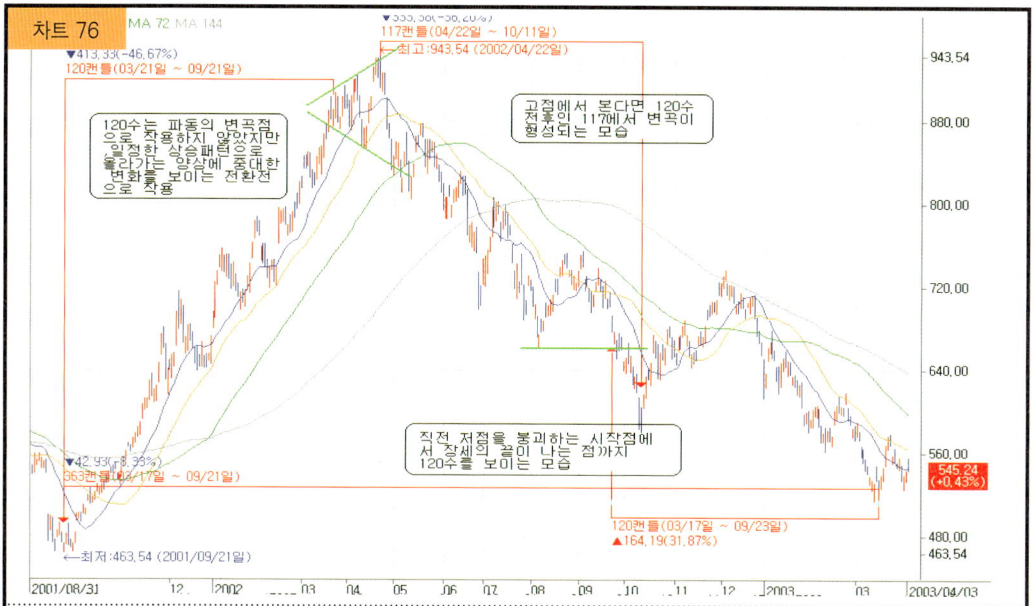

3분할법

하방으로 형성되고 있는 상황이었기 때문에 추세전환의 신뢰성이 매우 높았던 위치였다.

〈차트 76〉은 360수 전후인 363에서 장세의 한 사이클을 보이고 있다. 360수를 3분할하면 120수로 나눌 수 있다. 120수를 기반으로 하는 파동은 주요 분기점이 되는 특성이 있음을 알 수 있다. 첫 상승파동에서는 120수가 고점과 정확히 일치하지 않았지만, 120수 부근에서 추세파동이 변화되는 모습을 보였다는 점에서 중요 분기점으로 이해하여야 한다. 다시 장세 고점에서 바라보는 120수는 정확히 120수에 일치하는 모습을 보이고 있다. 마지막 120수는 어떤 특징도 없는 것처럼 보이지만 지지선을 붕괴하는 점부터 시작하여 120수로 일치하는 모습이다.

차트 77

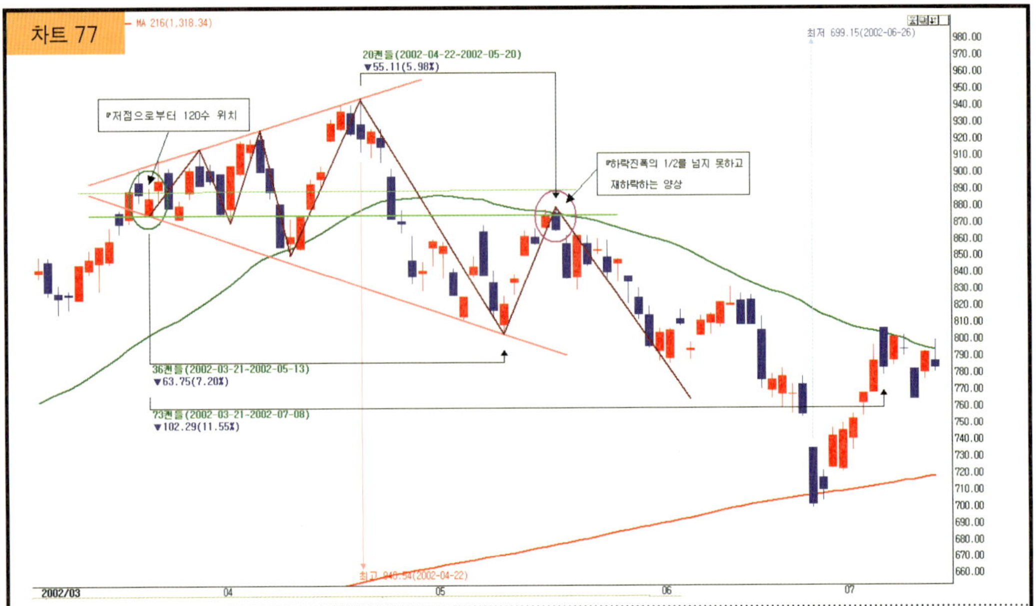

120수 변곡과 태극파동

〈차트 77〉은 이전의 3분할 차트에서 120수 변곡을 중심으로 형성된 주가흐름을 자세히 나타내고 있다. 120수 위치에서 장세의 고점이 형성된 것은 아니지만 그 라인을 중심으로 확장 삼각형 형태인 태극파동이 형성되는 모습이다. 태극파동이란 특정 기점을 중심으로 물결이나 파도가 치는 것처럼 에너지가 점점 비축되어 보다 강력한 힘으로 나타나는 파동을 의미한다. 이러한 태극파동은 상승추세와 하락추세를 연결하는 구간에서 발생되거나, 일정한 가격수준에는 이르렀지만 아직까지 도달하게 될 목표가격이나 순환시간에는 미치지 못하였기 때문에 발생하는데, 그 지점까지는 일반적으로 지그재그 확장 삼각형 형태의 파동을 보이게 된다.

위와 같은 현상은 36수가 4배수로 완성되는 144수(36×4=144)의 시간이 아직 끝나지 않았기 때문에 나타나는 것으로 볼 수 있다. 즉 고점 부근에서 형성되었던 파동은 120수를 기점으로 태극파동이 일어났으며, 이는 그 기점으로부터 36수에 태극파동의 하단 추세선에서의 강한 반등과 73수(72+1본체수)에서의 반등고점이 형성되는 모습을 통해 확인될 수 있다. 장세 고점 이후 20수의 위치에서는 120수에 형성된 시가의 저항과 맞물려 그 변동성이 되돌림 1/2을 넘지 못하고 끝내 붕괴되고 있다.

참고로 여기에서 태극파동이 형성된 기간을 제외시킨다면 120수 변곡에서 40수를 건너뛰고 연결되는 파동이라고 할 수 있다. 태극이란 개념은 본질이 현상계로 드러나기 전의 음양 운동상태를 의미하는 것으로서, 태극파동이 진행되는 동안의 주가흐름은 상승과 하락이 불분명할 뿐만 아니라 현상계에 드러나지 않기 때문이다. 즉 태극파동은 보이지 않는 이면 세계로 작용하며, 120수 이후 형성된 태극파동 기간을 제외하고 장세분석을 해도 무리가 없다.

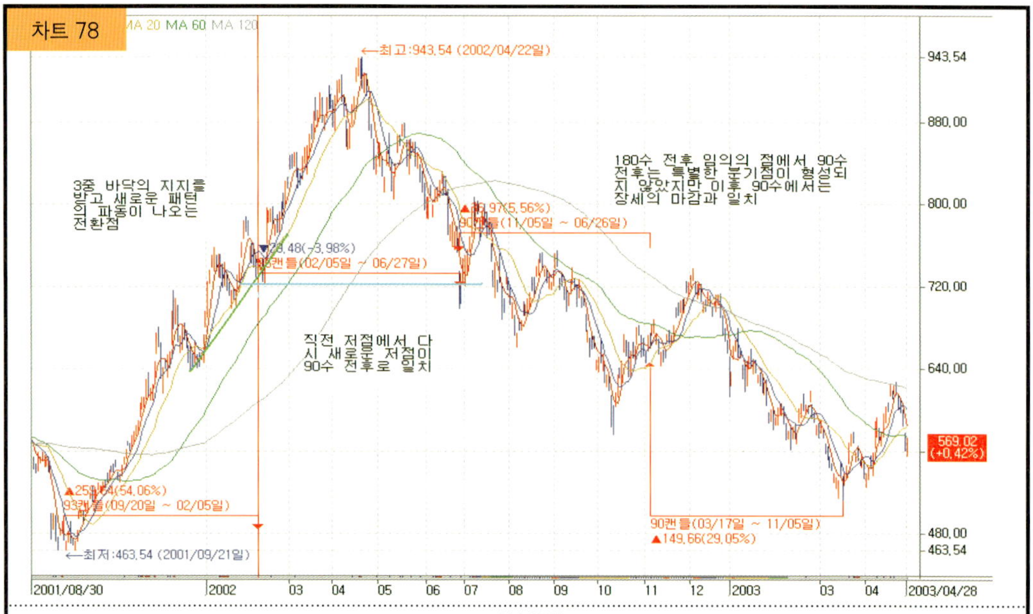

4분할법

〈차트 78〉은 장세를 4분할법으로 나누어 각 분기별 특징을 보여주고 있다. 첫 번째 90수 전후에서 중요 분기점이 형성되었다. 90수는 큰 원을 의미하는 360수의 1/4 개념 또는 반원을 의미하는 180수의 1/2 개념이다. 이 구간은 저점이 높아지는 3중 바닥의 끝점이다. 그리고 이 이후 90수 구간은 수평 지지선이 형성되는 구간으로, 시작점에서 끝점까지 한 사이클이 형성되었다. 이후 90수가 연결되는 파동 구조가 형성되었다. 연결 구간에는 특별한 특징이 보이지는 않지만 큰 흐름으로 본다면 4분할법의 구조를 가지고 있다.

차트 79

5분할법

〈차트 79〉는 상승추세의 파동을 72수로 2분기하여 나누고 하락추세의 파동을 72수로 3분기하여 나눈 차트다. 상승추세의 의미 있는 중심점을 기준으로 72수로 분기하면 첫 출발이 테러 직후의 시간과 일치한다. 72수는 큰 원을 의미하는 360수의 1/5 개념 또는 36순환수의 음양 2배수 개념으로 장세에 중요한 분기점으로 작용한다.

전체 상승추세에서 추세이탈은 저점에서 72수의 2수배인 144수 이후에 급격히 진행되었다. 이후 72수에 정확히 의미 있는 파동과 일치하며, 나머지 72수의 2배수 파동도 N자형 파동의 전체 모습과 일치한다.

차트 80

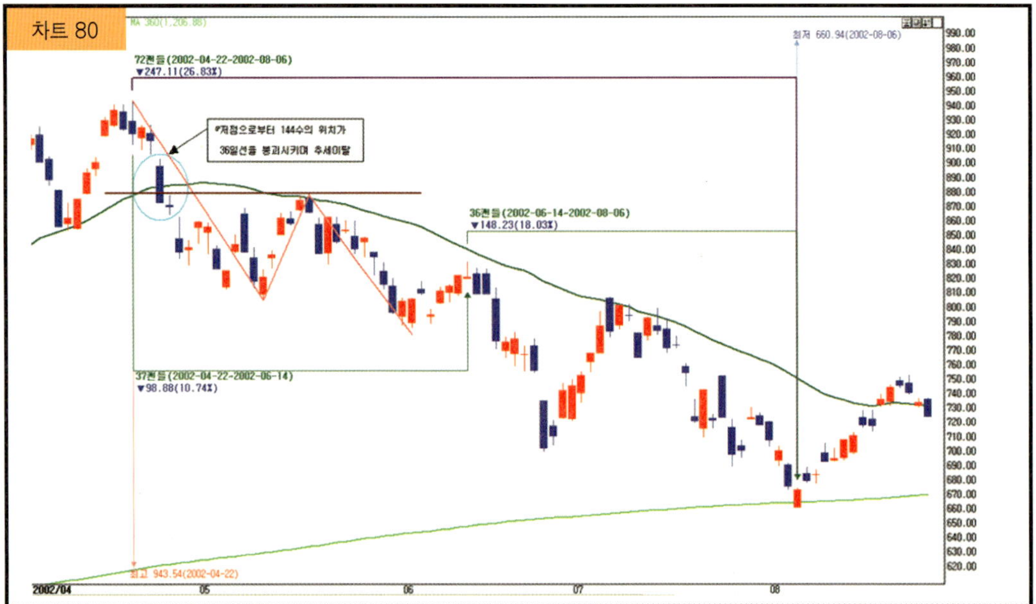

72수 변곡

〈차트 80〉은 이전의 5분할 차트에서 장세 고점을 중심으로 형성된 주가흐름을 나타낸다. 장세의 고점은 저점으로부터 141수에 형성되지만 실질적인 추세이탈은 144수에서 이루어지고 있다. 144수는 72수의 음양 2배수(72×2=144)로써 그 동안 진행되던 상승추세가 마무리될 수 있는 위치임을 의미하는데, 그 위치에서 36일 이동평균선을 강하게 하향 이탈함으로써 하락추세로의 전환에 신뢰성을 더하고 있다. 이후 되돌림이 되더라도 144수에서 형성된 가격수준이 강한 저항선 역할을 하여 반등에 한계를 보이는 모습이다. 한편 장세 고점으로부터 72수에는 360일 이동평균선의 지지를 받아 반등하는 모습을 볼 수 있는데, 360일 이동평균선은 36수가 10배수로 완성되는 개념으로써 장세 전체의 사활을 가늠할 수 있는 중요 라인이다. 즉 하락추세에 있던 주가흐름이 360일선을 돌파한 후 안착될 경우에는 장기 상승세를 타게 되고, 반대로 360일선을 하회한 후 재차 저항에 직면하는 경우에는 장기간의 침체로 이어질 수 있다.

차트 81

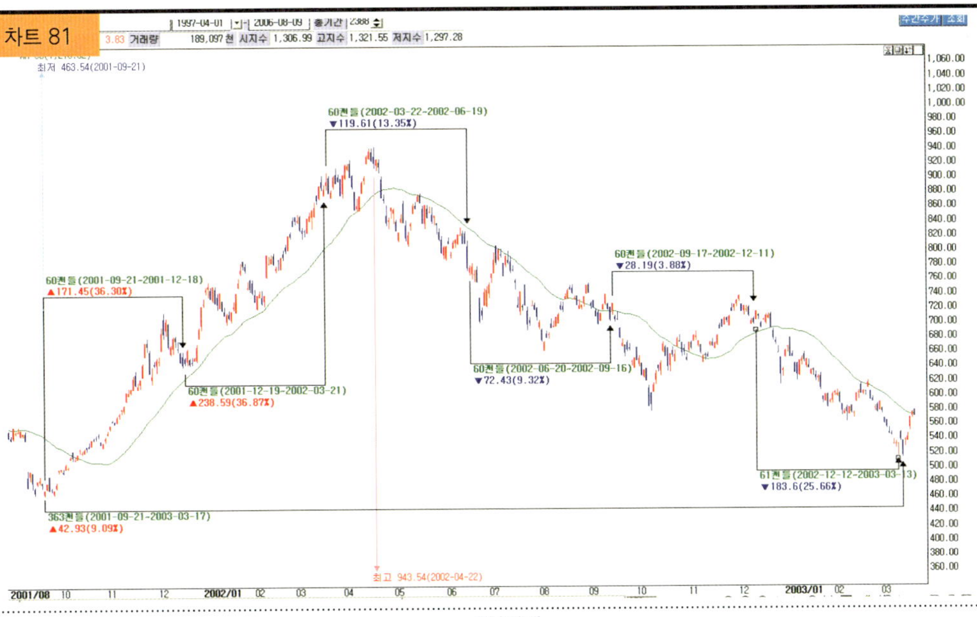

6분할법

〈차트 81〉은 전체 장세를 6분할하여 나타낸 차트다. 3분할 120수 마디를 다시 재분할한 모습으로 3분할 차트보다 세부적인 주가흐름을 파악할 수 있다. 다른 면에서는 두 개의 60수 변곡이 한 개의 120수 변곡으로 파악될 수 있다는 개념이다.

차트 82

60수 변곡

〈차트 82〉는 6분할 장세의 첫 번째 60수 변곡을 자세히 나타낸 차트다. 테러 저점 이후 상승하던 주가흐름이 60수에서 36일선을 지지로 저점이 형성되고 있고 그로부터 12수에 의미 있는 고점에 도달하는 모습이다. 60수는 6수가 10배수로 완성되는 개념 또는 12수가 5순환을 이루는 개념으로서 한 추세의 주요 마디가 형성될 수 있는 위치에 해당된다. 60수에 형성된 저점으로부터 다음의 고점까지가 12수로 형성되는 모습을 통해 현재 진행되고 있는 세부 장세 흐름은 12수가 한 단위로 움직이고 있음을 확인할 수 있다. 전체적인 변곡으로 보면 이전 60일이 지나고 새로운 60일이 펼쳐지는 시간의 터닝 포인트 구간인 셈이다.

지금까지 우리는 장세 전체의 일순환을 의미하는 개념인 360수를 가지고 분할작용과 주기합성을 시도하여 보았다. 대부분 180수(2분할)-120수(3분할)-90수(4분할)-72수(5분할)-60수(6분할)-36수(10분할)를 전후한 구간에서 중요한 장세 변곡이 이루어지는 모습을 확인할 수 있었다. 또 분할된 마디가 주기적으로 반복되거나 정수배로 합산이 되는 위치에서도 중요 변화가 일어났다.

이처럼 전체는 개념적으로 완전함을 상징하며 순환하는 질서의 사물로 본다. 100수는 완성과 질서를 의미하는 10수가 다시 10배수로 완성되는 개념으로 전체를 대표하고, 360수 역시 순환을 의미하는 36수가 10배수로 완성되는 개념으로서 전체를 상징한다. 즉 전체 장세와 추세의 흐름을 파악할 때 100수와 360수가 개념적으로 어떻게 분할되며, 그 분할된 마디에서 어떠한 변화가 생기는가를 살펴보는 것은 매우 중요한 일이다.

앞서 언급했듯이 전체는 이미 부분에 반영되어 있고 그 부분은 일정한 주기를 이루며 전체 속에서 조화롭게 순환하기 때문에 이미 진행된 주가흐름의 마디를 통해 그 부분이 전체 속에서 어떻게 구성되며 또 어떠한 질서로 변화해 갈지 알 수 있기 때문이다. 결국 주가 분석이란 부분의 수와 전체의 수가 어떠한 조화 관계에 있는지를 면밀히 살펴보는 과정이다.

4 360순환수의 기본 분열도

9수는 순환을 나타내는 기본수다. 9수는 3×3=9의 의미와 10−1=9의 의미를 동시에 지니고 있다. 전자는 보이는 세상의 기본 요소인 3수가 3순환하여 전체 현상계가 구성된다는 의미이고, 후자는 완성과 완전을 뜻하는 10수에 거의 근접하는 현상계의 마지막 수라는 의미를 지닌다.

10수는 동양에서 무극을 상징한다. 무극이란 있으면서도 없고, 없으면서도 있는 상태를 의미하여 현상계에는 드러나지 않는 개념이다. 즉 수가 발전하여 이루어지는 현상계의 마지막 수가 9수이며, 9수 다음에는 눈에 보이지 않는 새로운 질서가 시작된다. 따라서 눈에 보이는 현상계의 순환 과정을 대표하는 수는 9수이며, 작은 대표수는 3수다.

차트 83

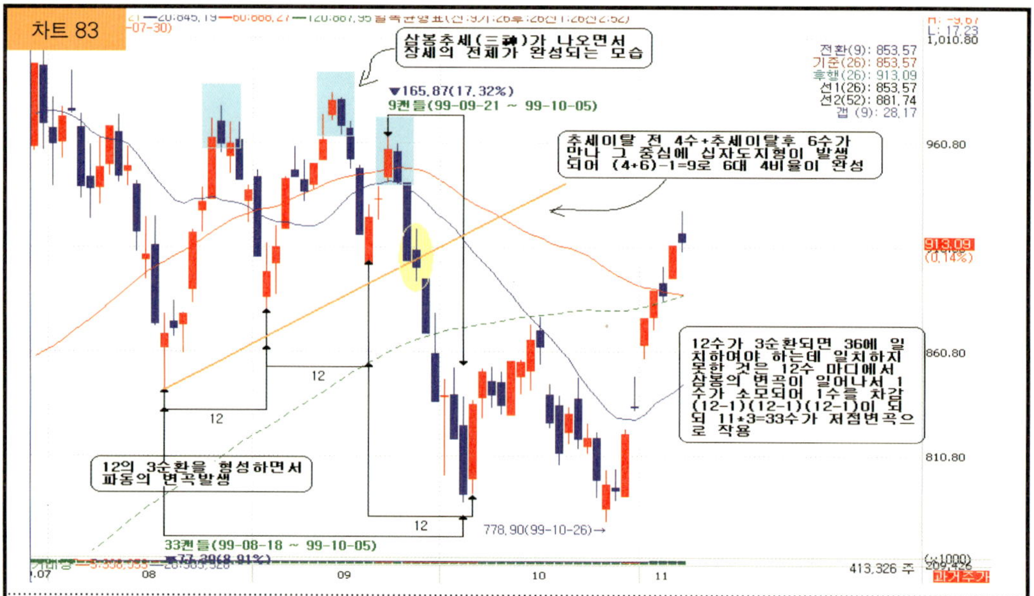

9수(1)

〈차트 83〉은 거래소 일봉 차트다. 파동의 전체 모습의 기본수는 3이다. 그래서 봉오리가 3개 나오는데, 삼봉(三奉)·삼산(三山)·삼불(三佛)로 불린다. 3수의 기본이 3순환하여 9수가 되는 것이다. 3봉이 나왔기 때문에 완성을 보인 수 본격적인 하락을 한다. 마지막 봉오리에서 하락하는 파동은 9수 파동이다. 순환수의 기본수를 채우고 반등하였다. 저점에서 보면 12순환의 파동 마디가 3분할되는 모습이다.

3봉과 3분할 그리고 9파동이 모두 순환을 담고 있다. 추세이탈되는 순간의 파동을 중심으로 보면 이전 4수와 이후 6수가 겹치는 구조다. 즉 4대 6의 구조를 보이고 있다. 전체 장세의 바닥과 바닥은 33수를 보이는데 이는 12수가 3수 배하였지만 겹치는 부분에서 1수 변곡이 생략된 모습이다. (12-1)+(12-1)+(12-1)=11+11+11=33의 구조를 보이고 있다.

차트 84

9수(2)

〈차트 84〉는 위 차트 이후의 주가흐름을 나타낸다. 상승하는 파동의 1파 고점이 17수를 보였다. 17수는 9수와 8수의 교합에 의해 이루어진 변곡이다. 9+8=17이며 9×8=72이다. 9와 8의 더하기는 17이며 곱하기는 63이다. 이 모든 것이 교합해 벌어지는 현상이다. 전체 장세의 시간마디가 63수로 이루어진 모습이며 이는 모든 변화의 총수 8×8=64수에 본체수 1이 빠진 수다.

9수의 1수배-9수

차트 85

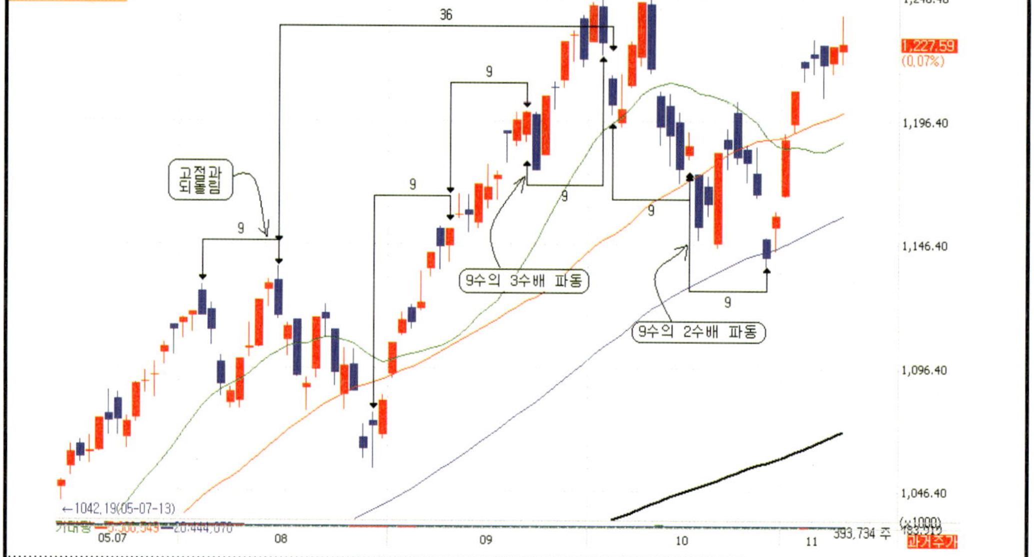

9수(3)

〈차트 85〉는 9수 파동의 다양한 모습을 나타낸다. 임의의 저점에서 상승한 파동은 9수에서 연장되거나 9수의 정수배에서 일정한 패턴이 완성되고 있다. 첫 부분에 나타난 9수는 고점과 고점까지 9수가 작용하는 모습이며, 최종 고점에 나타난 9수는 2수배가 연장되어 바닥을 형성하는 모습이다. 9수는 파동의 기본 마디이며 9수의 정수배로 확장되어 나타난 수는 대부분 주요 변곡수로 작용하고 있다고 파악하면 된다.

9수의 2수배-18수

차트 86

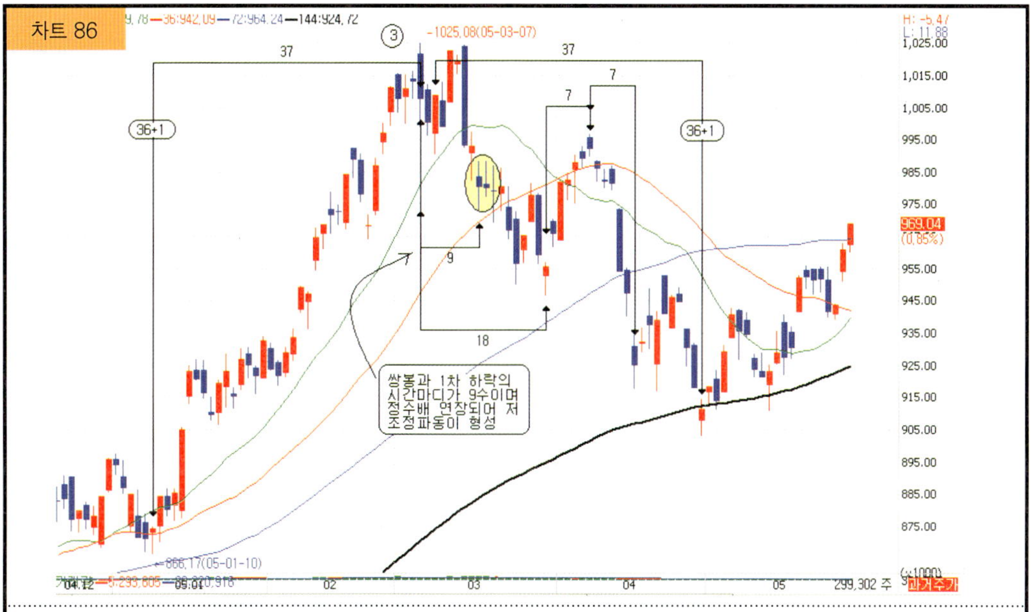

18수

〈차트 86〉은 18수와 36수의 관계를 잘 나타내고 있다. 고점에서 하락한 차트는 18수 만에 저점을 형성하였으며, 다시 재바닥까지 36수 만에 저점을 형성하였다. 이 과정에서 첫 번째 18수는 9수가 연결되는 양상을 보여주고 있다. 18수는 9수의 2수배라는 단순한 사실에 대하여 주목할 필요가 있다. 전체적으로 36수는 좌우 완벽한 대칭은 아니지만, 의미 있는 대칭을 형성한 파동이다.

9수의 3수배-27수

차트 87

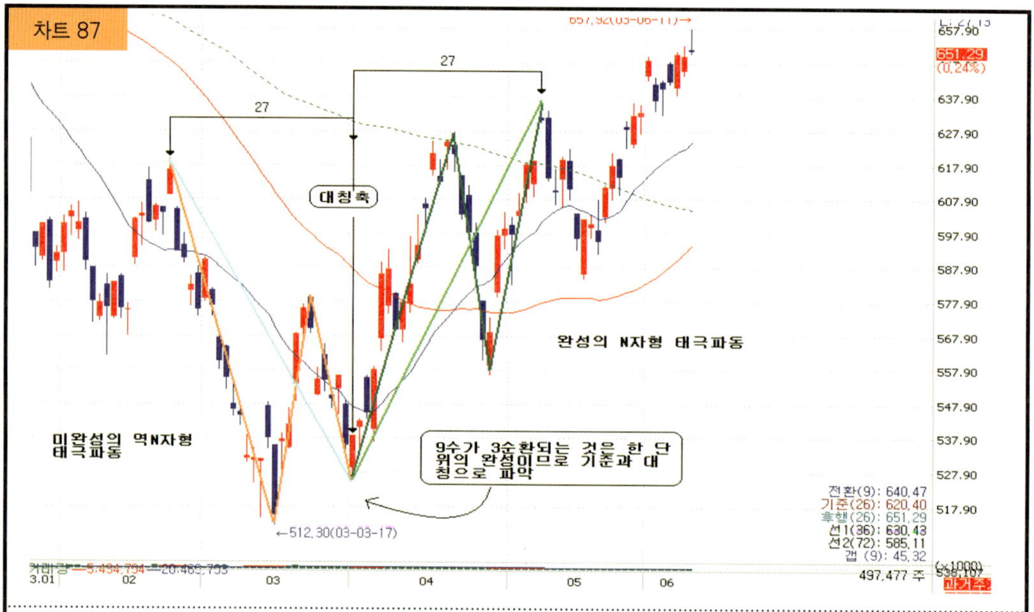

27수

〈차트 87〉은 2003년 거래소 일봉 차트다. 역 N자형 파동을 보이는 시간마디가 3개로 구성된 파동이다. 그리고 다시 대칭되어 27수로 구성된 N자형 파동을 보이고 있다. 27수가 대칭되는 모습이다. 대칭은 전체를 상징하므로 전체 장세의 중심 가능성이 보이므로 추세 전환을 생각해야 한다. 27수는 9수의 3수배이며 3개의 파동이 합쳐져 하나의 단위가 된다.

9수의 4수배-36수

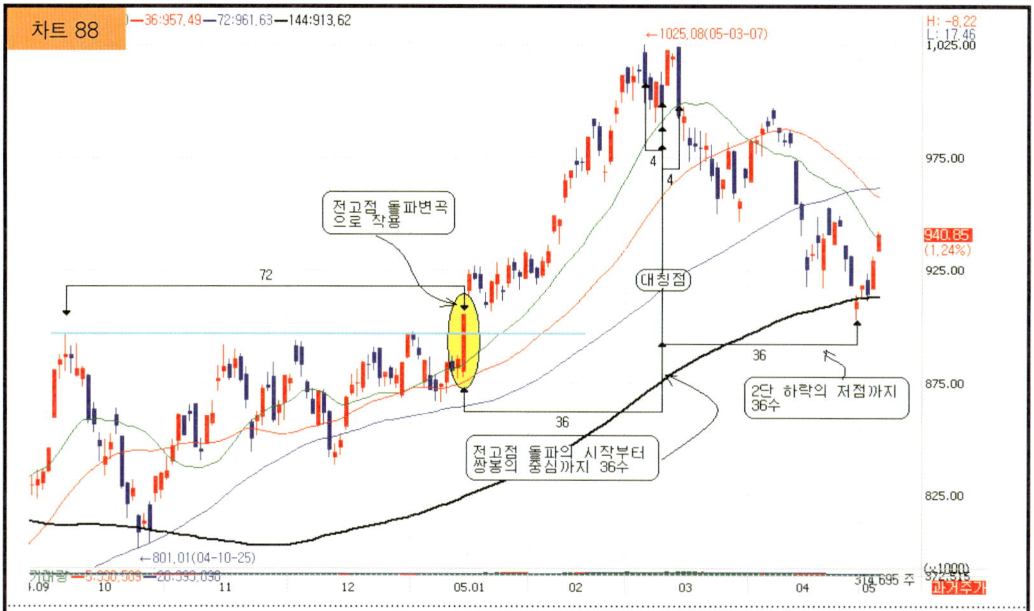

36수

〈차트 88〉은 36수와 72수의 관계를 잘 나타내는 차트다. 상승추세를 보이는 차트는 첫 번째 전 고점을 넘지 못하고 지속적으로 상승 에너지를 모아가면서 재돌파를 시도하고 있다. 결국 첫 고점에서 72수 만에 다시 고점을 형성하면서 돌파하는 모습이다. 이 이후 상승을 보이면서 36수 만에 다시 최종 고점을 형성하였으며, 이후 한 차례 추세 수렴이 되었지만 추세 수렴도 36수로 일치하는 모습이다.

9수의 5수배-45수

차트 89

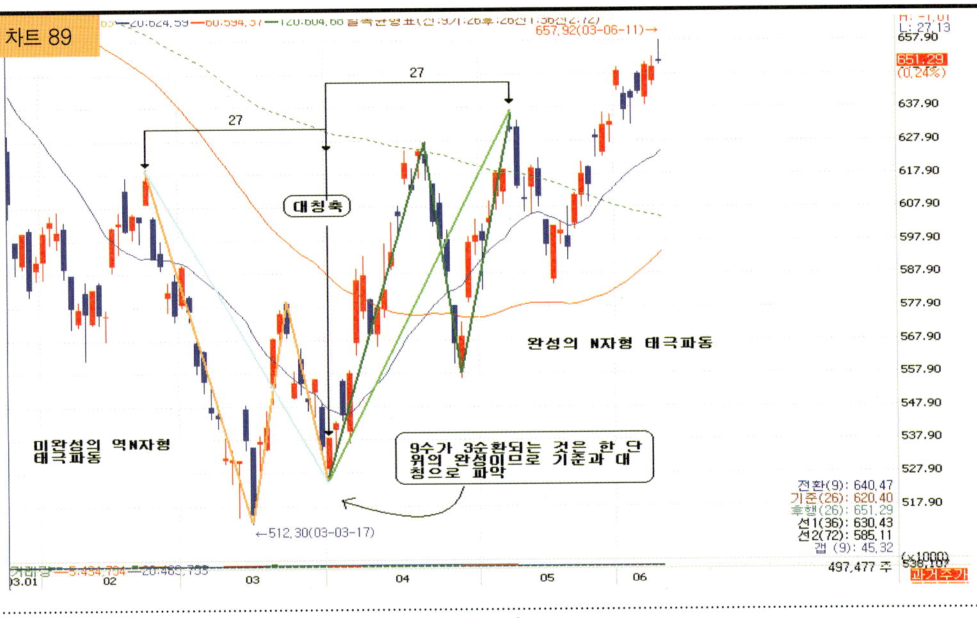

45수

〈차트 89〉는 거래소 일봉 차트로써 저점으로부터 35수에서 고점을 기록한 후, 다시 하락하는 첫 바닥이 45수 파동이다. 그리고 다시 첫 바닥에서 두 번째 바닥까지 18수 파동이다. 시작 출발점에서 보면 고점이 36수이며 1차 바닥이 45수다. 36수는 9파동이 4수배하여 고점을 형성한 것이며 1차 바닥은 9수 파동이 5수배하여 도달하였다. 2차 바닥은 62수에서 형성되었다. 62수는 45수 파동과 18수 파동의 합에 본체수 1수가 빠진 시간마디지만 9수의 7수배로 보아야 한다. 결국 (9×7=63)-1=(45+18)-1=62의 모습이다. 62수에 본체수 0.2를 빼면 62-0.2=61.8이 되어 피보나치 비율이 된다. 피보나치 비율은 9순환이 7수배하여 나온 수다.

9수의 6수배-54수

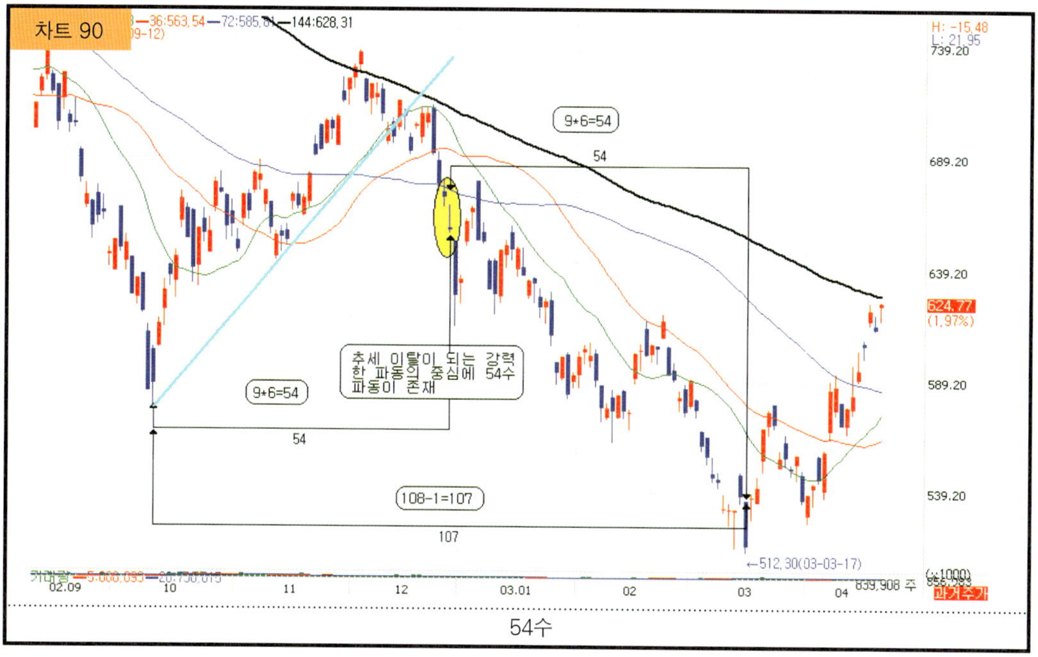

54수

〈차트 90〉은 108수 전후에서 장세의 한 사이클이 형성되는 차트의 모습이다. 108수의 1/2인 차트에서 변곡점은 54수이며 54수는 실제 추세가 급격하게 이탈되는 중심점 역할을 하고 있다. 이평선으로 본다면 72일 이평선을 하향 돌파하는 변곡점으로 작용하였다.

54수는 9수가 6수배하여 나오는 수파동이며 6수에서 전환점이 되었다. 6수는 5수를 지나고 새로운 1수의 출발(5+1=6)이자 12순환수에서 1/2을 지나는 과정이다. 즉 6과 6이 만나 전체를 이루는 것이다. 6+6=12수 파동이다. 전체적으로 본다면 9수 파동이 12순환하여 108이 된다.

9수의 7수배-63수

차트 91

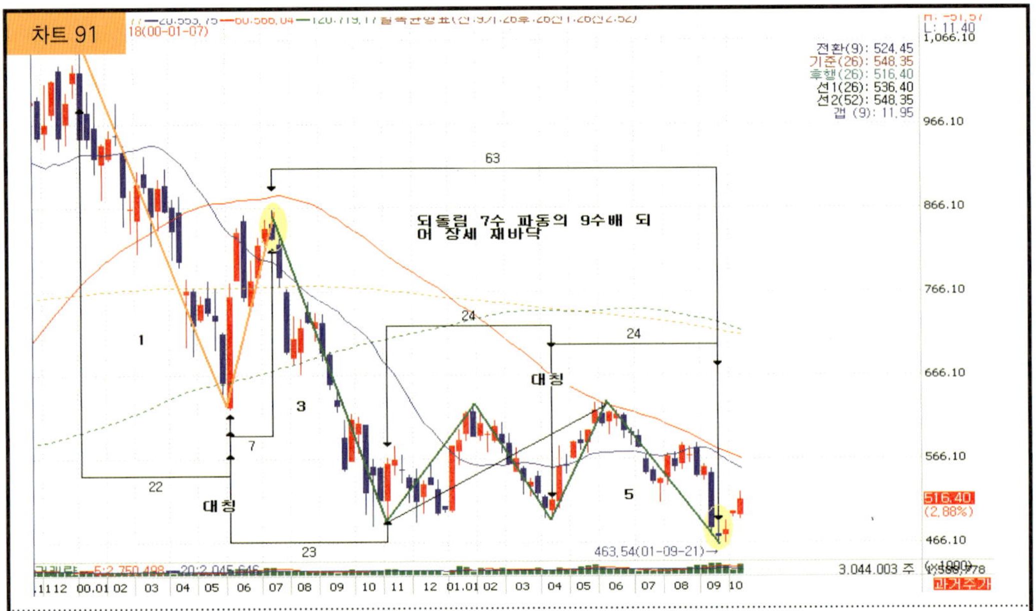

63수

〈차트 91〉은 2000년 거래소 일봉 차트다. 되돌림 고점에서 장세의 바닥까지 63수 파동이 나타났다. 되돌림은 열매에 해당되므로 열매가 바닥에 떨어지는 과정을 63수라고 보면 된다. 이 과정에서 5파동이 완성되었으며 2차 바닥을 중심축으로 하여 대칭을 이루었다. 대칭은 장세의 중심에 해당되므로 3중 바닥의 신뢰성이 있다. 그리고 63수는 9수가 7순환되는 현상수이므로 3중 바닥과 순환수가 만나는 완전 변곡이다.

9수의 8수배-72수

차트 92

72수

〈차트 92〉는 2004년 거래소 일봉 차트다. 고점에서 하락하는 파동은 역 N자형이 되면서 36수 시간마디가 형성되었다. 36수 시간마디가 2배수 되어 72수에서 바닥을 형성하고 다시 되돌림 반등을 하는 모습이다. 이 때 36수가 시간마디로 작용하였으며 72수도 시간마디로 작용하였다.

9수의 9수배-81수

차트 93

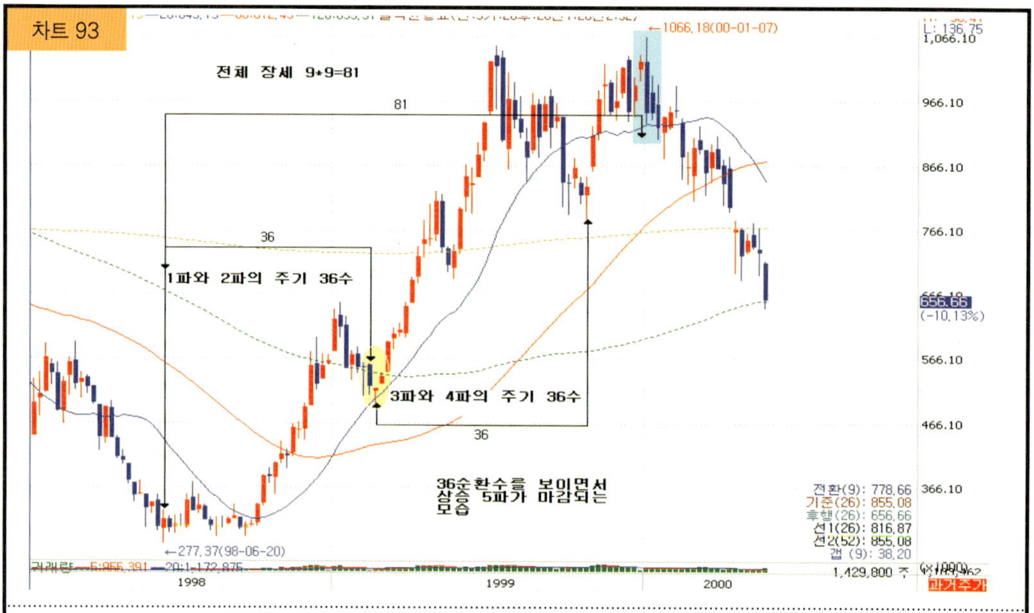

81수

〈차트 93〉은 1998년 거래소 주봉 차트다. 1파와 2파의 시간마디가 36수를 보이면서 전체 장세의 기준 파동이 되었다. 다시 36수의 2수배가 3파와 4파의 시간마디로 작용하였으며 이후 5파까지 진행되었다. 전체 저점에서 고점까지 81수의 수파동을 보이는데 이는 9수의 9수배 순환이다. 36수의 파동이 정수배가 진행되더라도 마지막에서 정수배로 떨어지지 않는 것은 본체수가 나타났기 때문이다. 36수 파동은 9수의 4수배이므로 한 단위인 9수가 본체수로 진행된 것이다. $(9\times4)+(9\times4)+9=81$이다. 9수 단위로 하는 파동이 $4+4+1=9$로 나타난 것이다.

9수의 10수배-90수

차트 94

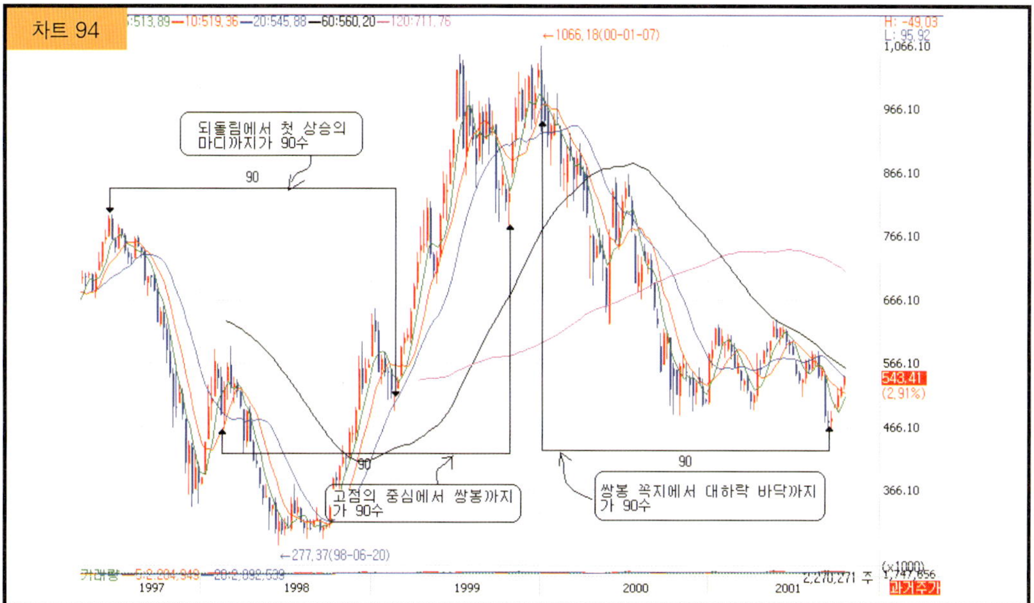

90수

〈차트 94〉는 90수가 어떤 작용을 하는지 잘 보여주는 거래소 주봉 차트다. 1999년 차트에서 쌍봉이 형성되었으며, 쌍봉의 오른쪽 봉우리에서 시작한 수 파동은 90수 만에 최종 저점을 형성하였다. 또한 90수는 쌍봉의 중심에서 보았을 때 IMF 저점 직전의 파동 중심으로부터 90수인 것을 알 수 있다. 또한 1997년 고점에서 시작한 파동은 90수에 도착하여 1차 상승 후 안착하는 추세 수렴의 끝자리가 90수인 것을 알 수 있다. 90수는 9수의 10수배이며, 일봉이나 주봉 또는 월봉에서도 적용되는 중요한 변곡수다. 파동수의 기본이 9수이기 때문에 9의 10수배인 90수는 매우 중요한 변곡수다.

5 이동평균선의 순환수 원리와 실전 적용

일반적으로 이평선은 20일선을 기준으로 하여 20일선의 3수배인 60일선을 위주로 한다. 20일선과 60일선을 가지고 매매 신호를 내리게 된다. 결국 이평선 매매 원리는 3수 원리로 구성된다. 그리고 60일선 이후의 중요 이평선은 2수배로 확장하여 120일선을 중요 이평선으로 하고 120일선을 더 확장하여 240일선 수순으로 중요 이평선을 삼는다.

그러나 순환수인 36수를 기준으로 시간 변곡과 이동평균선 변곡을 조합할 수 있다. 시간 변곡이나 이동평균선 변곡은 같은 개념으로 이해하여야 한다. 왜냐하면 시간 흐름이 이동평균선 흐름이므로 같은 수 변곡으로 적용되어야 한다. 더 나아가 가격까지 확대해도 같은 개념으로 적용되어야 한다. 이 개념을 더 확장하면 수 변곡은 선물 시장이나 옵션 시장은 물론 국내나 국외 시장 할 것 없이 지수나 종목까지 하나의 개념으로 모든 것을 포용할 수 있다.

여기서는 시간 변곡을 기준으로 이동평균선을 적용시켜 매매 타이밍을 잡는 실전 기법을 제시한다. 더 나아가 상수파동에서 제시하는 수 원리는 여러 주식 이론으로 확장되고 응용될 수 있다는 사실을 증명하고자 한다.

36수의 수 변곡과 이동평균선 변곡의 합성

36수가 장세순환의 기준이 되는 것처럼 36수로 된 이평선도 같은 기준이 될 수 있다. 즉 시간과 공간을 초월해서 36이라는 수 자체는 모든 영역에서 순환의 기준이 된다는 것이다.

차트 95

36수(1)

〈차트 95〉는 지난 거래소 차트를 주봉과 이평선으로 나타낸 차트다. 위 차트는 특별하게 이평선을 일반적으로 쓰지 않는 36-72-108-144를 배열하였다. 전체 추세를 음미해 본다면 놀라운 사실을 발견할 것이다.

지난 1998년 저점에서 36의 2수배인 72수가 쌍봉 고점 장세의 중심을 가리키고 있다. 그리고 360수가 지난 시점에는 놀랍게도 1,000포인트 돌파를 위한 마지막 숨고르기 자리와 일치한다. 지난 2003년 저점에서 36수를 후퇴한다면 36 이평선이 붕괴되는 자리와 일치하며 72수를 전진한다면 크게 상승하고 다시 재상승하기 위한 눌림목의 새로운 상승 자리가 된다. 36수를 기준으로 하는 수 변곡은 장세의 순환주기와 일치하며 36수를 기준으로 하는 이평선은 정확히 추세선 기능을 겸하고 있다. 결국 캔들 수와 이동평균선의 수는 정확히 같은 개념의 시간 파동이다.

큰 조정의 일순환은 36수를 기준으로

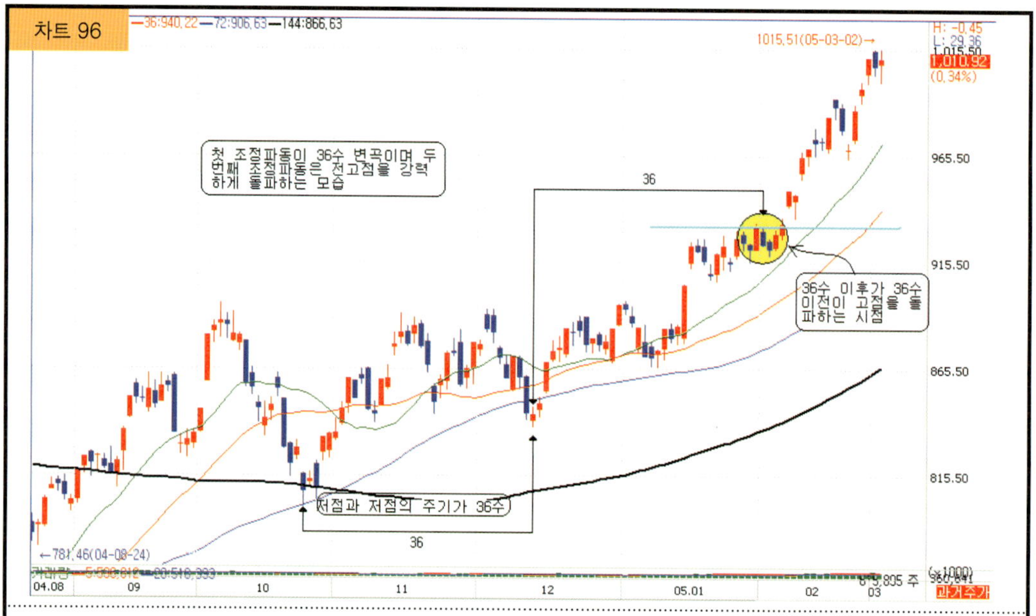

36수(2)

〈차트 96〉은 36수를 매매의 기준점으로 활용할 수 있다는 것을 암시하는 차트다. 72일 이평선 지지를 받고 재반등하면서 박스권 형태를 보이는 차트가 36수에서 다시 지지를 보이고 재반등에 성공하고 있다. 저점과 저점의 사이는 36수다. 다시 36수에서 전고점을 돌파하고 재차 상승하는 모습을 보이는 연결 구간의 숨고르기 연결 파동이라는 것을 알 수 있다. 36수는 저점과 저점으로 작용할 수도 있으며, 새로운 파동의 연결점으로 작용할 수도 있다는 사실을 알 수 있다.

차트 97

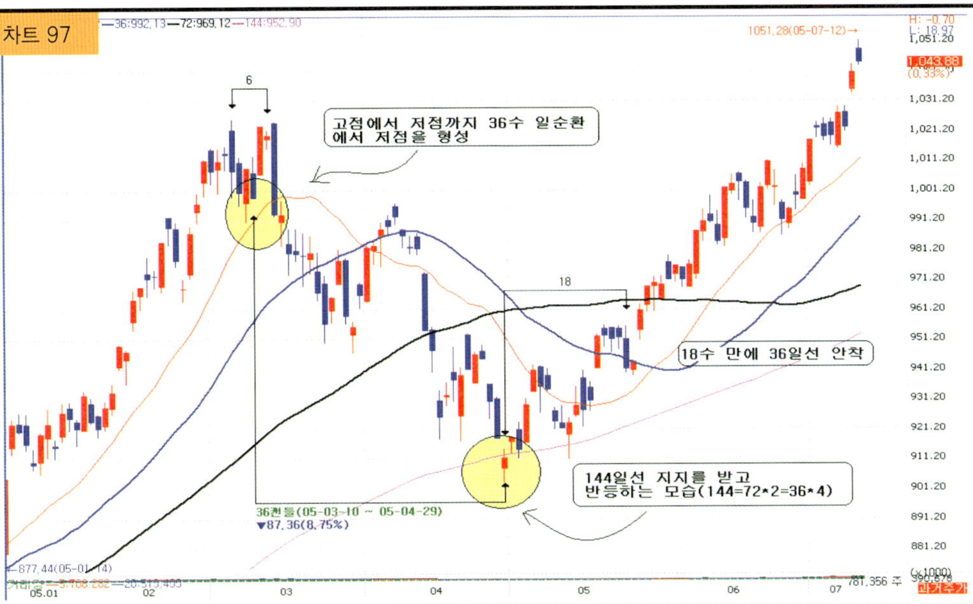

36수(3)

〈차트 97〉은 고점에서 조정을 받고 재상승하는 거래소 차트다. 전체적으로 고점에서 저점까지 조정의 시간은 36수에서 바닥을 찾았다. 정확히 36수 순환수의 변곡 원리에 충실하였다. 이때 144수 이동평균선에서 지지를 보였다는 점에서 이동평균선 변곡은 순환수로 기준을 삼아야 한다는 사실을 증명하고 있다. 이때가 매수 타이밍이다. 그리고 이 이후 급등하였고 36일 이평선을 돌파하고 안착하는 시점이 18수라는 점에서 의미 있는 수 변곡이다. 이때가 2차 매수 타이밍이다.

작은 조정의 일순환은 18수를 기준으로

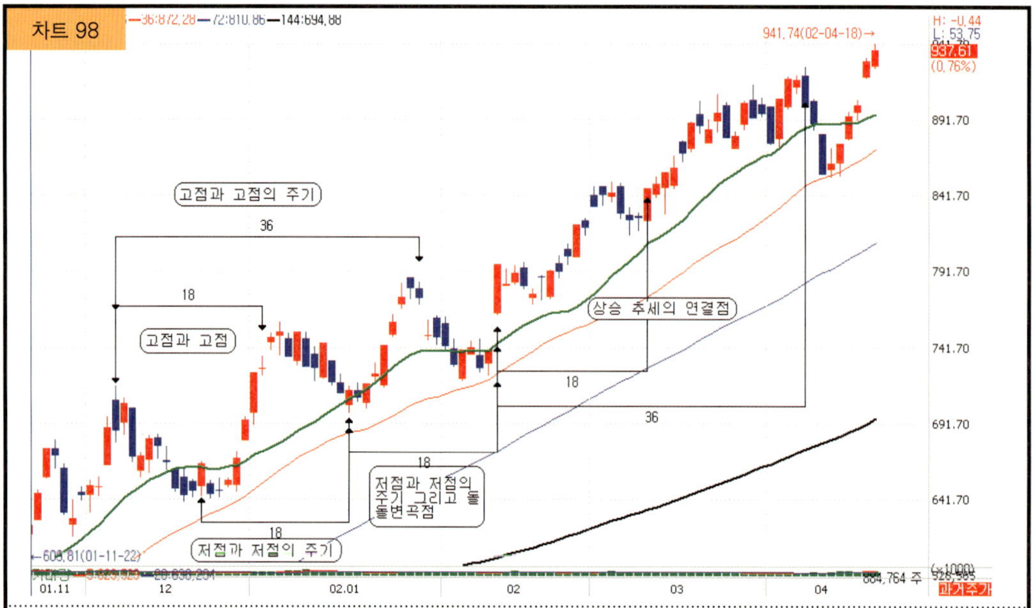

72수 지지(1)

〈차트 98〉은 18수가 작은 조정의 분기점이 된다는 것을 잘 보여주는 차트다. 18수는 저점과 저점의 주기로 작용하기도 하고 고점과 고점의 주기로도 작용한다. 36수도 18수의 2수배로 같은 작용을 한다. 여기서는 36수가 고점에서 고점까지 작용하기도 하였으며, 의미 있는 시작점에서 상승추세의 일정한 마디로 작용하였다. 18수는 20수와 비교했을 때 2수 오차이며 9를 기반으로 하는 2수배와 10을 기반으로 하는 2수배의 차이로 설명할 수 있다. 9수는 10수의 영향 아래 있기 때문에 같은 연장선에서 이해해야 한다. 그러므로 20일선은 9수의 2수배인 18일선과 같은 맥락에서 이해하고 접근해야 한다.

차트 99

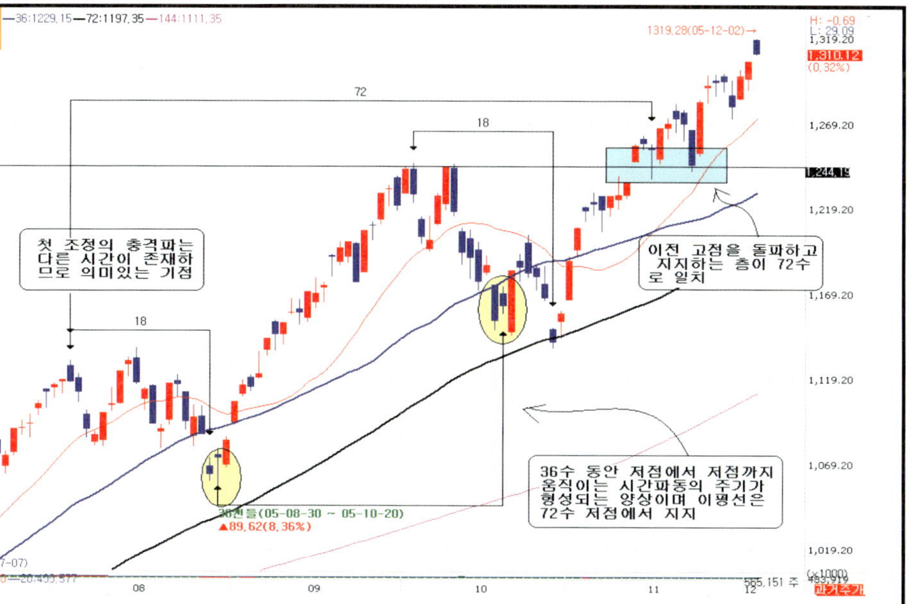

72수 지지(2)

〈차트 99〉는 상승추세를 유지하면서 작은 조정을 보이는 거래소 지수 차트다. 작은 조정을 보이면서 평균적으로 18수의 조정 시간이 유지되고 있다. 그리고 진폭 지지선은 72일선을 공통적으로 유지하고 있다. 비슷한 시간이 연달아 오면서 기존 추세를 유지하려는 힘이 나타나기 때문에 기존 추세법칙에 충실하다. 지난 조정 시간에서 하락이 멈추면 매수를 해볼 만한 타이밍이다. 그리고 전고점을 넘는 변곡 시간은 72수다. 이는 새로운 진폭의 시간대로 접어든다는 것을 암시한다. 즉 같은 가격대가 머무는 자리는 같은 시간대라는 것을 알 수 있다. 설명을 덧붙이자면 72수가 시작되는 시점이 저점이 아니라 고점에서 조정을 보이는 출렁이는 점에서 잡는 것은 이질적인 파동이 나타나기 때문에 이 점을 기준으로 72수라는 수파동을 계산하였다.

추세는 3수배로 완성되는 시간파동

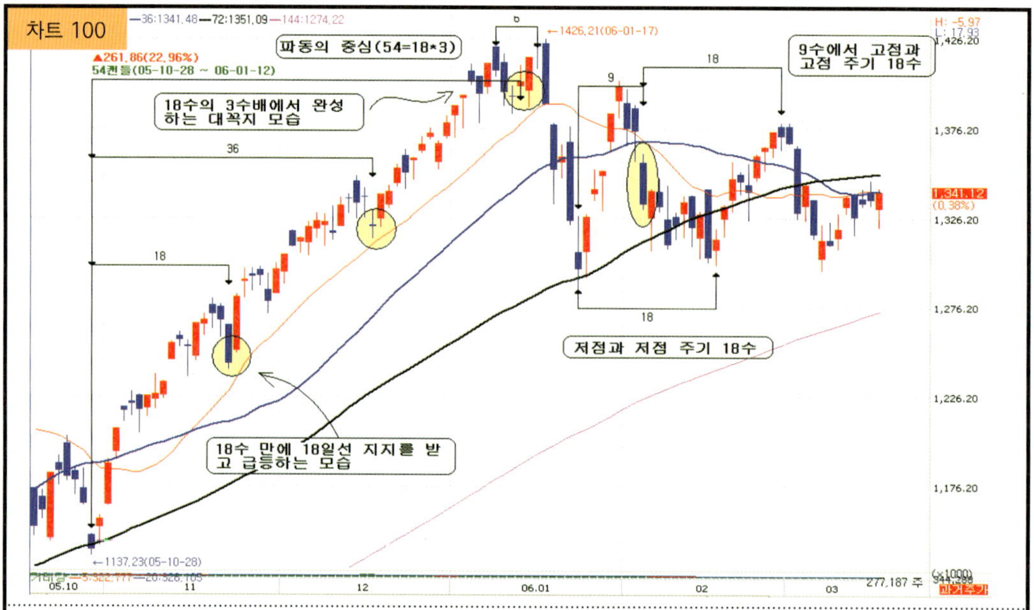

18일 이동평균선

〈차트 100〉은 18수가 3순환되면서 상승추세가 완성되는 모습을 보이는 차트다. 이 차트에서는 18일선에 지지를 보이면서 18수가 자연스럽게 연결 파동의 역할을 하고 있다. 고점에서 정확하게 54수와 일치하지는 않았지만 고점 부근의 중심부가 54수라는 점에서 중요한 기준점이 된다는 것을 알 수 있다. 상승추세에서 18수가 중요 시간 분기라고 볼 수 있는 것은 하락추세에서 18수가 주요 변곡점으로 나오기 때문이다. 파동은 상승추세에서 나타난 것이 역으로 풀어지는 과정이기 때문이다.

조정파동에서 순환수로 완성되는 매매 타이밍

차트 101

54수

<차트 101>은 추세 수렴의 조정 파동이 매우 복잡하게 진행되는 차트의 모습이다. 고점에서 조정을 받은 파동이 지그재그 파동을 보이면서 복잡하게 전개되고 있다. 그러나 지그재그 양상을 보이는 조정 파동의 마디는 18수이며, 18수의 3수배인 54수 만에 조정을 마치고 재상승의 추세를 이어가고 있다. 상승추세의 시작점에서 재상승의 시작점이 108수로 일치하지 않지만 새로운 출발을 보이는 흐름을 감지하는 기준점이 된다는 점에서 108수는 시간 순환의 분기점이다.

이동평균선은 지지와 저항이 머무는 휴게소

차트 102

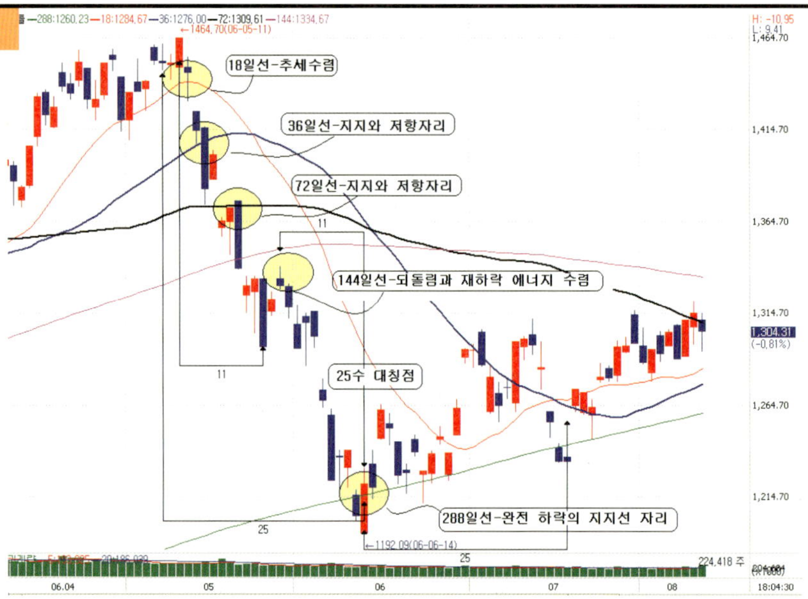

이동평균선 지지(1)

〈차트 102〉는 급격한 하락을 보이는 거래소 차트다. 아무리 급격한 하락이 올지라도 지지와 저항은 반드시 존재하며 시간의 일정한 마디가 있다는 점을 알 수 있다. 순환수가 되는 이평선은 지지와 저항의 정확한 기준이 된다.

아무리 급격한 하락이 있을지라도 바로 깨고 내려가지는 못한다는 사실을 나타내고 있다. 시간과 진폭의 연결 고리가 존재하기 때문이다. 18일 이동평균선을 깨고 내려가면 36일선에 걸리고 다시 36일 이평선을 깨고 내려가면 72일 이평선에 걸린다. 그리고 36일 이평선의 4수배인 144일 이평선을 깨고 내려가면 그 배수인 288일선까지 깨고 내려간다.

즉 정수배 단위로 지지와 저항의 자리가 존재한다. 144수 이평선에서 오랫동안 머무는 이유는 3단을 연속해서 깨고 내려갔기 때문이다. 완전 바닥을 찾고 반등하고 다시 재하락하는 시간마디가 25수인 이유는 지난 하락의 시간마디가 25수이기 때문이다. 25수에서 지지를 보였다면 일단은 대칭 변곡으로 보고 매수를 고려해 보아야 한다.

차트 103

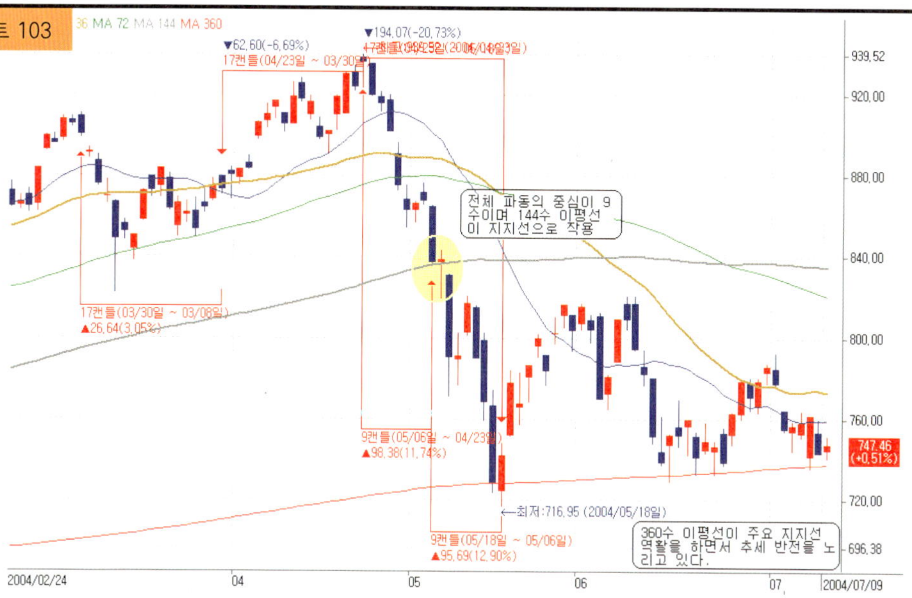

이동평균선 지지(2)

〈차트 103〉은 급락하면서 이평선에 지지와 저항을 형성하는 차트다. 급락하는 차트가 17수로 작용하였으며 17수의 중심은 9수이며 고점에서 급락하는 9수의 지지와 저항의 이평선은 144수의 이평선 변곡이다. 144수 이전에 1/2인 72수에서 잠시 붕괴되고 반등하려 하지만 다시 72수가 저항이 되어 재차 하락하는 양상을 보이고 있다. 전체 하락이 멈추는 이평선은 360수이며 360수에서 3차례 이상 하락을 저지하는 모습을 보이고 있다.

이동평균선으로 보는 상승추세의 기준점

차트 104

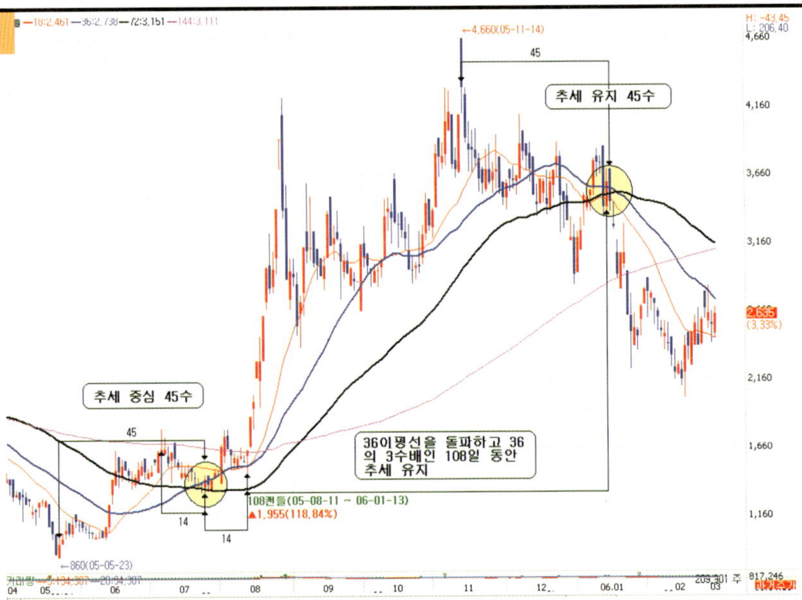

이동평균선 지지(3)

〈차트 104〉는 시세가 크게 나고 추세이탈이 되는 모습을 보여주고 있다. 저점에서 고점까지 또는 저점에서 추세이탈까지 순환수 변곡이 나타나지 않지만 중요 기준점에서 보면 정확히 순환수 변곡에서 추세이탈이 일어났다. 36일 이평선과 72일 이평선이 결집되어 골든크로스가 나는 자리가 중요 기준점이며, 이전 고점 14수와 이후 돌파점 14수를 대칭하면 돌파되는 14수가 중요한 기준점이 된다. 14수 전후의 중심에 45수가 존재하며 이 점은 전체 고점에서 45수에 추세이탈이 되는 변곡수에도 해당된다. 저점에서 45수를 전후로 하여 14수를 기준으로 본다면 36일 이평선을 재차 돌파하는 점에서 108수 만에 추세이탈이 되었다. 이 자리는 36수와 72수가 만나는 추세이탈의 데드크로스다. 36수와 72수의 자리에서 데드크로스와 108수 변곡이 된다면 매도를 고려할 자리다.

이동평균선으로 보는 상승추세의 매매 타이밍

차트 105

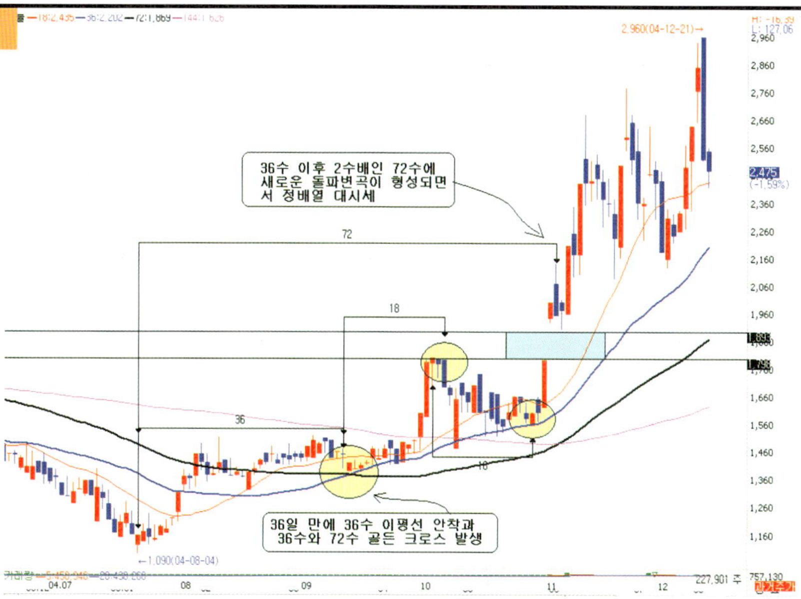

36수 매수신호

〈차트 105〉는 상승추세를 이루는 모습을 보여주는 종목 차트다. 저점에서 36수가 되는 자리가 바로 36수와 72수의 골든크로스 자리라는 사실을 잘 나타내고 있다. 즉 수 변곡은 시간 변곡이며 이동평균선 변곡이다. 우리가 그것을 잘 느끼지 못하는 것은 모든 기준점을 저점이나 고점에서 잡기 때문이다. 일정한 양상을 보이는 파동의 흐름을 잘 살펴보고 맥점을 잡으면 항시 모든 기준과 변곡은 순환수가 된다는 사실을 명심하자. 저점에서 36수가 1차 매수 타이밍이며 2차 매수 타이밍은 1차 매수 타이밍에서 급등한 이후 조정을 보이는 자리를 찾아야 한다. 36수에서 급등한 파동은 18수에서 고점을 형성하였고 다시 18수 동안 조정을 보였다. 이후 급등을 보인 흐름이 나오는데 이 자리가 2차 매수 타이밍이다. 이후 장대 양봉을 보이면서 전고점을 돌파하였는데 이 돌파 변곡

자리가 저점에서 72수 자리다. 결국 36수의 2수배 자리에서 새로운 시간 파동이 형성되는 것이다.

이동평균선으로 보는 하락추세의 매매 타이밍

〈차트 106〉은 고점에서 하락하면서 추세 이탈이 되는 종목 차트다. 고점에서 크게 출렁거리며 추세 이탈이 되는 양상을 나타내는데 지그재그 조정 파동

차트 106

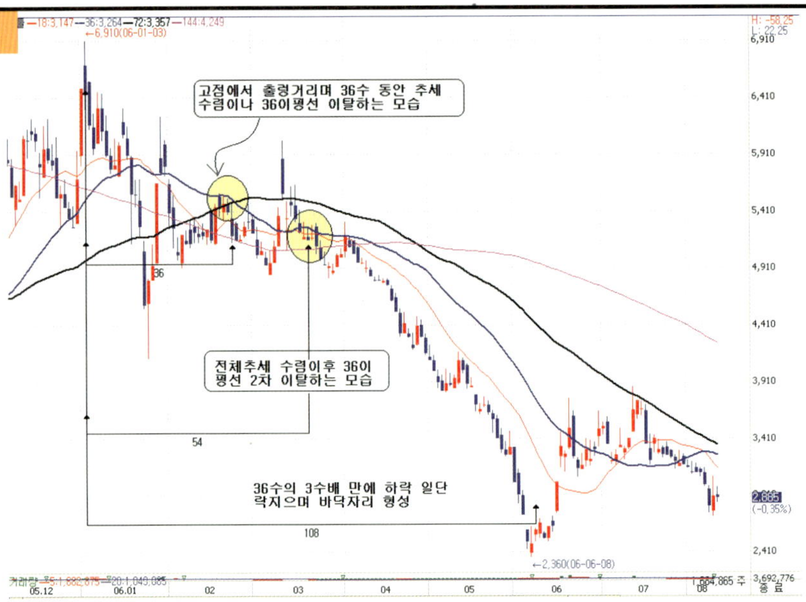

108수 바닥(1)

의 모양을 형성하고 있다. 일단 고점에서 36수를 기록한 시점의 진폭을 보니 36일 이평선 아래에 존재하므로 1차 매도 타이밍이 된다. 36수가 중요 저항선으로 작용하였다. 또한 36수 이후에 36수와 72수의 데드크로스가 형성되었다. 이후 54수 이후에 급격한 하락을 보이고 있다. 54수는 108수의 1/2에 해당되는

자리이므로 매우 의미 있는 반원수(半圓數)이자 전환점이다. 54수 이후 역배열이 심화되는 자리가 2차 매도 타이밍이다. 이후 주가는 급락했는데 그 자리가 108수였다. 54수의 2수배 자리에서 전환점이 온 것이다. 이 자리에서는 매수를 고려해야 한다.

이동평균선으로 보는 되돌림 매매 타이밍

차트 107

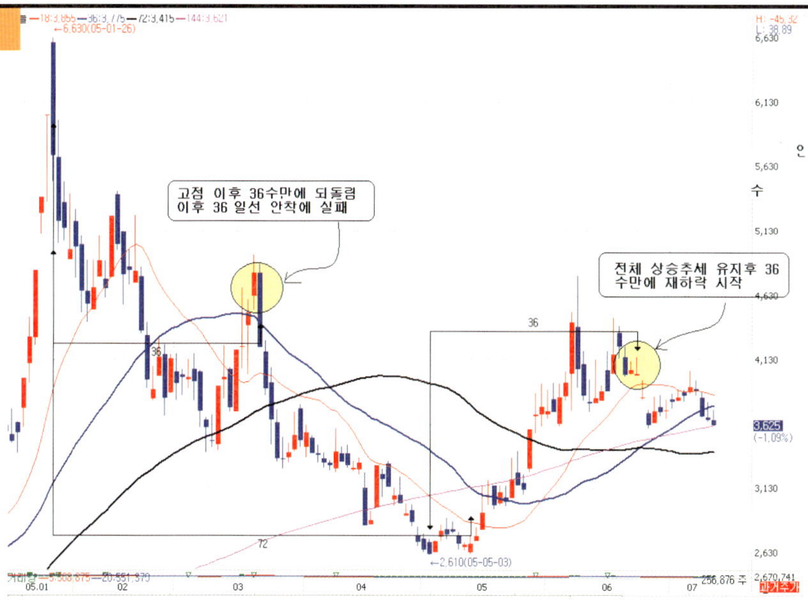

108수 바닥(2)

〈차트 107〉은 고점을 기록하고 하락하면서 되돌림을 보이는 종목 차트다. 되돌림 자리에서는 매수 타이밍이 매도신호로 나오는 경우가 많다. 36수를 가지고 어떤 매매 기준점을 잡아야 하는지를 잘 보여주는 차트다. 고점에서 36수에 해당하는 자리가 되돌림 자리이며 36수 이평선과 진폭이 만나는 자리다. 36

수 이평선이 돌파되는 순간이 되돌림으로 작용되었으며, 이후 재하락이 진행되었다. 결국 이 자리는 미처 매도하지 못할 때에 매도를 할 자리라는 것이 판명되었다. 36수는 되돌림으로 판명되었기 때문에 36수 전후를 보고 36수의 작용이 어떤 것인지 판단해야 한다. 고점에서 72수를 보이는 자리가 바닥이고 다시 재상승을 보였는데 다시 36수 자리에 왔다. 이후 재하락을 보였기 때문에 매도 타이밍이나 되돌림 변곡으로 보아야 한다.

이동평균선으로 보는 시세 수렴과 확산의 주기

차트 108

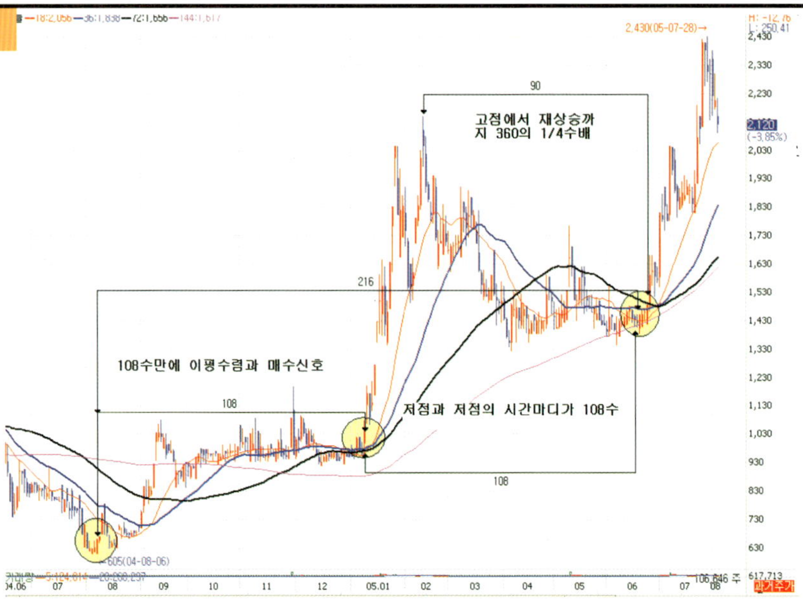

이동평균선 수렴

〈차트 108〉은 일정한 시간 주기로 이평선이 수렴하고 분열하는 원리를 나타내는 종목 차트다. 저점에서 108수 만에 추세 수렴이 되고 분열하는 매수 타이밍 자리다. 그리고 다시 108수 만에 추세가 수렴되고 분열하는 매수 타이밍 자리가 되었다. 결국 일정한 주기로 이평선이 수렴되고 분열하는 것을 보여주는데 이 차트는 정확한 정주기 파동이다. 일단 순환수 자리 전후에서 일어나는 파동의 방향성은 향후 전체 파동 움직임의 미래를 나타낸다고 보아야 한다.

'수'는 시간(이동평균선)과 공간(가격)의 동일 기준

차트 109

가격과 시간

〈차트 109〉는 가격과 시간은 같은 메커니즘에 의해 움직인다는 것을 유추할 수 있는 차트다. 첫 상승파동은 상승과 하락의 주기가 24수였으며 다시 재상승하는 주기가 24수라는 것을 나타내고 있다. 첫 상승파동의 시간은 24수이며 고점은 16,000원인데 재차 상승한 시간은 24수+24수인 48수였으며, 가격은 16,000의 2수배인 32,000원이다.

여기서 기억할 것은 시간의 정수배만큼 가격도 정수배로 오른다는 사실이다. 즉 시간의 진행과 가격의 진행은 사실 같은 양상으로 변화하고 있다는 사실이다. 고점 이후 하락한 주가는 다시 108수 만에 재상승 사이클을 형성하였다. 108수가 정확히 108수로 일치하지 않지만 108수라는 시간이 지났기 때문에 급격한 상승을 보였다는 사실에 주목할 필요가 있다. 시간과 가격은 동일한 법칙으로 1대 1의 관계에 있다는 음양 법칙을 말해준다.

3 장세 예측과 해석비법

1. 파동의 본질과 수화운동
2. 수의 본질과 분열과정
3. 파동수와 상수
4. 장세의 흐름을 보는 기본 분석법
5. 상수파동의 세계-종합

1 파동의 본질과 수화운동

장세 예측론과 해석비법

주식투자 성공의 열쇠는 상승추세가 시작되는 저점에서 접근하여 상승추세가 끝나는 자리에서 물러나는 것이고 또 하락추세의 끝에서 새로운 투자를 시작하는 것이다. 달리 말하면 장세 흐름의 주기적 재생과 순환 반복의 원리를 파악하여 적절히 대응하는 과정 속에 그 해답이 있다는 것이다. 종목별 대응이나 장세별 대응도 마찬가지다. 모든 원리는 세부적으로 분해하여 각각 해석하는 기법도 중요하지만 전체를 통합하여 보는 종합해석이 중요하다. 즉 분석의 지식보다 통합의 지혜가 필요하며 장세의 흐름을 원리적으로 직관하는 최종단계로 나아가야 한다는 의미다. 지금까지 소개한 캔들 이론과 이동평균선의 원리 그리고 수의 순환원리를 종합하여 실전에 적용할 수 있다면 주식투자 성공의 길은 그만큼 가깝게 느껴질 것이다.

장세 판단에 있어서 제일 중요한 것은 시간의 시종(始終)을 아는 것이다. 처음과 끝은 그 중간에 다양한 변화마디로 구성되어 있는데, 처음을 알아야 변화의 시기와 중심을 알 수 있고, 언제 끝나게 될지를 알 수 있다. 그런데 그 흐름은 내부적으로도 대세, 중세, 소세 등의 순환주기를 갖게 되며 모든 주기적 재생은 36수의 순환원리로 돌아가기 때문에 대, 중, 소 순환주기의 시중종(始中終)을 파악할 수 있다. 즉 현상에 보이는 가격 변화가 측량할 수 없이 복잡하다

할지라도 그 흐름의 상과 수를 면밀히 관찰하면 흐름의 맥점을 쉽게 찾을 수 있다.

주가파동은 시장에 참가하는 전체 투자자의 판단과 행동에 의해 결정되지만, 판단과 행동은 시간의 흐름에 따라 변화하게 되므로 주가파동 또한 그 흐름에 지배받게 된다. 주가파동 자체가 시간환경의 변화에 적응하면서 나타나는 생명의 모습과도 같기 때문이다. 동양 상수학에서는 하늘의 운행질서는 하도(河圖)라는 오행상생(복희팔괘)의 원리에 의해 순환을 하지만, 인간의 행동은 낙서(洛書)라는 오행상극(문왕팔괘)의 원리에 의해 움직인다고 보았다. 결국 만물은 시간과 생명의 조화에 의해 움직인다는 의미로, 시간은 화승수강(火昇水降), 생명은 수승화강(水昇火降)의 모습으로 나타난다는 것이다. 즉 불은 타오르며 위로 올라가려는 속성이 있고, 물은 흘러서 아래로 내려가려는 속성이 있는 것처럼 주가파동을 지배하는 시간에도 같은 이치가 적용될 수 있다. 상승하는 주가는 타오르는 불의 모습에 그리고 하락하는 주가는 흘러내리는 물의 모습에 비유될 수 있는 것이다.

하늘의 순환이치는 화승수강의 형태를 띠며, 대표적인 주기수가 10수다. 이와 반대로 생명의 순환이치는 수승화강의 모습으로 표현되며, 대표적인 주기수가 9수다. 수승화강의 모습이란 나무가 땅의 물을 흡수하고 태양에서 햇빛을 받아 생존하는 것처럼, 생명체는 물이 올라가고 불이 내려오는 양상으로 나타난다는 의미다. 즉 상승하는 주가파동은 내면적으로는 물이 올라가는 모습이고, 하락하는 주가파동은 불이 내려오는 모습이다. 이러한 이치가 존재하는 것이 주가생명이며 수승화강의 원리다. 결국 수승화강을 통해 주가파동이 생명력을 얻는다는 개념이다.

하늘이라는 시간환경은 화승수강이며 하도이며 상생이며 10수이다. 그리고 생명이라는 주가파동은 수승화강이며 낙서이며 상극이며 9수이다. 결국 주가파동은 수화(水火)의 모습이며 음양(陰陽)의 모습이다. 상수학에서 이들의 구체적인 움직임은 음양오행의 운행법칙으로 표현되며 일정한 순환원리에 따라 변화해 가는 것으로 나타난다. 엘리어트 파동에서도 오행의 운행법칙을 파동 이론화하고 있는데 핵심 요지는 다음과 같다. 주가는 일정한 목표나 완성을 보이려는 특징을 가지고 있으며, 진폭은 5파동으로 완성을 이루고, 8변화의 8파동으로 마무리되면서 순환하고, 그 수 변곡의 질서는 피보나치의 수 질서에 따른다. 사물은 8변화를 이루며 5행으로 순환한다는 음양오행의 순환원리와 정확히 일치하는 개념이다. 즉 사물이 음양오행으로 운행하듯 주가파동도 상승(陽)과 하락(陰)의 파동이 5파동으로 운행한다. 그리고 사물은 수화(水火)운동을 하면서 만물의 근원인 수(水)가 분열을 하여 화(火)로 발전한다.

수화운동과 주가파동

자연현상에서 보면 물은 아래로 흐르고 불은 위로 타오른다. 이를 화승수강(火昇水降)이라 하며 순행하는 질서의 개념이다. 상생하는 질서의 외면적 현상이기도 하다. 그러나 생명현상은 자연현상과 반대로 움직이면서 상극의 상보적 움직임을 보인다. 실제로는 물이 위로 올라가고 불은 아래로 내려오면서 생명현상은 조화를 이룬다. 예를 들면 나무는 물을 빨아올려 생명을 유지시키고 태양의 햇빛을 받음으로써 성장을 한다. 이를 수승화강(水昇火降)이라 하며 역행하는 질서의 개념이다. 그러나 가을이 되어 물이 아래로 내려가서 꽃잎과 열매도 떨어져서 결국 앙상한 가지만 남는다. 사람도 늙으면 몸이 오그라들고 피부가 수축된다. 건강을 유지하기 위해서는 신장에서 발생한 수기는 위로 올라가고, 심장의 화기는 아래로 내려가야 한다. 그렇지 않고 심장의 화기가 위로 올라가 머리로 가면 스트레스가 발생되어 성인병이나 암이 유발된다. 이러한 원리처럼 주가파동도 상승추세의 시간에서는 수승화강의 질서를 보이며 수승화강의 질서를 보이면서 올라가는 파동의 흐름을 파악해야 한다.

한의학에서나 명상수련에서도 건강하게 장수하는 법을 수승화강이라 한다. 우리 몸에는 두 종류의 기운이 있는데 따뜻한 불의 에너지인 화기(火氣)와 차가운 물의 에너지인 수기(水氣)가 그것이다. 몸이 균형을 유지하며 최적의 건강상태에 있으면 수기가 위로 올라가 머리가 맑아지고 시원해지며, 화기는 아래로 내려가 복부에 위치하여 장과 아랫배가 따뜻해진다. 이를 수승화강(水昇火降)이라 한다. 한의학적 원리로 보면 수기는 콩팥에서 생성되고 화기는 심장에서 생산된다. 우리 몸속의 에너지 순환이 활성화되면 단전은 콩팥을 뜨겁게 하여 수기를 밀어 올리고, 위로 올라간 수기가 심장을 차갑게 하면 심장에서는 화기가 빠져나가 단전으로 내려간다.

불(火)

〈그림 불(火)〉은 9.11 테러 이후의 대세 상승파동을 나타낸다. 장세의 출발점은 저점으로부터 6수에서 7수로 넘어가는 위치에서 강한 갭상승이 발생하는 곳이다. 이러한 모습은 물이 올라가는 생명현상으로서 6수가 상승한다는 의미이며, 동시에 물이 불로 화하여 움직이게 된다는 의미이다. 또 7수의 화(火)로 바뀌는 위치에서 고점까지가 49수 변곡이 된다. 즉 7수의 화(火)가 다시 7수의 화(火)로 분열되는 위치에서 고점이 형성되어 하락하는 것을 알 수 있다. 하지만 그 과정은 24수가 2순환하는 모습으로 이루어져 있으며, 24수는 물을 의미하는 6이 4순환으로 완성되는 모습이다. 외면적으로는 불이 타오르는 것처럼 보일지라도 내면적으로는 물이 올라가는 현상임을 나타낸다. 즉 외형으로 보면 불이 타오르는 화승(火昇)의 시간환경이지만, 내면으로는 물이 올라가는 수승(水昇)의 생명현상을 보이는 과정이다. 이는 양이라는 불(火) 속에는 음(陰)이라는 물(水)의 속성이 이중적으로 자리하고 있음을 뜻한다.

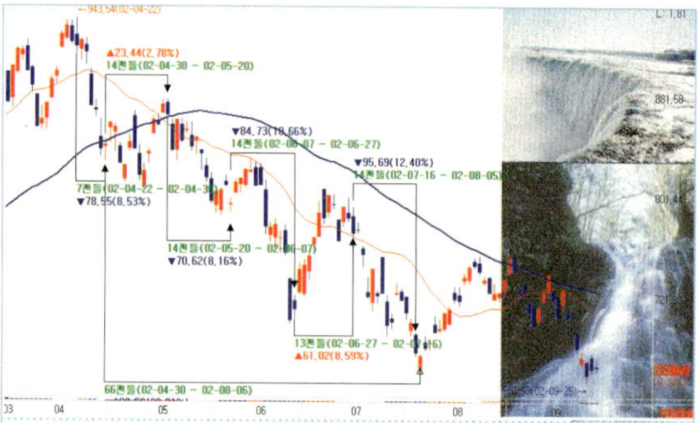

물(水)(1)

〈그림 물(水)(1)〉은 고점 형성 이후의 대세 하락파동을 나타낸다. 장세의 첫 출발파동을 보면 불을 의미하는 7수 변곡으로 이루어져 있다. 그리고 7수의 2수배가 되면서 반등고점을 형성하고 불이 하락하는 주기파동을 형성하게 된다. 처음의 7수 변곡에서 보면 오른쪽 저점까지가 66수로 나타난다. 이는 물을 상징하는 6수가 11번 순환했음을 뜻한다. 외면적 주가흐름은 물이 흘러내리는 양상과 흡사하지만 내면적으로는 불이 내려오는 모습이다. 즉 음(陰)이라는 물(水) 속에는 양(陽)이라는 불(火)이 있으며, 현상과 본질은 서로 반대의 모습으로 나타나는 이중성을 보여주고 있다.

수(水)와 수(數)의 본체

서양철학에서 만물의 본체에 대한 연구는 단원론과 다원론으로 대별된다. 그중 단원론을 주장했던 대표적인 철학자 중의 한 명이 서양 철학의 창시자라 할 수 있는 탈레스다. 그는 물(水)을 사물의 본체로 규명하였다. 서양과학에서는 본체에 대한 언급이 없이 구성물질의 기초 단위가 원자로 이루어졌다는 사실에 초점을 두고 있다. 하지만 정작 중요한 것은 본체는 무엇이고 그 본체가 어떻게 움직여 나가는가 하는 운행원리이기 때문에 서양철학과 과학은 사실상

논쟁과 핵심을 간과한 채 연구가 진행되고 있다. 반면 동양에서는 본체에 대한 정의를 명료하게 내리고 있고 그 본체가 움직이는 운행법칙을 상수학을 통해서 그 운행법칙을 계승 발전시키고 있다. 사실 본체에 대한 처음 출발은 동서양 공히 물에서 만물의 근원을 찾았으며, 탈레스는 물을 영원성, 자동성, 변화성으로 규명했다. 즉 물 자체는 영원하며 자동적으로 돌아가는 순환이며 스스로 화생하는 성질을 가진다는 것이다. 하지만 세월이 흐름에 따라 서양은 본질을 잃어버리고 현상에 집착하는 과정을 거치고 있다.

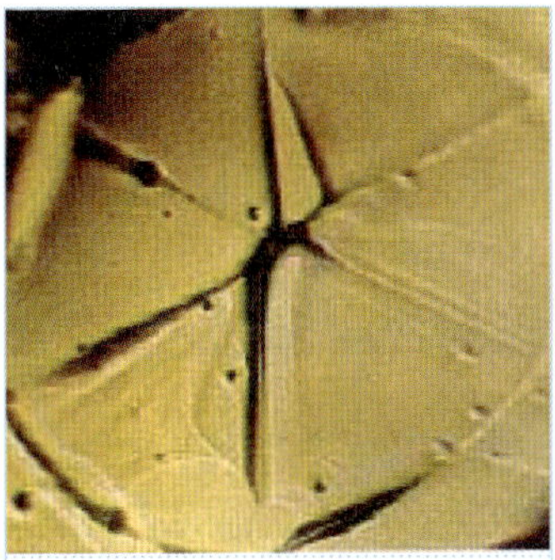
물(水)(2)

물은 수(水)라고 하며 숫자도 수(數)로 읽는다. 이들은 물론 동음이의어지만 그 속성은 같다. 즉 물(水)이 만물의 본질이라면 숫자(數)도 만물의 본질을 담고 있는 것이다. 물은 인체에서의 구성이나 지구의 구성에 있어서도 절대적 비율과 힘을 가지고 있다. 물의 신비한 힘과 성질을 연구한 일본의 에모토 마사루 박사에 의하면, 인간이 물에 대해 어떠한 감정을 가지느냐에 따라 물은 다양한 결정체 모양으로 변화한다고 주장했다.

그중 몇 가지 의미심장한 것은 물에 여러 종류의 음악과 말과 글을 보여주면 물은 그대로 반응을 한 후, 다시 물로 돌아간다는 내용이다. 즉 물이 얼은 결정상태에서 온도가 상승함에 따라 다시 물로 돌아가기 시작하는 −5℃~0℃ 사이의 어느 한 순간에, 한자 수(水)와 거의 유사한 모양이 된다. 파동 연구가인 그가 물의 '동결 결정사진'을 모아 발간한 『물로부터의 전언』에도 나타나 있다.

미국의 물 연구가 리(Lee H.Lorenzen) 박사는 '육각수'와 자신이 소개한 '공명자장 분석기'를 접목시켜 물을 연구하였다. 동양에서는 물을 만물의 근원으로 보고 있고, 숫자로는 1과 6으로 표현하고 있다. 즉 1과 6은 물의 상징을 나타

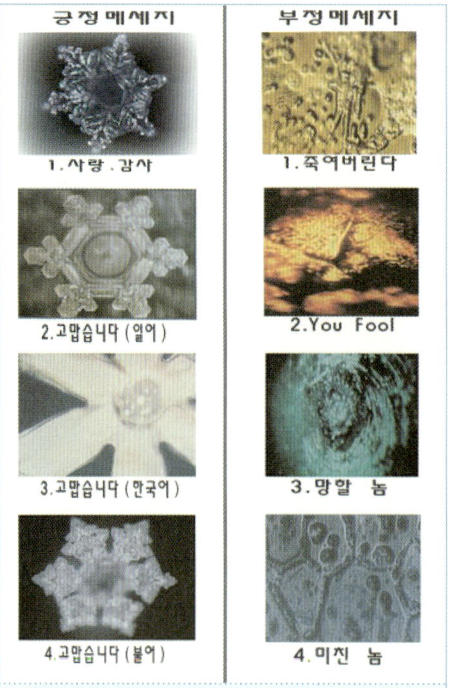

물(水)(3)

내는데 놀랍게도 물의 결정사진에 6각형의 뚜렷한 결정구조와 수(水)라는 글이 순간적으로 나타나는 특징이 있다는 것이다.

또 물에 대해 어떤 감정을 가지느냐에 따라 물은 여러 종류의 반응을 보인다고 한다. 두 개의 물잔을 놓고 한쪽에는 부정적인 단어를 다른 쪽에는 긍정적인 단어를 보여주고 이를 냉각시켜 현미경으로 관찰한 결과가 <그림 물(水)(3)>의 모습이다. "사랑합니다"라는 긍정적인 말에 물은 육각형의 아름다운 형태로 반응을 보였고, "바보 같은 놈"이라는 소리를 들은 물은 오물처럼 형태가 없고 굴절된 형태를 띠었다. 여기에서 흥미로운 것은 긍정적 사고나 말들에 대한 반응이 인종과 언어의 차이에도 불구하고 동일하다는 것이다. 그리고 탱고 음악을 틀어주면 물의 결정이 육각형의 쌍을 이루면서 반응한다.

결국 물은 스스로 모든 것을 알고 있으며, 모든 사물과 통하면서 만물을 창조하고, 끊임 없는 순환과정을 통해 영원히 돌아간다. 그렇기 때문에 물은 생명의 어머니이며 동서양 종교에서 신앙의 표상이 된다. 천주교의 성수나 민간신앙의 청수도 같은 이치를 담고 있다.

2 수의 본질과 분열과정

만물의 본체는 물이며 수로는 1수가 된다. 물의 순수한 1이 분열할 때는 두 가지 운동을 한다. 첫번째는 순수한 1수의 정수배 분열로 무극운동이라 한다. 두 번째는 1의 자기 복제이자 씨앗인 태극의 본체를 포함하여 정수배로 분열하는 태극운동이다. 무극운동은 10수 운동으로서 최대로 분열된 상을 나타내며, 태극운동은 그것의 씨앗(1)이나 그 씨앗이 결합하여(11) 움직이는 것을 말한다. 예를 들어 자연계에서 태양의 흑점이 11년 주기로 활동하는 것은 태극운동에 해당한다.

10수 무극운동

1의 정수배 운동을 하는 무극운동의 개념은 다음과 같다. 1을 본체이자 전체로 보면, 1이나 10 그리고 100이나 1,000 등은 모두 같은 개념이다. 상수학에서는 1을 태극이라 하고 10을 무극이라 한다. 따라서 10을 태극이라 한다면 100은 무극이 된다. 이러한 개념과 공식으로 상호 호근관계(互根關係)가 되어 각기 10수배를 하면 완성되는 것이다. 결국 태극과 무극이란 기본 구성수가 얼마로 되어 있느냐 하는 구성수의 문제로 귀결된다. 1이 구성수이면 10이 무극운동의 완성이며, 3이 구성수이면 30이 무극운동의 완성이 된다. 즉 기본수의 10배수가 되면 전체가 완성되는 것이며, 그러한 기본 구성수나 본체수가 10배수 운동을 하는 것을 무극운동이라고 한다.

차트 110

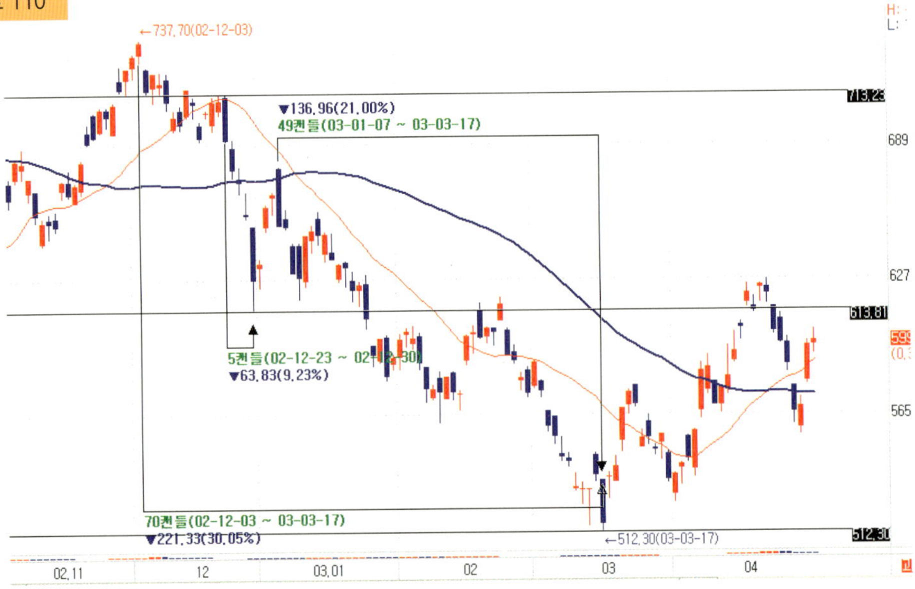

100수

〈차트 110〉은 주가가 10수 단위의 진폭으로 정수배 운동을 하는 경우를 보여준다. 2002년 동지 급락 변곡에서 100포인트가 단기간 하락하였고, 그 뒤 100포인트가 추가로 하락하여 도합 200포인트의 하락추세가 완성되는 파동이 나타난다. 즉 진폭이 100수로 구성되었고, 그 진폭이 정수배 단위로 움직인다는 무극운동의 사례를 보여주고 있다. 저점의 위치는 고점으로부터 정확히 70수를 기록하였으며, 7은 불(火)의 의미로 70수는 불(火)의 진행이 최대로 커진 상태를 나타낸다. 또 되돌림 고점으로부터의 49수도 7화가 7수배 반복이 되는 자기 곱수 변곡이 되어 중요한 변화가 일어날 위치임을 나타낸다. 자신의 수와 같은 곱수로 변곡이 생긴다는 것은 주가파동이 정원(正圓) 운동을 하고 있다는 의미로 장세의 고점을 완성하거나 장세의 저점이 탄생할 때 흔히 볼 수 있는 현상이다.

11수 태극운동

10은 완성을 의미하지만 자기 완성의 씨앗을 담고 있다. 나무가 성장하여 열매를 맺으면 자기와 같은 나무를 복제하여 씨앗을 남기고, 남녀가 결혼해서 자신들의 2세를 보는 이치와 같다. 즉 수의 출발은 1이고, 1이 자기 분열해 나가는 모습이 수 분열인데, 1수는 자기와 같은 1을 복제하여 1+1=2, 2+1=3, 3+1=4 수순으로 가듯 1, 2, 3, 4, 5… 로 진행되며, 10까지 완성된 후에는 다시 자기 반복을 통해 11, 12, 13, 14, 15… 로 발전한다. 매우 상징적인 이야기처럼 보이겠지만 사실 이는 매우 중요한 개념이다.

10이라는 수의 본체는 1이기 때문에 자신의 본체를 복제한다는 것은 10이 11로 발전하는 것을 의미한다. 즉 11은 자신과 자신의 본체를 함께 포함하고 있는 개념이다. 그래서 11의 정수배 개념으로 합성하면 11, 22, 33, 44, 55… 등으로 발전하며, 111, 222, 333, 444, 555… 등도 마찬가지다. 그렇기 때문에 1.11111… 은 영원한 분열을 말한다. 즉 40을 36으로 나누면 40/36 = 1.1111… 이 되는데, 이는 '36' 이 '40' 이라는 수에 도달하기 위해서는 4가 부족하다는 것을 말하며, 그 상태가 영원히 지속될 수밖에 없음을 의미한다. 그런데 36을 40으로 나누면 36/40=0.9로 그 값이 나누어 떨어진다. 이러한 결과는 36순환을 하는 것은 9수가 4순환하여 완성되지만, 10수가 4순환하여 완성된 40에는 영원히 못 미친다는 것이다. 즉 36은 9를 기반으로 하는 순환수이며, 40은 10을 기반으로 하는 질서수이기 때문에 항시 1이라는 차이가 있게 되고, 그만큼 완성을 이루기 어렵다는 뜻이다.

주가에 있어서 10, 20, 30, 40, 50… 또는 100, 200, 300, 400, 500… 등의 수열 변곡이 중요하게 작용하는 것처럼, 11, 22, 33, 44, 55… 또는 111, 222, 333, 444, 555… 등의 수배열도 매우 중요한 변곡으로 작용한다. 동양 상수학에서는 10단위를 무극으로 표현하고, 11단위를 십일성도(十一成道)라 하여 10무극과 1

태극이 합쳐져 무극의 완성된 모습 또는 더 큰 태극이 형성된다고 보았다.

차트 111

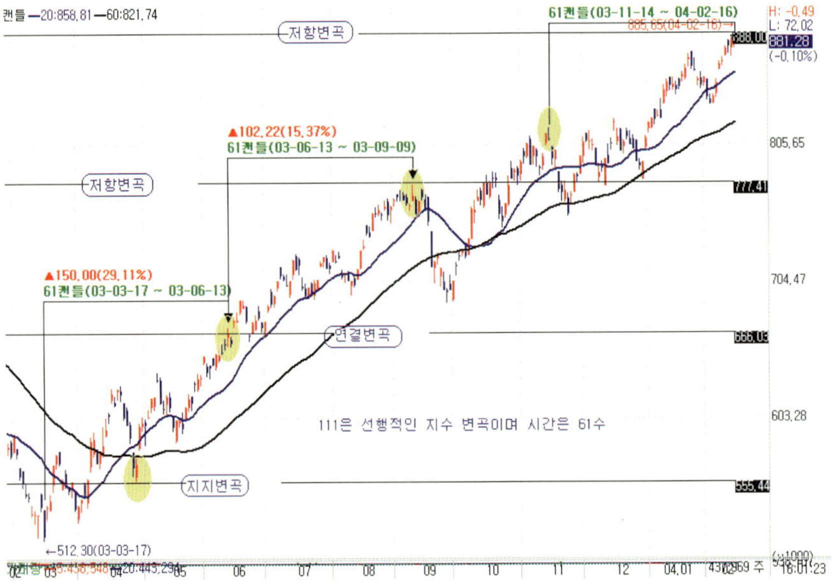

태극운동

〈차트 111〉에서 보면 111의 정수배에 위치한 가격대가 극명한 변곡으로 작용하고 있다. 555포인트에서 지지를 받고 상승하는 주가는 저점에서 61일 만에 666포인트를 형성하였다. 즉 60갑자수에 111포인트를 상승하였다는 것은 한 층이 111로 구성되고, 이것을 오르는 시간이 60수가 걸렸다는 의미다. 666포인트는 연결변곡으로 작용하였고, 777포인트는 중요 저항변곡으로 작용하였으나 돌파 후에는 지지변곡으로 작용했으며, 마지막 888은 다시 저항변곡으로 작용하고 있다.

차트 112

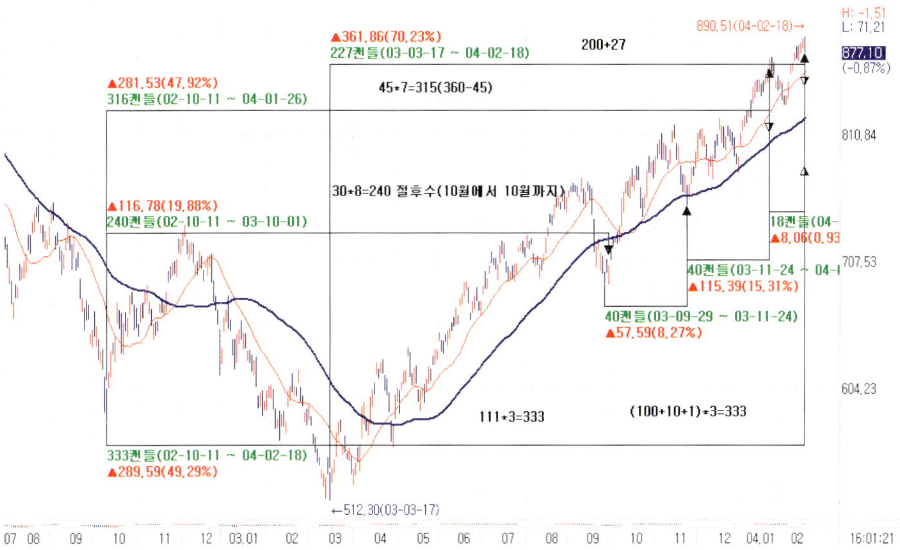

333수

〈차트 112〉는 지난 장세가 현 장세의 변곡에 영향을 미친다는 인과론을 보여주고 있다. 고승에게 찾아간 백성이 "왜 저는 이렇게 힘들게 살며 전생이 무엇이었으며 향후는 어떻게 됩니까?" 하고 하소연을 하자 "전생을 알고 싶으면 현생이 전생의 결과이기 때문에 알려고 하지 말고, 미래가 궁금하다면 현생의 결과가 말해줄 것이므로 미래를 궁금해 하지 말라"고 대답했다는 유명한 일화가 있다. 이처럼 파동에서도 지난 장세는 어떤 식으로든 현 장세의 변곡에 영향을 미치고, 향후 장세도 현 장세에서의 변곡이 만들어놓은 결과에 따라 결정된다.

좌측을 보면 큰 반등이 일어나는 위치가 10월이다. 상수학에서는 다음 해의 시간이 10월에 이미 시작된다고 본다. 우리의 세시풍속도 10월에 개천이 된다는 시간변곡의 풍습이 있다. 위의 경우에서는 비록 10월에 큰 반등 장세가 열리기는 하였지만 이내 거꾸러지고 다시 저점을 찍는 모습이다. 다시 다음 해의

10월 저점까지 12개월이 걸렸으며 이는 정확히 240일이었다. 결국 시간은 항상 10월에 열린다는 것을 암시해 주고 있다. 이전 10월의 저점에서 보면 333수에 중요 저항대가 위치하고 있다. 이는 300에서 본체수가 분열되어 30이 나오고 다시 30에서 3이 나와 본체수가 모두 나오는 개념이다. 이는 111이 3순환하는 모습이기도 하다. 즉 중요한 에너지 라인이 형성되는 곳임을 나타낸다.

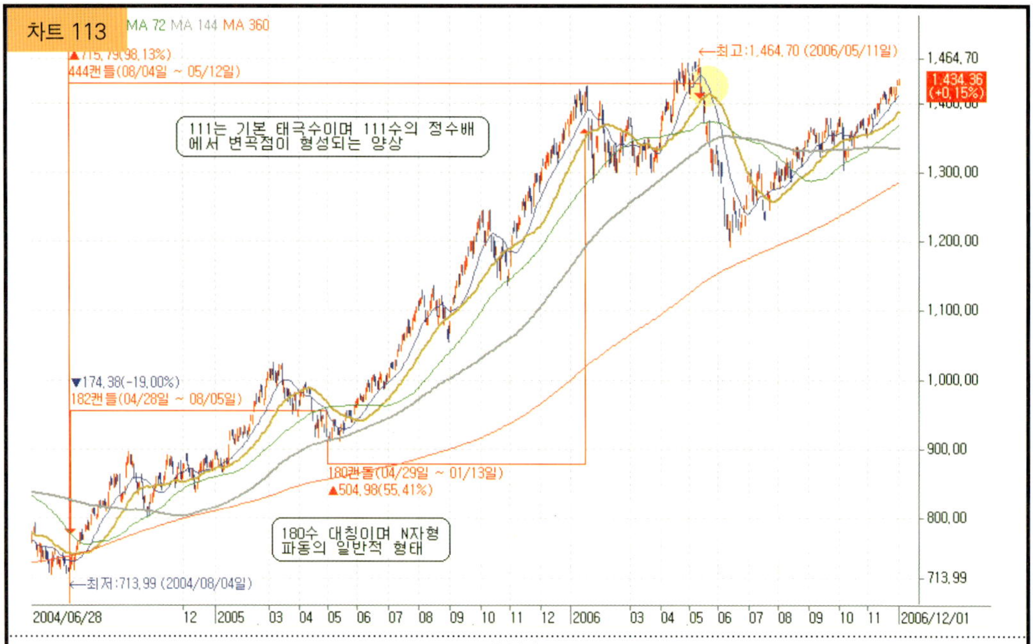

444수

〈차트 113〉은 상승추세에 있는 거래소 일봉 차트이다. 저점에서 상승한 파동은 180수 전후에서 크게 접어주는 파동의 맥점이며 이 수에서 다시 상승한 파동은 지속적인 상승을 보이면서 180수에서 의미 있는 고점을 기록하였다. 전형적인 N자형 파동을 보이고 있는 것이다. 그리고 이후 재하락이 되는 큰 변곡이 형성되는데 그 수가 444수에 근접하는 수파동이다. 최저점에서 444를 보이면서 큰 하락을 보였는데 111수의 정수배 태극수 변곡점이다.

차트 114

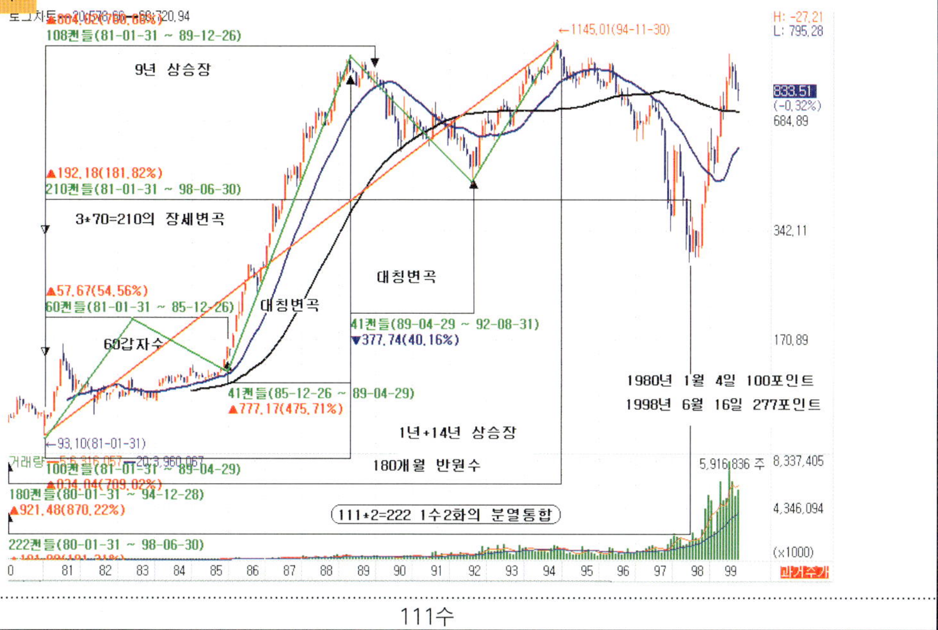

〈차트 114〉는 20년 동안의 주가흐름을 로그값을 적용하여 나타낸 월봉 차트이다. 우리가 살고 있는 시간대는 엘리어트 파동으로 보면 그랜드 4파의 개념이며, 그랜드 4파의 시작점은 1994년 갑술년 12월부터의 시간대다. 그곳은 1964년부터 시작된 30년 고도 경제성장의 대상투를 기록한 역사적인 날인 동시에 1980년 1월 5일 100포인트로 시작한 파동이 정확히 180개월이 되어 고점을 형성하는 곳이기도 하다. 1994년 11월의 1,145포인트는 그랜드 3파의 고점이 되는데, 이는 1981년 저점인 93.10포인트에서 보면 14년의 세월이다. 상수학 개념으로 본 시간파동은 14수를 보이고 있다. 14수는 2×7=14로서 7화(火)가 2순환으로 완성되는 개념이기도 하고, 2년을 한 쌍으로 본다면 1994년이 7화가 최대로 분열된 상태를 말한다. 파동으로 보면 3파의 개념이다. 그래서 1994년 이전은 화가 성장하는 시간대이며, 1994년 이후는 화가 조정을 보이는 시간대다. 즉 파동으로 보면 조정을 의미하는 그랜드 4파이며, 이 시간대가 향후 몇 년간 더 지속이 된 후에야 진정한 의미의 대세상승 파동인 그랜드 5파가 열릴 수 있다고 볼 수 있다.

3 파동수와 상수

상승파동의 시작은 주기적 재생이 근원이 된다. 즉 기존의 시간이 끝나고 새로운 시간이 시작되는 마디에서 주가파동도 역시 시작된다. 그렇기 때문에 새로운 시작은 수(水) 기운이 상승하면서 화(火) 기운으로 변모하거나, 또는 수(水)가 분열하고 화(火)가 완성되는 과정이며, 내부의 화가 외부로 표출되는 과정이기도 하다. 이처럼 만물은 음양운동, 즉 수화운동을 한다. 그렇기 때문에 주가파동은 단순한 이진법의 구조이며 이것이 외부적으로 다소 복잡하게 표출되는 것일 뿐, 본질은 단순하게 구성되어 있다. 결국 주가파동은 음양의 상대적 동시성이며, 상호 순환성이며, 상호 조화성의 개념을 담고 있다. 따라서 수(水)에 해당되는 상징수가 주가파동에 있어 주요 핵심수가 된다.

우리가 일상 생활에서 사용하고 마시는 물은 5각형이나 6각형 고리로 존재한다. 일반적으로 자화(自化)가 덜된 물이나 병든 세포 주변의 물은 5각형 또는 사슬 모양을 보이며 이러한 물을 강하게 구조화시키거나 자기장을 걸어 자화시키면 6각형의 물이 된다. 물이 육각형 고리 결합을 이루고 있다는 것은 생체조직 내에서 병든 세포가 자유롭게 움직일 수 없다는 뜻이며 생체분자를 보호하는 상태가 됨을 의미한다. 그런데 사물은 음양운동을 하며 수화운동을 하기 때문에 사물과 수를 결합할 때에도 같은 원리가 적용된다. 수(水)는 만물의 근원이기 때문에 1을 쓰며, 1은 자기 복제하여 2가 되거나 다른 짝과 결합하여 2가 되기도 한다. 즉 완성된 사물의 모습이 10(5각수×2)과 12(6각수×2)로 존재하게 된다. 그래서 완성으로 가는 과정에 10진법과 12진법이 있으며, 10간 12가 있으며, 일년에도 12개월이 있는 것이다. 1은 홀수이고 양수이지만 물(水)의 속성을 의미하기에 음(陰)의 성질을 내포하고 있다. 그리고 2는 짝수이고 음수이지만 불(火)의 속성을 의미하기에 양(陽)의 성질을 지니고 있다. 또한 1은 순환을 상징하고 2는 변화를 의미한다. 이러한 1과 2의 음양운동의 결과물은 3이 되며, 3은 목(木)의 개념이 된다. 즉 이 창조물 속에는 음의 1과 양의 2가 포함되어 있다. 음의 1은 1이라는 홀수이자 출발수이기 때문에 내부에 강한 동적 기운이 들어 있으며, 2는 양이지만 짝수이자 완성수이기 때문에 내부에 강한 정적 기운이 들어 있다. 3은 목(木)의 개념으로서 목의 완성은 자기 근본 본체수인 1과 만나 4가 되어 완성된다. 4는 금(金)의 개념이다. 따라서 모든 완성은 4로 되며, 1은 본체요 3은 작용이며, 본체와 작용을 모두 합하여 4가 된다. 그리고 5는 10으로 넘어가는 중간 개념인 동시에 3목(木)과 2화(火)가 결합된 수이기 때문에 현상의 모든 분열과정을 합한 개념이 된다. 즉 오행순환과 5파동의 완성을 의미한다.

1	2	3	4	5
6	7	8	9	10
수	화	목	금	토
7	9	11	13	15

수화(水火)운동은 1과 2가 조화를 이루는 개념이지만, 자기 확대하면 1은 1+5=6과 같은 의미이며 수(水)를 대표하고, 2는 2+5=7과 같은 의미이며 화(火)를 대표한다. 동일한 방식으로 3은 3+5=8과 같은 의미이며 목(木)을 대표하고, 4는 4+5=9와 같은 의미가 되어 금(金)을 대표한다. 그리고 목인 3과 8의 합수는 11이며 금인 4와 9는 합수는 13이다. 목은 성장을 대변하고, 금은 수렴을 대변

한다. 즉 성장하는 목이 합쳐진 결과가 11수이므로 이는 새로운 시작을 의미하며, 하락과 조정을 의미하는 금이 합쳐진 결과가 13수이므로 이는 성장하는 목(木)이 사느냐 죽느냐를 결정하는 변곡으로 작용한다. 한편 수(水)를 대표하는 1과 6이 합쳐지면 7이 되는데, 이는 수 속에는 이미 화(火)가 들어 있다는 것을 의미하고, 화를 상징하는 2와 7이 합쳐져 9가 되는 것은 성장 발전하는 불의 끝이 하락 수렴하는 금(金)으로 나타남을 의미한다. 즉 9는 10이 되기 위한 마지막 단계로서 불의 끝과 순환의 끝을 알리는 역할을 한다.

차트 115

7수-火

〈차트 115〉는 순환의 마무리를 의미하는 9수와 분열의 끝을 의미하는 7수의 관계를 나타낸 것이다. 지난 1989년 4월의 고점으로부터 2004년 3월의 고점이 180수를 보이고 있다. 180은 9×20 또는 90×2의 의미로서 음양의 중요 순환마디임을 나타내고 이후 급격한 조정 후 새로운 상승의 시간대로 연결되며 기나

긴 박스권 장세를 벗어나는 모습이다. 또한 그 위치는 지난 1998년 IMF 저점을 기준으로 좌우 71수로 대칭이 되는 자리이기도 하여 마지막 3봉은 매우 중요한 변화마디임을 다시 한 번 확인시켜 주고 있다. 고점이 연결되는 9순환의 끝에서 새로운 시간이 열리는 것이다. 9는 순환의 기본 단위지만 불을 의미하는 2와 7의 합수이기도 하여 큰 불이 형성되는 시간을 나타내며 하나의 추세가 진행되고 있는 구간으로도 해석될 수 있다. 1998년 IMF 저점 이후 크게 상승한 주가가 한동안 박스권을 돌파하지 못하고 3봉을 형성하게 되었던 이유도 시간순환이 끝나지 않았기 때문이었다. 결국 고점을 연결하는 전체 장세순환이 180수로 마무리되고 또 특정 저점으로부터 분열의 끝을 의미하는 70수가 지나간 이후에야 실질적인 박스권 돌파가 이루어져 상승추세로 전환되었다. 140은 70의 2수배이자 7화의 음양 반복 개념이니 장세의 주기 변화가 불이 타오르는 양상으로 전개될 수 있음을 암시하고 있다.

파동의 분열과 변곡수

다시 말하지만, 사물은 음양운동과 수화운동을 한다. 그리고 생명의 본질인 수(水)는 1과 6으로 표현되며 순환을 상징하고, 수(水)가 발전된 형태인 화(火)는 2와 7로 표현되며 변화를 상징한다. 결국 수화운동이란 1과 6의 합수 7과 2와 7의 합수 9를 조합하는 과정으로 표현할 수 있다. 즉 7×9=63으로 나타낼 수 있으며 여기에 본체수 1을 더한 64수는 따라서 모든 변화의 총수를 상징한다.

수(水)를 상징하는 1 또는 6에서 파동이 시작되며, 그 파동은 1과 6의 조합에 의해 7화로 분열되는 수의 확산구조이자 화의 완성구조를 띠게 된다. 그리고 완성 과정에서 주기의 속성을 가지면서 반복되는데 그 주기의 기본 공식은 10간에 해당되는 10주기와 12지에 해당이 되는 12주기다. 물론 이는 객관적 시간에도 해당되며 주가파동의 영업일수에도 공히 해당된다. 기본 6이 10간 운동을 하면 16이며, 12지 운동을 하면 18이니, 17 전후에서 변화의 마디가 형성된다. 그리고 기본 6은 10을 주기로 또는 12를 주기로 분열한다. 10주기가 되면 16-26-36-46이며 12주기가 되면 18-30-42-54이니, 4단 분열이면 각각 36과 42에서 파동이 끝나며, 5단 완성이면 46과 54에서 파동이 끝난다.

아래의 표에서 나타나듯 10주기와 12주기로 순환하는 두 물(水)이 결합할 경우 한 파동의 평균값은 17-28-39-50이다. 또 어떠한 경우라도 한 파동이 50이나 100을 넘지는 못하고 있다. 따라서 천간에 해당되는 5수나 10수는 변화의 중간역이나 절대변곡 지점을 나타내기도 하고, 다른 한편으로는 중요한 변곡을 판단하는 변화일 또는 중간 점검의 수로 이해될 수 있다. 결국 만물의 본체인 1수(水)와 6수(水)가 시간적 계승의 일반적 필연법칙으로 겪는 10간이나 12지지의 구간에서 시간이 끝나거나 변화가 시작된다는 것이다. 이것이 운행질서이자 변곡의 원리이며 절대적 기준 변곡이 된다.

1	2	3	4	5
6	16	26	36	46
6	18	30	42	54
12	17-34	28-56	39-78	50-100

차트116

6수-火

〈차트 116〉은 2000년 이후의 주가흐름을 나타내는 주봉 차트다. 월봉이나 주봉은 일봉처럼 주가 영업일수와 객관적 시간일수와의 이중적 구조를 갖지 않는 단일 변곡으로 파악한다. 지난 2000년 저점에서의 횡보기간은 48주이며 시간으로 보면 1년이다. 이러한 바닥구간에서의 휴지기가 향후 장세에 변곡으로 작용하여 하락하는 장세의 1년과 같은 변곡으로 작용하는 모습이다. 그리고 2001년 9.11 테러 이후 열린 출발파동의 6주를 제외한 파동이 24주인데 24수도 하락장세의 말미인 2002년과 2003년 사이의 장세 변곡으로 작용하였다. 여기에서 큰 장세의 분기수가 50이라는 수 변곡을 넘지 못하고 48에서 끝나는 모습을 볼 수 있다. 즉 50이 되기 전에 추세전환이 이루어지고 있으며, 50은 100의 절반에 해당되는 개념인 동시에 100과 더불어 절대변곡을 나타낸다. 동양에서는 사람이 죽은 후 49제를 지내는데 49일이 바로 이승과 저승으로 건너가는 시간대이기 때문이다.

장세의 시작과 발달(M파동)

새로운 장세의 탄생은 저점에서의 강한 장대양봉이나 갭상승의 출현으로 판단하기도 하고, 20일선이나 60일선을 돌파한 시점에서 판단하기도 한다. 예를 들어 자연계에서도 입춘이 되어 계절이 바뀌었음에도 아직 추위가 가시지 않아 춘분이 되어서야 봄을 느낄 수 있고, 임신중의 태아도 아직 태어나지 않았지만 생명현상은 이미 시작되어 출산을 준비중인 것처럼, 장세의 출발점을 저점으로 잡기도 하고 강력하게 20일선이나 60일선을 돌파하는 시점을 기준으로 잡기도 한다. 즉 봄을 입춘으로 잡을 것인가, 춘분으로 잡을 것인가와 같은 선택의 문제인 것이다.

● 장세의 탄생파동과 출발

그리고 이러한 시작파동이 어떻게 분열되면서 나가는지는 수배열과 변곡을 보고 판단한다. 전체적으로 1과 6이 운동하여 7운동을 하며, 2와 7이 운동하여 9운동을 하니, 7과 9의 운동을 하면 곱하여 $7 \times 9 = 63$이고 더하여 $7+9=16$이니, 16순환 운동과 63순환 운동을 하면서 돌아가는 수의 운행원리가 상대적 기준 변곡이 된다. 16으로 가는 주가파동은 추세가 진행되고 있는 변곡의 모습을 나타내며, 63은 16수가 4수배로 완성되는 중요한 매듭의 변곡이 된다. 63은 $16 \times 4 = 64$ 에서 본체수 1을 차감한 수다.

차트 117

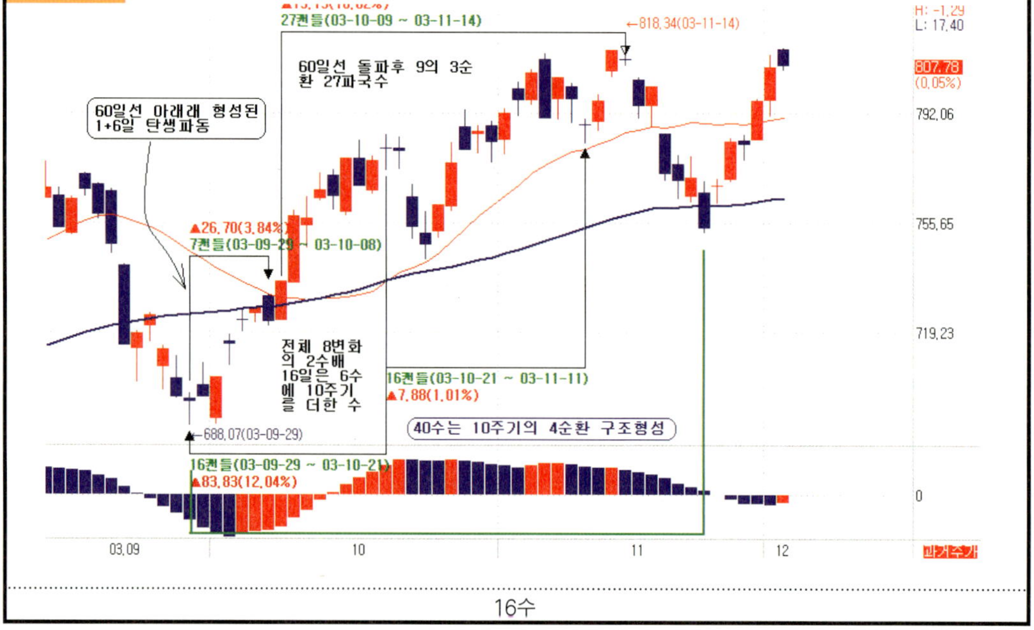

〈차트 117〉은 저점은 2003년 9월 말에 형성되었지만 실질적인 상승은 10월부터 시작된 거래소 차트다. 상승 잉태파동이 60일선을 돌파할 때까지 7일간 지속되었다. 1과 6의 조합수인 7의 분열이며 60일선 이하에서 형성된 준비단계로 보면 된다. 그리고 60일선을 재차 돌파하면서 새롭게 시작한 파동이 저점에서 8수이며 그 돌파시점으로부터 9순환의 3주기 반복운동을 하며 27수에 고점을 기록하였다. 전체적으로 16수의 큰 수가 반복되며 움직이고 있고, 추세의 맥이 저점에서 정확히 40수에 형성되고 있다. 전체적으로 M자형의 패턴인데, 상승파동에서 자주 일어나는 파동의 상이다.

장세의 탄생파동과 성장

탄생파동이 출발한 이후 새로운 장세가 열리는 구간이며, 이 파동은 한 번에 시세가 끝나는 것이 아닌 특정 파동의 3순환이나 4순환의 과정을 거쳐서 대중소의 전체 장세흐름과 연결된다. 즉 새로운 장세와 연결되기 전 파동의 흐름을 살펴보면 특정 주기가 3순환이나 4순환의 모습으로 반복되고 있다.

차트 118

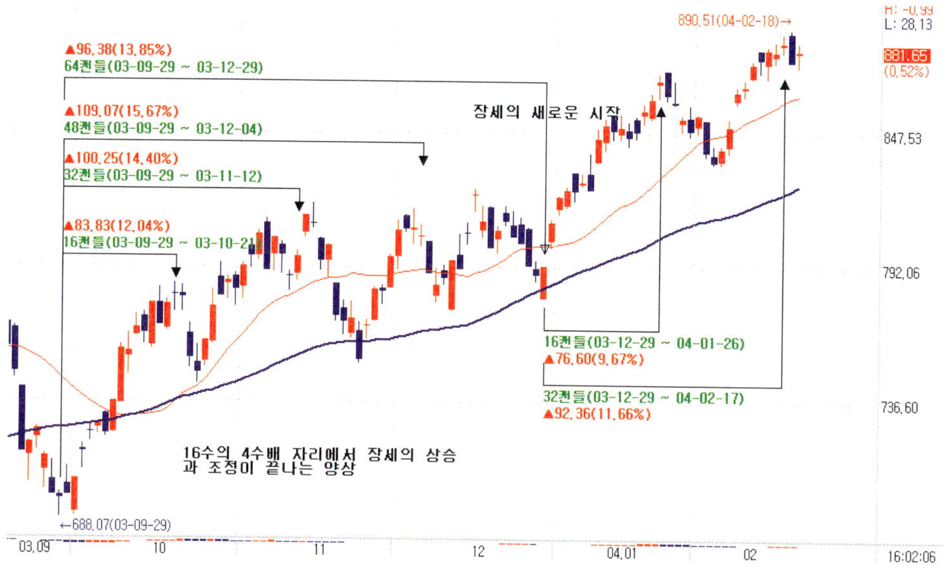

64수

〈차트 118〉은 16수의 3순환과 4순환 구조를 나타내고 있는 차트다. 처음 탄생한 16파동이 2순환하는 위치인 32수에서 2수가 지난 34수에 단기 고점을 형성하였고, 이후 한 추세의 완성을 의미하는 40수에서 2순환 상승에 따른 조정이 마무리되고 있다. 전체적으로 16수의 4순환 구조를 형성하고 마지막 64수에 장대양봉이 나오면서 또 다른 새로운 장세의 시작으로 진행하였다. 그 후 시작된 상승파동도 16수의 상승추세를 형성하며 64수의 절반인 32수에 역시 변곡이 형성되는 모습이다.

상승추세에서 나타나는 분열(M파동)과 수렴(W파동)

상승하는 것은 양이요 화(火)의 모습을 나타내며 일반적으로 N자형의 형태를 띠게 된다. 그런데 초기 상승파동이 강할 경우 단기 과열과 이격을 축소하는 과정이 나타나게 되며, 그때 흔히 나타나게 되는 주가 행태가 M파동과 W파동이다. 즉 상승추세 중에 나타나는 M파동은 N파동의 조정 모습으로서 하락으로 전환되는 쌍봉의 시그널이기보다 의미 있는 눌림목인 경우가 많아 그에 따른 적절한 대응이 필요하다. M파동은 영어로 MAN의 약자로써 남성과 양을 의미한다. 과도한 단기 주가상승에 따른 조정은 나타나지만 상승추세의 연장선상에 있다.

그리고 하락하는 것은 음이요 수(水)의 모습을 나타내지만 상승추세에서는 수렴을 의미하여 에너지 비축과정으로 이해해야 한다. 파동으로 보면 V자나 V자의 쌍인 W자형을 띠며, W는 영어로 WOMAN의 약자로 여성과 수렴을 뜻한다. 상수학에서는 양(상승) 중에 음(하락)이 있고 음(하락) 중에 양(상승)이 있으며, 음이 극하면 양이 탄생하고 양이 극하면 음이 탄생한다고 했다. 이러한 모양은 단기 주가 움직임의 행태에서도 나타나지만 일정한 추세하에서도 전체 순환수나 질서수를 따라 상호 순환하며 나타나게 된다. 이처럼 음양이 교차되는 구간에서 시간이 바뀌며 변화가 일어나게 되는데 이는 시중종(始中終)의 원리이기도 하다.

차트 119

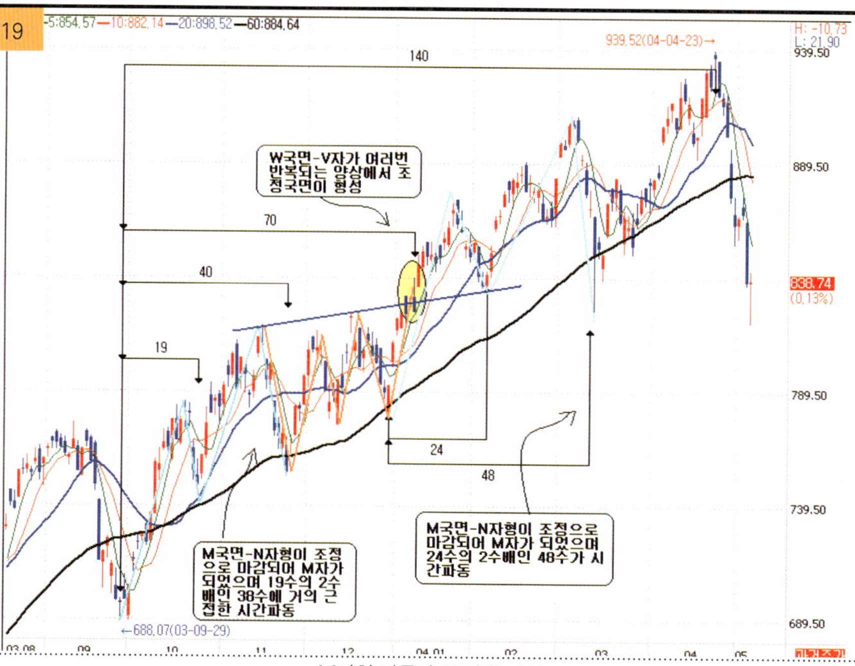

M자형 파동과 W자형 파동

〈차트 119〉는 상승추세 중에 발생하는 M자형 파동과 W자형 파동이 서로 주기적으로 교차하며 순환하는 모습을 나타내고 있다. 첫 상승파동은 N자형의 기본 상승이었다. 첫 번째 시간마디는 19수에서 다시 상승하여 N자형 형태가 되는 모습이지만, 첫 번째 시간마디의 2수배가 되는 40수에서 초기 상승에 따른 실질적 가격조정이 마무리되고 있다. 즉 N자형의 조정파동인 M파동이 나타나는 모습인데, 이는 상승에너지가 그만큼 강하기 때문에 발생하는 현상으로서 적절한 눌림목으로 활용할 줄 아는 여유가 필요하다.

하지만 저점으로부터 상당히 상승한 후에 나타나는 M파동은 아직도 충분한 기간조정과 이격조정이 미흡하기 때문에 수렴과정(W파동), 즉 박스권 장세가 이어질 수 있음을 염두에 두는 것이 좋다. 위의 차트에서는 그러한 모습이 잘 나타나고 있다.

한편 충분한 조정 이후 재차 상승하는 구간을 보면 첫 시간마디가 24수이며 다시 N자형 상승파동이 나타나다가 24수의 2수배인 48수에서 시간마디가 형성되어 M자형을 이루는 모습이다. 전체적으로는 140수에서 추세의 고점을 형성하는데, 140은 불꽃을 의미하는 70수가 음양 2수배로 완성되는 모습으로서 전체 장세흐름이 상수학의 수 체계에 따라 주요 변화마디를 형성하게 됨을 확인할 수 있다.

차트 120

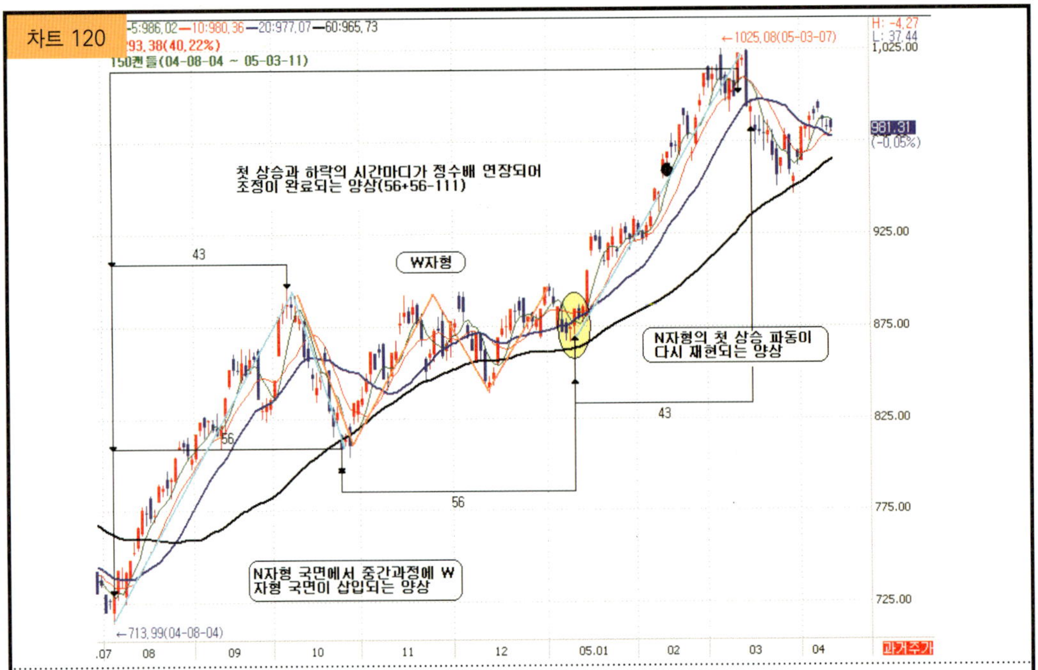

N자형 파동과 W자형 파동

〈차트 120〉은 전체적으로 보면 상승추세의 N자형 파동이지만 중간에 수렴과 조정을 의미하는 W자형 파동이 나타나는 차트다. 중간에 조정기간이 길어지긴 하지만 과도한 주가상승에 따른 자연스러운 에너지 비축 현상으로서 N자형의 파동이 변형된 경우다. 첫 상승흐름의 고점이 43수를 기록하였으며 상승에 따른 가격 조정기간까지 합치면 56수로 주요 마디가 형성되는 모습이다. 즉 첫 번째 상승에 따른 조정의 시간마디가 56수를 이루었고 이어지는 W자형 파동도 56수에서 대칭수를 이루며 가격과 기간 조정이 마무리되고 있다. 이후 강력한 상승이 다시 나타나는데 그 시간마디가 첫 상승흐름의 43수 파동이 다시 한 번 재현되는 모습이다. 결론적으로 상승 추세에서는 기본적으로 N자형이나 그 변형인 M자형 파동을 가정하여 변화마디를 계산해야 하고, 에너지 비축과 정을 의미하는 V자형이나 그 변형인 W자형 파동이 추가적으로 진행될 수 있기 때문에 여유 있게 장세에 접근하는 자세가 필요하다.

장세의 조정(V파동)과 연결(W파동)

파동은 일반적으로 고점을 형성하고 조정을 보이며 조정 후 다시 새로운 고점을 향해 움직인다. 그러나 조정의 구간에 접어들었을 때 언제 다시 새로운 저점이 나오며 언제 그 조정구간이 끝나는지를 파악하는 것이 중요하다. 그런데 조정파동도 주기적인 속성을 지니고 있다. 상승파동시 변곡주기와는 반대로 나타나는 특성을 가지고 있다. 즉 음 속에 양이 있고 양 속에 음이 있다는 상대적 동시성과 상호 조화성 그리고 상호 순환성의 음양 3대 법칙으로 인해 변곡주기가 나타내는 현상을 보이는 것이다.

장세의 조정파동과 출발(V파동)

강한 상승에 따른 조정파동에는 강한 가격조정이 따른다. 되돌림이 얼마나 강하게 나오느냐에 따라 상승의 강도를 판단할 수 있다. 일반적으로 상승에 따른 하락과 되돌림은 V형 파동이 기본이다. 그리고 조정은 수로 보면 5에 해당되기 때문에 기본적으로 5주기의 속성이 기본형이다. 또한 상승장세에서 나타난 파동이 하락시의 파동주기를 결정하는 것이 일반적이다. 즉 상승파동에서 나타난 주요 변화마디가 조정파동에서도 주요 주기로 작용한다. 정상적인 조정은 상승파동의 시간과 하락파동의 시간이 1대 1의 비율로 이루어진다.

차트 121

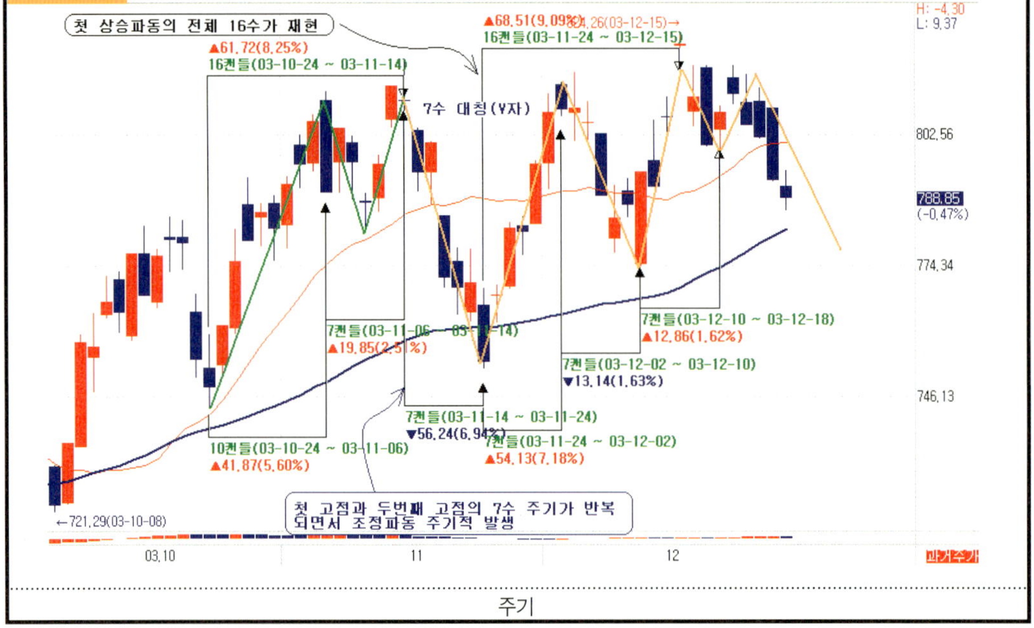

〈차트 121〉은 상승추세의 마디가 16수로 되었는데 이것이 다시 재상승의 변화마디로 작용하는 경우다. 16수의 상승파동에서 첫 번째와 두 번째 고점의 간격이 7수였는데 이 주기가 전체 조정파동의 하락주기로 작용하는 모습이다. 이후 7수의 조정파동이 주기적으로 반복되며 상승추세의 마디인 16수에서 일치되고 있다. 여기에서 주목할 것은 첫 강한 급락의 7수 파동 대비 되돌림이 7수이며, 이는 대칭 변곡에 해당되며 조정파동의 기본이라는 것이다. 즉 1대 1 비율 조정이므로 정원운동을 하는 개념이며 이는 한동안 조정장세가 지속될 수 있음을 알리는 역할을 한다.

장세의 조정과 연장(V+V=W파동)

조정파동이 한 번에 끝나지 않고 연속해서 나오면 W형이 되는데, V형 파동이 겹치는 것으로 판단하면 된다. 이는 주기적으로 반복되며 기간조정을 보일 때 자주 나타나고 흔히 이중바닥이나 삼중바닥의 모습으로 나타난다. 나중에 나온 파동이 높을수록 재상승의 가능성이 높으며, 조정을 마치고 상승할 때 강한 상승탄력을 보인다. 중요한 것은 조정파동을 연결하는 중간의 수 변곡이 전체 조정파동의 중심 역할을 한다는 점이다.

차트 122

중심

〈차트 122〉는 초기의 강한 상승파동이 전개된 후 크게 출렁이며 한동안 장세의 향방을 가늠키 어려운 조정파동을 나타낸다. W형의 조정파동이 이어지는 모습인데 이러한 조정파동이 36순환을 마치고 결국 재상승의 형태를 취하

는 경우다. 큰 조정이 시작되었던 고점의 축을 돌파하는 변곡이 36수다. 즉 강한 상승을 보였던 파동의 고점으로부터 삼중바닥을 찍고 다시 재상승 파동으로 연결되는 시간이 36이라는 것이다. 여기에서 W형 파동을 연결하는 저점이 중심이 되어 시세의 대칭 역할을 하고 있다. 그곳을 중심으로 저점에서 다음 저점까지 13수로 주기파동이 형성되었고, 오른쪽 저점이 높은 상태이므로 전 고점을 돌파하는 변곡으로 작용했다. 그리고 오른쪽 저점을 기준으로 새로운 상승추세의 마디가 16수를 형성하고 있는데, 이는 16수로 형성된 지난 상승파동이 주기적으로 반복되는 모습으로 이해될 수 있다.

일단 형성된 상승추세는 조정이 있더라도 반복되므로 반복적인 시세의 흐름이 나타날 수 있다. 그러한 주기가 되었음에도 이전과는 상이한 시세 패턴을 보인다면 추세가 바뀌고 있음을 예측할 수 있어야 한다. 여기서는 13수 주기파동과 16수 상승파동 그리고 36수 순환수 완성파동이 중요 장세 판단의 핵심 요소다.

장세의 완성과 마감

장세의 최종 고점은 그때까지 진행되던 주가흐름의 완성을 의미하는 자리이기 때문에 완성의 모습을 담게 된다. 완성된 모습이란 그때 형성되는 숫자 자체의 상뿐 아니라 일정한 질서수와 순환수의 위치에 자리하게 된다는 의미다. 시간순환의 끝자리나 진폭순환의 끝자리에서 형성되며 중요한 전환에서는 그 특징이 보다 분명하게 나타난다. 장세의 최종 저점이나 고점이 예상했던 목표치 또는 질서수나 순환수와는 다소 차이를 두고 끝나기도 하지만 기준과 적용이 올바른 경우 그 근본적인 법칙의 세계 안에 존재한다.

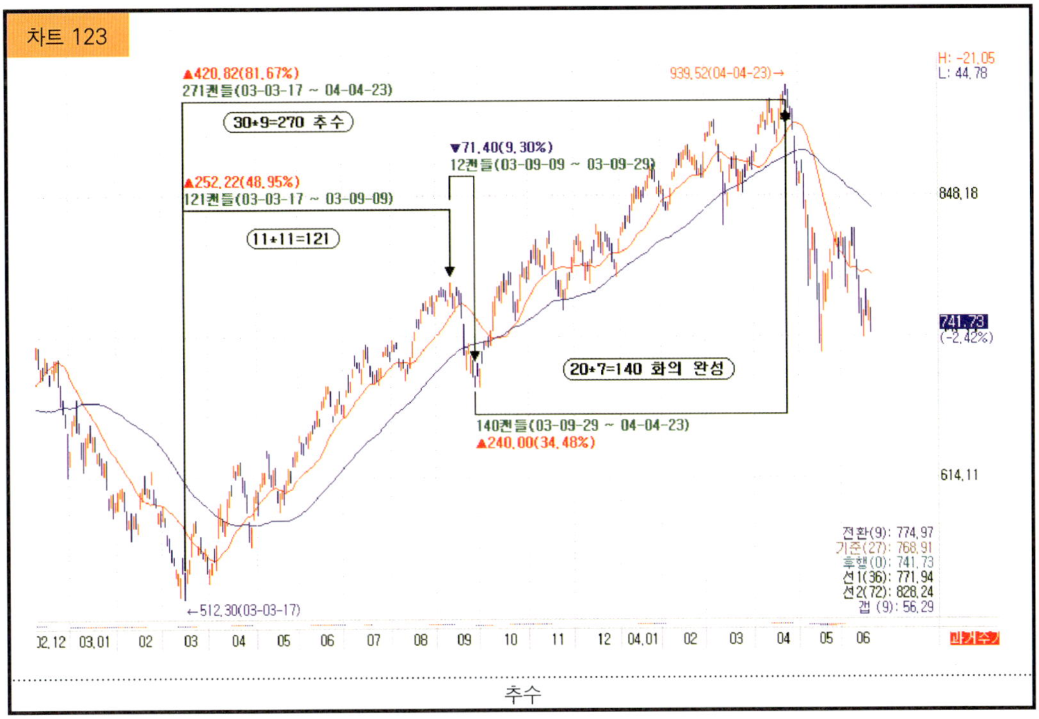

〈차트 123〉은 특정 추세의 저점에서 최종 고점까지의 전체 장세를 보여주고 있는데 여기서 주목할 것은 장세의 저점으로부터 고점까지의 기간이 271(270+1)이라는 점이다. 270은 90을 한 단위로 3순환이 완성되었다는 것을 의미하며 추수(秋數)에 해당된다. 추수란 전체의 모습을 4등분했을 때 4분의 3의 위치에 해당되는 수다. 앞서도 언급한 바 있지만 본체수를 의미하는 4분의 1은 현상계에 드러나지 않으므로 실질적인 완성은 4분의 3의 위치에서 이루어진다.

장세의 저점에서 중간 고점까지의 기간이 121(11×11)이자 120순환수이다. 또 중간고점에서 크게 조정을 보이는데 이는 120순환수가 완성되고 그에 따른 시간의 충격이 가해지는 현상이다. 이후 저점에서 최종 고점까지의 기간이 140수인데, 140은 2(火)×7(火)의 의미로서 기본 화(火)의 완성된 모습을 나타낸다. 이러한 중요마디 전체를 조합하면 270수로 귀결되고 270수는 큰 추세의 완성을 의미하는 추수(秋數)로 나타나고 있다.

차트 124

변곡의 상호연관성

〈차트 124〉는 진행중인 상승추세의 저점에서 최종 고점까지 존재하는 주요 변곡들이 상호연관성을 지니고 있음을 나타내는 경우다. 큰 마디 안에서 작은 마디들이 서로 연관성을 맺으며 중요 파동이 고점에서 합성되어 나타나고 있다. 첫 상승파동의 마디가 40수이며 그 눌림목 저점으로부터 고점까지 파동이 101(100+1)수가 되었다.100수의 중간 부근에서 3봉이 연달아 나타나는데 17수와 13수가 겹치고 있고, 17수와 13수가 29수(30-1)로 통합되어 나타나며 대칭을 이루고 있다. 결국 한 추세의 완성을 의미하는 140수에서 주요 변화의 마디들이 서로 일치하며 커다란 시간의 충격을 받고 있는 모습이다.

새로운 장세의 출현과 돌파

새로운 장세는 주가의 시세흐름에 새로운 시간대가 열림을 의미한다. 이는 시세의 바닥 또는 중요 저점에서 시작하는 경우가 일반적이지만 의미 있는 박스권 장세 돌파 등 기존 추세를 벗어나 이전과 상이한 시세의 흐름이 나올 때도 해당된다. 지난 1980년대 중반 이후부터 급상승하던 주가는 1994년 1,145포인트로 시세의 고점을 형성한 후 근 10년 동안 기간조정을 보였다. 그 기간 동안 급락과 되돌림이 반복되며 3봉 추세가 형성되는 추세수렴의 과정을 보였으며, 그러한 추세수렴 과정을 벗어나는 새로운 흐름이 2004년 8월에 나타났다. 10은 완성을 의미하는 수로 1994년 고점 이후 10년이라는 시간은 그 기간조정이 마무리되는 국면이었다. 또 2005년의 5수는 큰 시간 분기를 의미함으로써 2004년 8월 이후의 장세는 상승의 시간대로 터닝하게 됨을 알 수 있다. 그러한 시장의 의지는 강력한 시간파동의 힘으로 2006년 5월 1,464포인트에 도달하게 되는 것이다.

차트 125

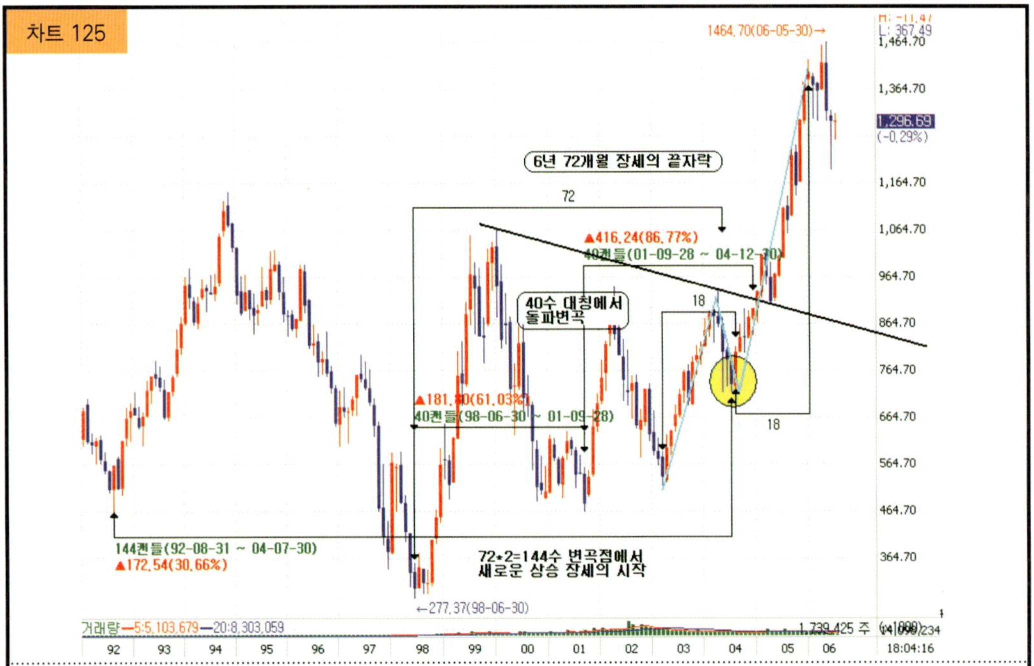

새로운 시간의 시작(1)

〈차트 125〉는 한 추세의 상승파동과 조정파동이 언제 마무리되며 또 어느 위치에서 새로운 시간대로 연결되는가를 나타내는 월봉 차트다. 즉 여기에서 주목해야 할 부분은 IMF 저점 이후 6년의 기간인 72수가 끝나면 어떻게 바뀌는가와 그 이전의 장세 저점에서 144수가 되는 시점에서는 또 어떠한 변화를 보이는가이다.

IMF 저점 이후의 6년 장세에서 대표적인 특징은 한 순환의 완성을 의미하는 72수 부근에서 3봉의 고점을 형성했다는 것이고, 이후 크게 출렁거리지만 이전 저점으로부터 144수가 되는 위치에서 재차 상승세로 전환되어 N자형 파동으로 나타난다는 것이다. 이것은 시간이 끝나는 자리에서 새로운 파동이 생성되는 현상이라고 할 수 있으며, 둘째 별다른 가격조정 없이 상승한 충격파가 나타나지만 시간이 바뀌는 구간에서 조정을 마무리하고 재상승세를 이어가는 모습이라고 할 수 있다.

그런데 IMF 저점으로부터 40수에서는 9.11 테러가 발생하는 충격파동이 나타나고 새로운 변화마디가 형성되었다면, 그와 대칭이 되는 40수에서는 3봉 추세의 주요 저항 추세선을 돌파하는 변화마디로 작용하며 전체 추세를 연결시키는 작용을 하고 있다.

차트 126

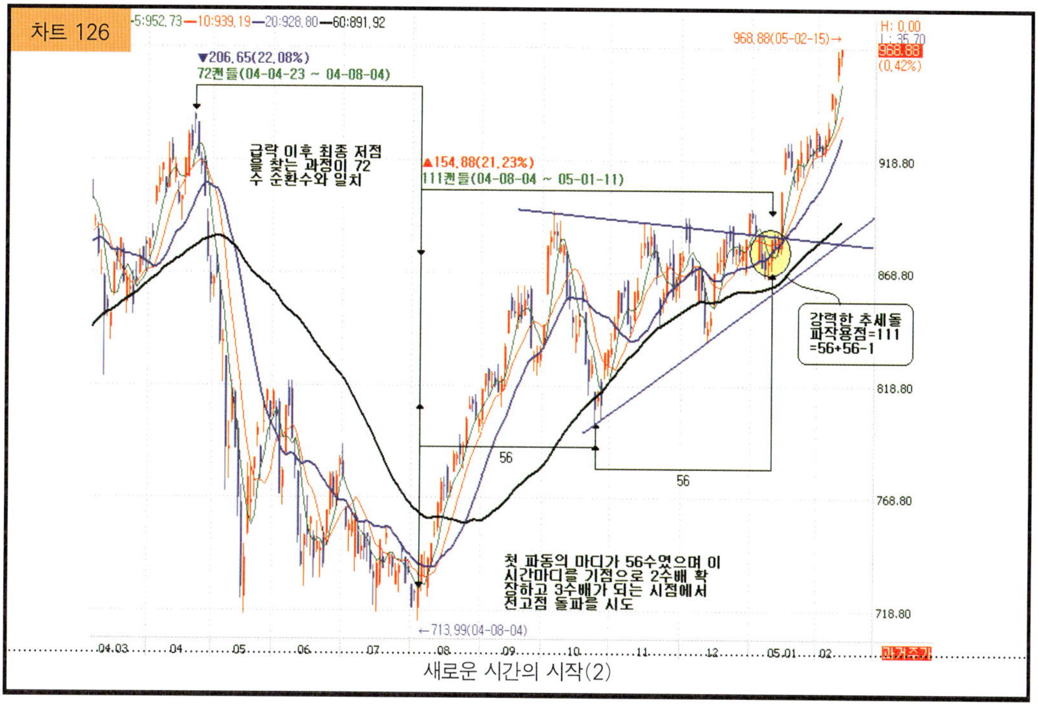

새로운 시간의 시작(2)

〈차트 126〉은 IMF 저점을 기준으로 한 주가흐름이 3봉을 완성한 후 급격한 조정을 받고 새로운 상승추세로 발전되는 과정을 나타내고 있다. 마지막 3봉은 2004년 4월 23일 939.52포인트로 형성되었으며 이후 급격한 조정이 왔다. 그런데 급격한 조정이 72수에서 멈춘 이유는 72수가 기본 36순환수의 음양 2수배로써 한 추세가 완성되는 시간마디를 의미하기 때문이다.

그런데 고점으로부터 72수째인 2004년 8월 4일은 지수 자체의 가격에도 중요한 변화가 시작되는 날이다. 양봉으로 마감된 당시 저점은 713.99 포인트였지만 시가는 719.61포인트, 그리고 고점과 저점의 평균가격은 721.7포인트로써 거의 720포인트에 근접한 가격동향을 보였던 것이다. 즉 지수 720포인트도 72순환수에 해당하는 수로서 그날은 하락일수나 자체의 가격적인 측면에서 볼 때도 대단히 중요한 변화가 시작되는 곳임을 알 수 있었다.

한편 713.99포인트로 저점을 시현한 이후 첫번째 상승과 조정의 마디는 56수를 형성하였으며 그로부터 또다시 56수째에서는 가격과 기간조정을 마치고 재차 급등흐름이 전개되고 있다. 초기 상승파동과 음양 대칭기간이 되는 위치는 저점으로부터 111수로 에너지 비축과정의 마감과 강력한 시세의 출발점으로 작용하고 있다. 111수는 태극수로서 새로운 추세가 형성됨을 의미한다.

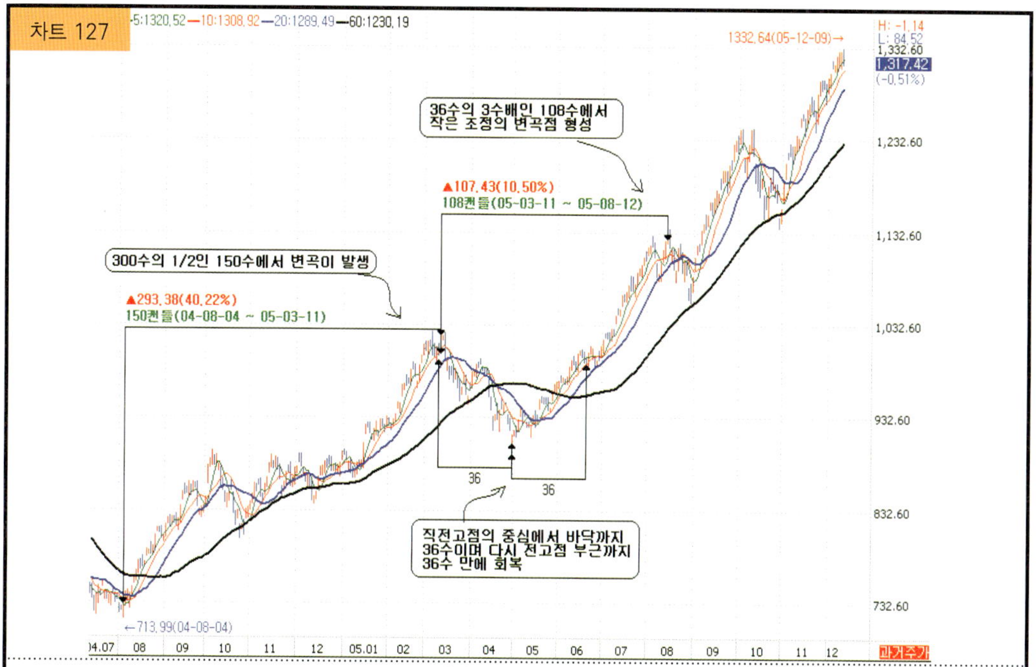

의미 있는 가격 조정

〈차트 127〉을 보면 2004년 8월 4일을 기점으로 지속적인 상승흐름이 나타나고 있다. 상승흐름이 지루하게 느껴질 정도로 추세가 이어진다는 것은 상승의 시간이 그만큼 길다는 의미이며 이것은 그 점을 기점으로 새로운 장세가 열리는 구간이기 때문이다. 저점으로부터 N자형으로 형성된 첫 고점이 150수 구간에서 형성되었고 그에 따른 기간과 가격 조정이 36수 구간에서 마무리되고 있다. 또 첫 고점으로부터 108수에서 다시 의미 있는 가격조정이 이루어지는 것은 36수의 시간마다가 3수배에서 크게 만나는 자리였기 때문이다.

차트 128

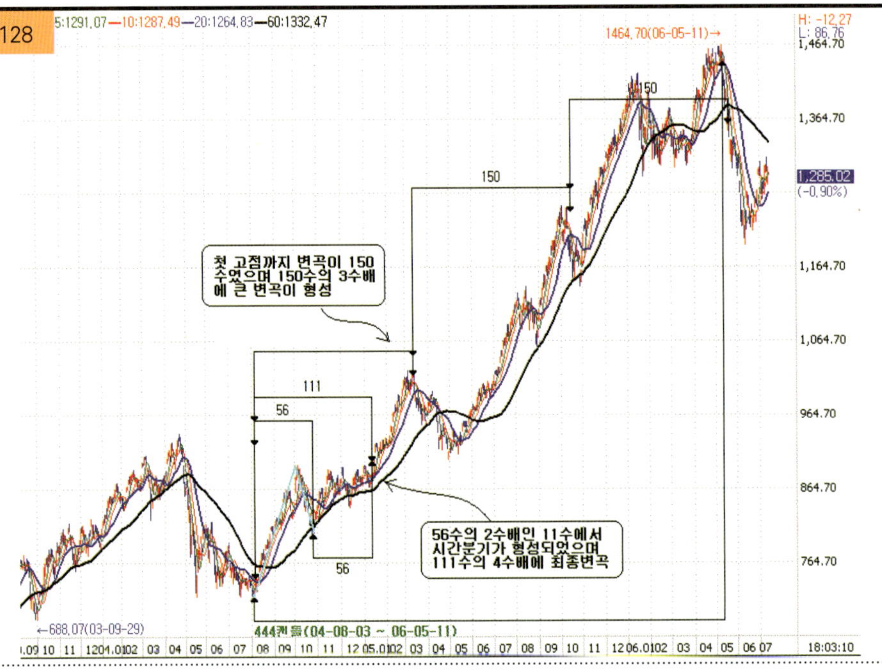

장기 상승추세

〈차트 128〉은 한 추세 내의 주가흐름이 일정한 질서를 보이며 장기 상승추세를 형성하는 모습을 나타낸다. N자형으로 형성된 첫 고점이 150수인데 이는 300수의 1/2에 해당하는 중요 마디이며, 첫 상승파동인 150수가 3순환되는 위치까지도 상승추세가 이어질 수 있음을 나타낸다. 하지만 실제 장세의 고점은 450(150×3=450)에서 조금 못 미치는 444수에서 형성되었다. 444수는 태극수인 111수가 4순환으로 완성되었다는 의미로써 장기간 지속되었던 특정 추세가 마무리되고 새로운 추세로 전환됨을 나타낸다. 즉 첫 번째 111수는 돌파변곡으로 작용하였지만 111수의 4수배가 되는 444수의 위치는 전체 장세의 중요한 분기점으로 작용하여 급락세로 전환되고 있다.

4 장세의 흐름을 보는 기본 분석법

장세흐름을 판단고자 할 경우 수 변곡은 대체로 이해하고 있지만 실제 본인이 적용하려고 하면 답답하거나 당혹감을 느낄 때가 많다. 그 이유는 어떤 지점을 기준으로 적용해야 할지 또 어떤 변곡을 중요하게 다루어야 할지 제대로 판단하지 못하기 때문이다.

먼저 염두에 두어야 할 것은 그리드(grid) 개념이다. 이는 주요 대중소 변곡 단위를 정수배로 연장하여 3~5회 반복시켜 선행적으로 그리는 것을 말한다. 그림 작업을 예로 들면 밑그림이나 스케치 작업에 해당되고, 건축에 있어서는 가설작업으로 이해를 하면 된다. 실제 변곡이 완성될 때는 가상으로 그린 그리드를 생략하면 된다.

왜 주요 변곡을 정수배로 확장하는 것인가? 그것은 사물은 정수배로 운행하며 정원궤도를 도는데, 실제 현상계에 나타날 때는 정수배가 되려는 과정으로서 타원궤도를 형성하게 되므로 약간의 오차가 생긴다. 그러나 장세의 시종이나 전환점에서는 다시 정수배나 정원궤도를 찾아가려는 회귀 본능이 있어 근본 질서와 원칙에 귀일(歸一)한다.

반복재생하는 파동 변곡

한 번 나타난 변곡은 바로 이어서 나타나지는 않지만 어떤 구간에선가 반드시 재현된다. 예를 들어 고래가 잠수하지만 숨을 쉬기 위해 다시 물 위로 부상하듯 한 번 나타난 변곡은 일정 시간 잠복 후에 다시 나타난다. 한 번 형성된 습관이나 버릇이 무의식 중에, 아니면 생활 속에 다시 나타나게 되는 것과 같은 이치다.

차트 129

파동의 반복재생

〈차트 129〉는 일정한 상승이 지속되고 있는 과정에서 파동이 반복재생되는 경우를 보여주고 있다. 주기파동이 재생된다는 것은 기존 추세가 유지된다는 뜻이기 때문에 기존 추세를 추종할 필요가 있다. 첫 출발하는 상승파동의 주기수가 16수다. 이 16수의 주기파동은 일시 파동이 바뀌어도 여전히 살아 반복되며 재현된다. 그리고 저점에서 저점까지의 파동이 22수인데, 이 22수는 고점에서 고점의 파동으로 재현되었다. 또한 세부적으로도 저점의 13수 파동이 다시 재현되어 13수의 주기파동이 형성되는 모습이다.

이러한 경우에서 알 수 있듯 일정한 추세에서는 주기파동이 항상 쌍으로 완성된다. 일반적으로 한 번 형성된 변곡은 다시 반대 방향의 성격으로 나타나기도 하고 겹쳐서 나타나기도 한다. 그러나 쌍으로 나타나면 그 변곡은 일단 큰 마무리를 짓는다고 보아야 한다. 즉 두 개가 한 쌍이며 다시 이 한 쌍이 다시 더 큰 쌍으로 구성되는 이치와 같다. 인체로 보면 코는 콧구멍 두 개로 구성되어 있고, 두 눈을 합쳐 한 눈으로 보는 것과 같고, 가슴이 나오면 반대로 엉덩이도 나오는 이치와 같다. 즉 파동으로 보면 저점과 저점의 변곡은 다시 향후 고점과 고점의 변곡으로 작용하기도 하고, 저점과 저점의 변곡이 두 개 합쳐져 하나의 전체 변곡으로 작용하기도 한다.

주기반복하는 파동 변곡

파도의 물결처럼 한 번 나타난 주기는 연이어 반복된다. 매번 나타나지는 않더라도 일정 변곡주기가 또 다른 변곡주기와 겹쳐져서 나타나면 그 변곡이 중요 변곡이기 때문에 그것을 기준으로 변곡주기를 다시 카운팅해야 된다. 여기서 중요한 것은 주기반복을 할 때는 겹치는 구간이 있기 때문에 1수가 짧아지는 단점이 있다. 예를 들면 36수와 36수가 겹쳐지면 합은 72가 아닌 71이 된다. 즉 1수가 없어지기 때문에 무한히 주기반복을 하는 것이 아니라, 주기반복을 할 때 맞는 변곡까지가 주기반복의 횟수가 된다.

차트 130

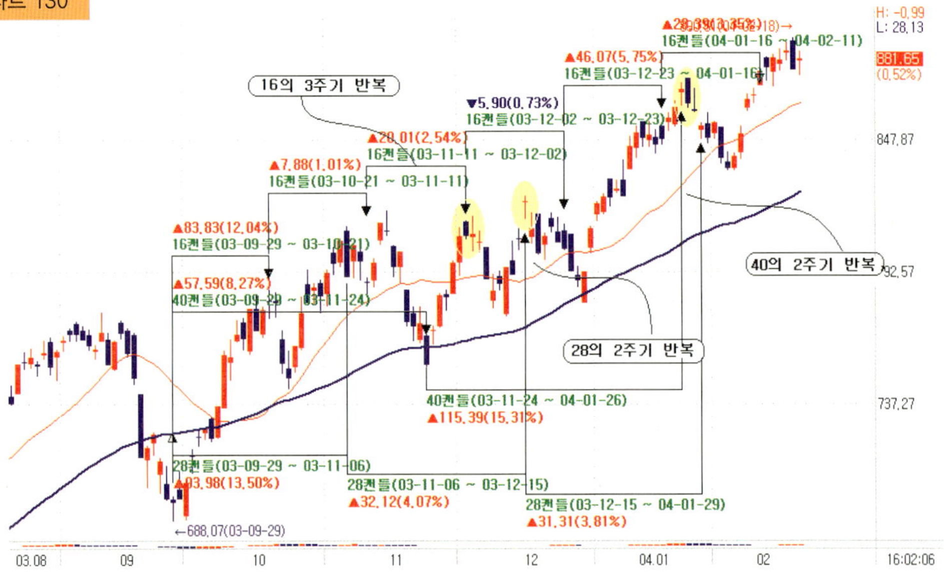

파동의 주기반복(1)

〈차트 130〉은 한 번 형성된 주기파동을 사용하여 향후 전개될 변곡의 위치를 카운팅하는 경우다. 즉 한 번 형성된 변곡은 16수와 28수 그리고 40수인데 이 세 가지 변곡을 주기반복시키면 16수는 3회에서 주요 고점에서 걸리며, 28수는 2회에서, 그리고 40수도 2회에서 걸린다. 복합적으로 나타난 변곡이 모두 장세의 주요 전환점을 암시하고 있다. 즉 파동은 주기가 다른 파동이 합성되어 나타나는 것이며, 이미 같은 변곡주기가 나타나 구성된 것은 더 이상 주기반복이 되면 효용성이 떨어진다. 그 이유는 근거리 변곡의 영향력이 크고 원거리 변곡의 영향력이 적다는 물리적인 이유도 있겠지만, 다른 측면에서 보면 지난 변곡의 영향력이 현재 변곡의 원인이라면 다시 현 변곡이 원인이 되어 미래의 변곡으로 작용하기 때문이다. 즉 과거-현재-미래의 시간흐름이며 시중종이나 정반합의 운행원리이기도 하다.

차트 131

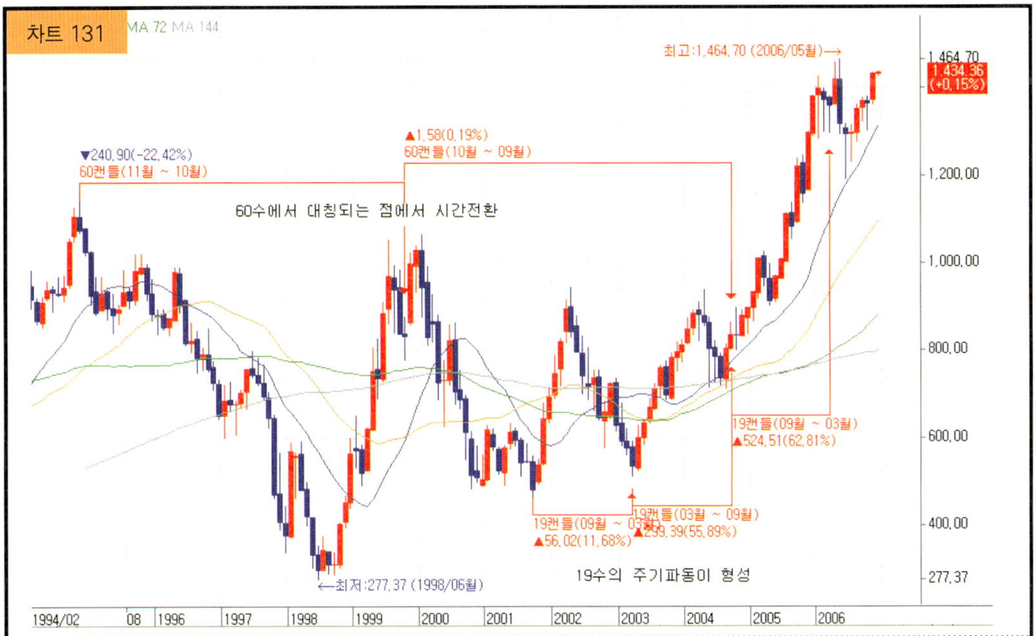

파동의 주기반복(2)

〈차트 131〉은 지속적인 상승을 보이는 거래소 월봉 차트다. 2000년을 중심으로 60수 파동이 대칭되는 양상을 보이고 있다. 왼쪽은 고점과 고점이지만 오른쪽은 삼봉 추세의 끝자락이다. 비록 정확히 일치되는 60수는 아니지만 큰 추세의 기준점이 된다. 그리고 저점과 저점의 기준이 되는 19수 파동이 3번 반복되면서 연장되는 것을 알 수 있다.

대칭구조의 파동 변곡

사물은 음양으로 구성되어 있는데 그 특성 중 하나가 상대적 동시성이다. 이 말은 대칭으로 구성되어 있다는 의미와 닮은꼴로 이루어져 있다는 의미를 포함하고 있다. 즉 어떤 기준을 중심으로 좌우대칭이 되며 변곡도 좌우대칭으로 존재한다는 뜻이다. 그렇기 때문에 일정 시(時)구간의 중심이나 파동의 중심을 기준으로 서로 대칭을 이루게 된다는 개념이며, 변곡에 해당되는 자리는 필연적으로 변곡으로 작용한다. 즉 정확히 같은 개념이나 반대의 개념이 적용되므로 대칭구조의 파동 변곡을 통한 장세 접근은 매우 놀라운 적중률을 기대할 수 있다. 이 개념을 적용하기 위해서는 먼저 이 기준점이 진실로 중요한 중심 변곡이냐를 여러 가지 각도로 체크해야 한다. 기준을 잘못 잡고 적용하면 엉뚱한 결과를 가져오기 때문이다. 하지만 그 중심을 제대로 활용할 경우 여러 접근 방법 중에서 가장 신뢰도가 높고 변곡의 해석도 쉽고 단순해진다. 동양사상에서는 중용의 덕목이나 시중지중(時中之中)의 덕목으로 자주 인용된다. 사물에서는 태풍의 눈이나 원자의 핵 자리에 해당된다.

차트 132

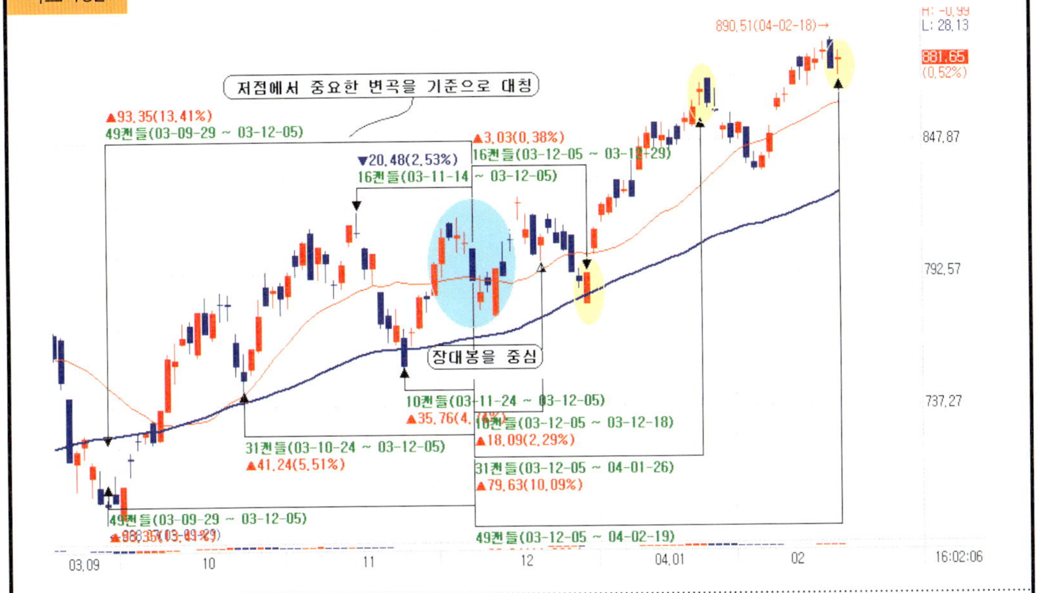

대칭 변곡

〈차트 132〉는 일정한 상승추세에서 대칭구조가 형성되는 경우를 보여주고 있다. 중요 대칭 변곡의 중심은 강한 힘을 가지고 있다. 그리고 저점에서 49수 변곡으로 7×7=49수로 작용하여 동수 곱수에 해당된다. 즉 정원궤도를 도는 양상이다. 또한 조정파동의 전체 중심이기도 하다. 이 변곡을 중심으로 이전 과거인 10수–16수–31수–49수의 변곡을 체크하여 미래 시점으로 대칭시켜 보면 대부분 변곡으로 작용하고 있다는 사실을 알게 된다. 사물의 전체는 항상 닮은꼴의 대칭구조를 형성하고 있다는 사실을 보여주는 것이다. 사물의 구성은 항상 전체를 생각하고 판단해야 하며, 그것은 전체와 부분 그리고 중심을 올바르게 바라보고 파악해야 한다. 위의 파동에서 보듯 사물의 중심을 제대로 파악할 수 있는가, 그렇지 않은가에 따라 차이는 극명하게 달라진다. 외부로 나타난 변곡을 가상으로 잡아 아무리 주기 반복이나 주기 재현을 시킨다고 해도 중심으로부터 파악한 대칭 변곡의 장세해법보다 효용성이 떨어진다.

〈차트 133〉은 큰 변곡구간이 형성된 파동을 중심으로 대칭이 형성되는 모습을 보여주고 있다. 큰 조정을 보이는 저점을 기준으로 24수 대칭이 형성되고 있다. 그리고 고점과 고점 구간이 79수인데 79수가 다시 큰 조정을 보인 이후 저점에서 재현되는 모습이다. 파동이 역전되어 나타나고 있음을 알 수 있다. 79수의 2수배인 158수가 큰 파동에서 저점과 저점의 주기로 나타난다는 점에서 파동이 분기된다는 것을 알 수 있다.

시간으로 본 목표 변곡

상승추세에서 얼마만큼의 진폭으로 오를 수 있을지 아니면 언제까지 오를지를 아는 것은 매우 중요한 포인트다. 그런데 그 목표에 도달하는 시간과 진폭을 아는 방법으로 가상 고점이라고 생각하는 변곡의 시간과 진폭을 보고 판단하는 방법이 있다. 즉 처음의 탄생파동을 보고서 전체 파동의 규모와 크기를 가늠하여 언제까지 그리고 얼마만큼 오를 수 있을지 미리 예측하는 방법이다. 시작을 알면 끝을 알 수 있는 것과 같은 이치다. 물론 초기 예측이 맞아가고 있는지 중간의 중요 변곡을 점검할 필요가 있으며, 이전 장세와 현 장세의 파동의 상관관계도 보아야 한다.

단순한 하나의 가정만으로 모든 것을 판단하거나 적용시키지 말라는 당부를 다시 한 번 하고 싶다. 모든 방법론에는 방대한 분량의 기법이 존재하지만 각기 하나의 예로만 압축하여 설명하기 때문에 여기에서 소개하는 것이 모든 것은 아니며, 다만 무궁무진한 새로운 파동의 세계로 진입하는 초석으로써 제시를 한다. 선행적 예측의 모든 결정론은 시간의 순환 속에서 움직이는 파동의 기미와 상 속에 해답이 있다. 즉 처음의 파동 안에 모든 미래가 내장되어 있으며, 사물의 씨앗 에너지와 형태로 표출되는 것이다. 다소 생소할 수 있고 일견 복잡한 해법으로 느껴질 수도 있겠지만, 그것은 우리가 현대의 물질문명에 치우쳐 진작 중요한 자연의 순환이치나 원리는 애써 외면하기 때문일지도 모른다. 몇 번이고 반복해서 읽다 보면 시간 운행의 법칙과 상과 수에 그 미래가 담겨 있음을 이해하게 될 것이고, 또 기준과 적용이 맞다면 매우 놀라운 적중률과 정확성에 감탄할 것이다.

● 탄생파동과 본체수 변곡

에너지 보전의 법칙과 마찬가지로 한 번 일어난 파동도 반드시 다시 반복된다. 주기가 반복될 때마다 동일한 변곡으로 나타나지는 않지만, 변곡으로 작용하는 힘은 없어지지 않고 잠복하여 언제든지 변곡으로 작용한다. 결국 탄생파동의 진폭과 시간의 총체적 모습은 대단히 중요한 양상을 가지는 초기값이 된다. 이 초기값은 추세가 전환될 때까지 변하지 않고 변곡에 결정적 영향을 미친다.

차트 134

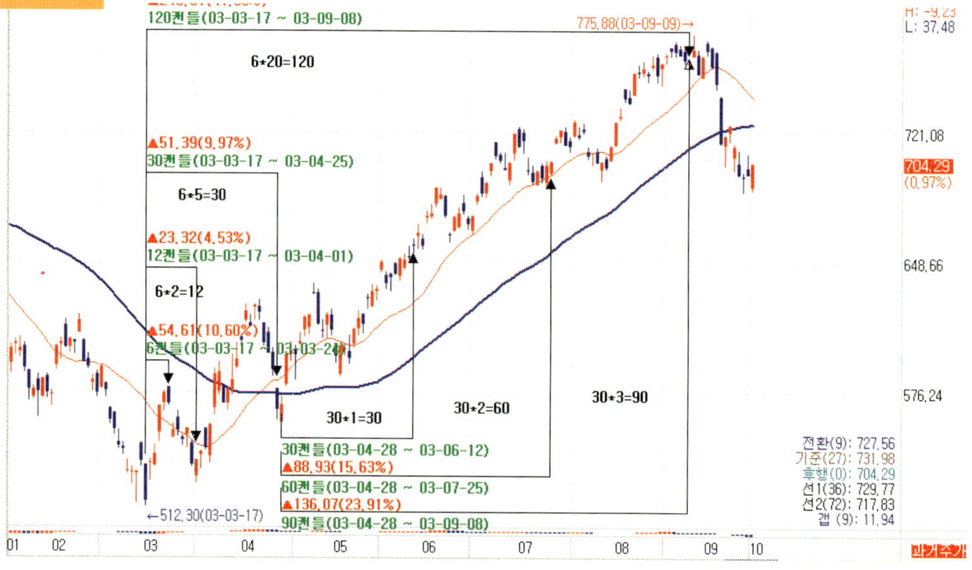

6순환(2)

〈차트 134〉는 장세의 초기 탄생파동이 어떻게 장세에 영향을 미치는지를 보여준다. 첫 고점이 6수이며 첫 저점이 12수인 초기 변수값을 가진 상태에서 출발하였다. 12는 원순환수인 12지지 순환수 변곡을 형성하였다. 그리고 두 번째 저점이 30수를 보이고 있다. 12주기 파동과 30수 파동이 장세의 주기 변곡으로 작용하여 12수의 10수배인 120수 만에 장세의 주요 변곡이 되었고, 이는 30수 파동의 4수배인 120수와 일치하는 변곡으로 작용하였다. 12수와 30수가 만나 벌이는 장세의 종합 변곡이 120수에 완성되는 것은, 30수가 4계절이 순환하는 이치와 같고, 12지지가 10수배 무극운동을 하는 이치와 같다.

절기파동과 본체수 변곡

절기는 주가에 매우 중요한 변곡으로 작용하는 경우가 많다. 절대 변곡으로 작용하기도 하고, 실제 변화와 약간의 시차를 두는 간접 변곡으로 작용하기도 한다. 그러나 엄밀한 의미로 보면 절기는 시간의 그리드 기법이기 때문에 정확하게 절대적인 작용을 한다. 변곡이 맞아가는 부분에서는 사물이 정원운동을 한다. 정원궤도는 장세의 저점이나 고점 또는 전환점에서 잘 맞아떨어지며, 그 이외의 구간에서는 다소 시차가 생긴다. 즉 절기와 주가의 변곡이 일치하는 구간인가, 그렇지 않은 구간인가에 따라 현 파동이 진행되는 상태를 알 수 있다. 절기는 파동의 분기를 의미하기 때문에 일치하는 구간에서 중요 변곡으로 삼으면 된다. 그런데 주가의 변화가 절기와 시차를 두고 일어난다고 해서 절기 변곡이 틀리는 것은 아니다. 절기 전에 변화가 오기도 하고 절기 후에 변화가 오기도 하는 오차변수 시간이 존재하기 때문이다. 그렇기 때문에 주가변화가 절기와 일치하여 나타날 경우 그 위치를 중요 변곡으로 보는 것은 매우 효용성이 높은 기준 변곡 활용법이다. 물론 절기 변곡 활용법은 대단히 많으며 신비의 대상이기도 하다. 절기란 시간이 새롭게 시작하는 절대시간 변곡이기 때문이다.

차트 135

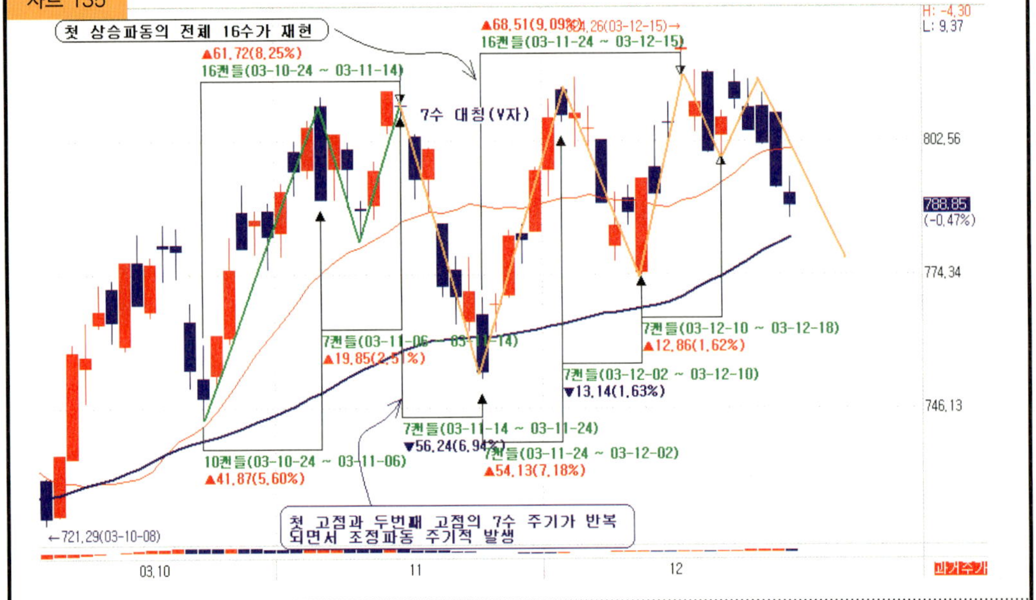

절기와 추세(1)

〈차트 135〉는 절기가 장세의 저점 위치와 다소 시차를 보이는 경우다. 이때는 두 지점에서 장세의 주요 변화마디를 카운팅한다. 절기 변곡에서 출발하는 기준점과 장세 저점에서 출발하는 기준점이다. 실제 저점과는 차이가 있지만 전체적인 장세의 시간은 절기 변곡에서 시작되기 때문에 절기에서 파동 카운팅을 해야 한다. 절기 기준점에서 보면 장세의 고점 변곡은 100수다. 저점에서 보면 96수다. 즉 절대 변곡을 의미하는 100수가 절기와 정확히 일치한다. 한편 저점에서 20일선 돌파까지 8수이며 이 8수가 탄생파동이 된다. 8수가 열두 번 변화를 하면 정확히 96수 변곡과 일치한다. 탄생파동의 끝에서 중심파동까지는 45수이며, 45수는 장세 고점 변곡이다. 결국 대칭 개념으로 맞아떨어지는 전체 장세 모습이 나오는 것이다. 이처럼 절기 변곡과 탄생파동의 변곡으로 고점의 목표시간을 정확히 예측하는 방법이다.

● 절기파동의 지지 변곡과 저항 변곡

절기의 4대축은 이분(二分)과 이지(二至)다. 이분은 춘분과 추분을 말하며 이지는 하지와 동지를 말한다. 분(分)은 나누다는 의미로 분기점을 상징하며 지(至)는 이르다의 의미로 시작과 끝을 상징한다. 이와 더불어 알아두어야 할 것은 입춘와 입추 그리고 입하와 입동을 가리키는 4대 기준축의 진입문 변곡이다. 다른 말로 풀이하면 시간문이 열리고 닫히는 시기라고 말할 수 있으며, 변화가 처음으로 시작된다는 개념이자 이전 변화가 마무리된다는 개념이기도 하다. 그래서 진입문 변곡은 중요한 기준점이 되며 그 시점에서 형성된 시간 개념과 진폭 개념을 모두 적용하여 추세를 판단할 수 있다.

차트 136

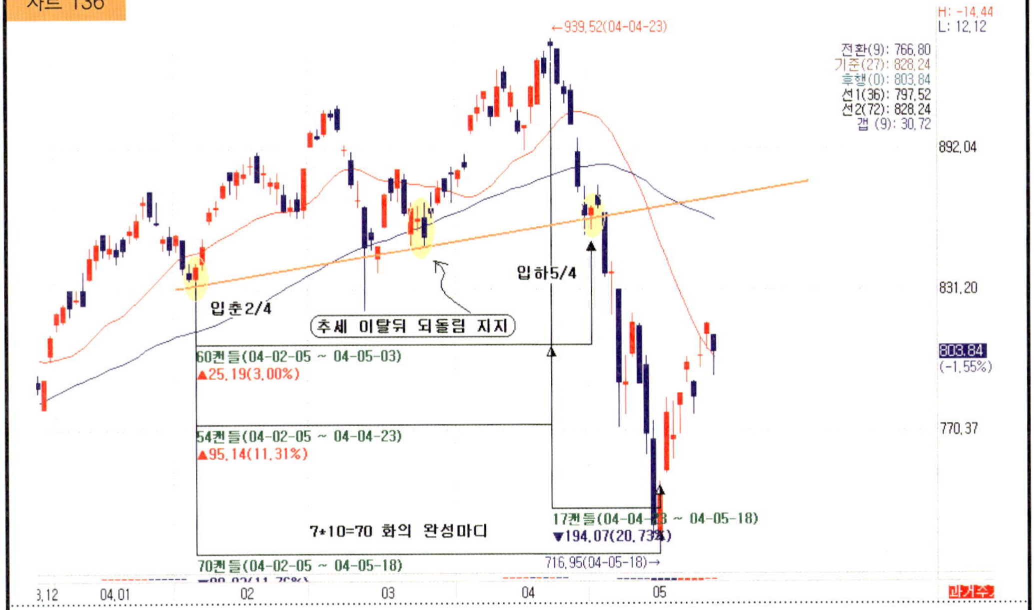

절기와 추세(2)

〈차트 136〉은 특정 절기를 기준으로 지지와 저항관계를 나타내고 있다. 즉 절기파동으로서 입춘과 입하의 의미를 극명하게 알 수 있다. 입춘에서 더 강력한 상승파동이 일어났으며 시간과 함께 순행하여 상승하였다. 하지만 이후의 급락으로 가격대가 훼손되었고, 이는 비록 추세를 다시 회복하더라도 추가 상승이 불안하다는 것을 선행적으로 보여주고 있다. 한편 입춘과 안착지점을 연결한 라인을 중요한 절기 추세선으로 활용할 수 있는데 입하 시점에서 짧게 반응한 후 결국 그 라인을 하향이탈하는 모습이다. 이처럼 입춘과 입하 그리고 그것을 연결한 라인 주가 동향에서 확인할 수 있듯 절기는 중요한 에너지층을 형성하고 있으며 향후의 주가 방향과 강도를 가늠해 볼 수 있는 중요 기준점 역할을 하고 있다.

갑자(甲子) 변곡과 본체수 변곡

상수학에서는 만물이 음양오행으로 돌아가고 구체적으로는 10간 12지로 순환한다는 변화원리를 제시한다. 쉽게 정리하면 오행이 음양으로 2분기되어 10천간이 되고, 이 10천간(5×2)이 하늘의 운행을 나타내며, 하늘의 운행인 5행이 땅에 연동할 때는 본체수 1태극의 운동으로 스스로 진화하여 6기로 변화하고, 그 6기가 음양으로 다시 2분기되면 12지지(6×2)가 되어 결국 10간 12지지의 순환운동을 하게 된다고 제시한다. 즉 크게 보면 5행이 5운 6기로 발전되며, 작게 보면 10간 12지지가 년월일시로 각각 운행하여 60갑자로 발전된다는 개념이다. 그러므로 1년은 60년 만에 일순환하고, 1월은 60개월 만에 일순환하며, 1일은 60일 만에 일순환하고, 1시간은 60시간 만에 일순환한다. 또 60개월이면 5년이고, 60일이면 2달이며, 60시간이면 5일이 된다. 즉 구체적으로 분기를 해도 결국 5행과 관련된 수로 바뀌는 것이다. 그런데 사물의 운행체계는 시간의 첫 출발인 갑자에서 시작하여 계해로 끝난다. 물론 사물운동이 갑자일마다 시작한다는 의미는 아니지만 그와 연동된 움직임과 구간이 뚜렷하게 존재한다는 것이다. 그 60갑자의 변곡과 기법은 많지만 여기서는 기본적인 개념만 소개하도록 하겠다.

차트 137

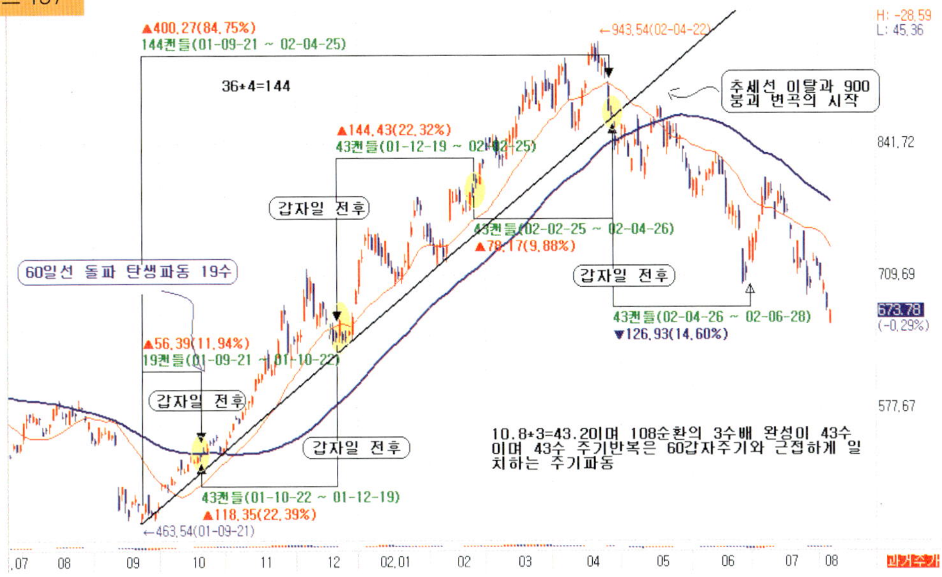

갑자 변곡

〈차트 137〉은 갑자일만을 표시하여 전체 장세의 흐름과 비교한 경우다. 객관적 시간의 60일은 주식시장 영업일수로 보면 대략 40일과 일치한다. 즉 위의 차트에 나타나 있듯 43과 근접한 수 변곡을 형성한다. 첫번째 표시된 갑자일은 장세 저점에서 19일 만에 60일선을 돌파하는 변곡으로 작용하였다. 이후 매 갑자일마다 강한 상승으로 이어지게 하는 중요 연결마디로 작용하는 모습이다. 그 주기가 43인데 43은 10.8일의 3수배에 해당되는 수이므로 순환수 변곡인 것이다. 그리고 장세의 고점에서 추세선을 이탈한 날이 갑자일 전후다. 즉 그 동안의 상승세를 마감하고 하락으로 전환되는 새로운 추세가 현실적으로 출발하는 갑자일의 시간에서 형성되고 있는 모습이다. 갑자일은 주요 이동평균선의 돌파 변곡 또는 추세선 돌파 변곡 그리고 연결 변곡이 될 기능이 있다. 그렇기 때문에 다양한 시각으로 전체 장세를 바라보는 자세가 필요하다.

천문 변곡과 본체수 변곡

천체운행 질서와 사물의 변화를 동일시하는 관습은 고대로부터 내려오고 있으며, 현대 교육을 받은 지식인에게도 예외는 아니다. 회사에서 상사에게 결제를 받을 때 상사의 안색이나 컨디션을 살피는 것은 상사의 기미와 징조를 살피는 행위다. 그리고 천체운행의 별자리 흐름을 살펴 이상한 천문(天文) 현상이 나타나면 세상에도 이상한 일이 벌어지리라는 예측을 하는데 이는 실제로 현실화되는 경우가 많다. 혜성의 출현시기와 전쟁이나 질병 유행의 시기가 일치하는 것도 마찬가지다. 다만 그것이 현상계에 출현하기까지는 잠복과정이 있기 때문에 일정한 시차가 있을 수 있다. 즉 저점에서 탄생파가 20일선이나 60일선 위로 돌파되기까지 다소 시차가 생기는 것과 유사하다. 그 외에도 천체운행 변곡수와 주가파동의 변곡수가 서로 일치하는 경우도 많다. 대표적으로 태양과 달의 움직임, 혜성의 76년 순환, 윤달의 출현 그리고 오행성의 순행과 역행 등이 그러하다.

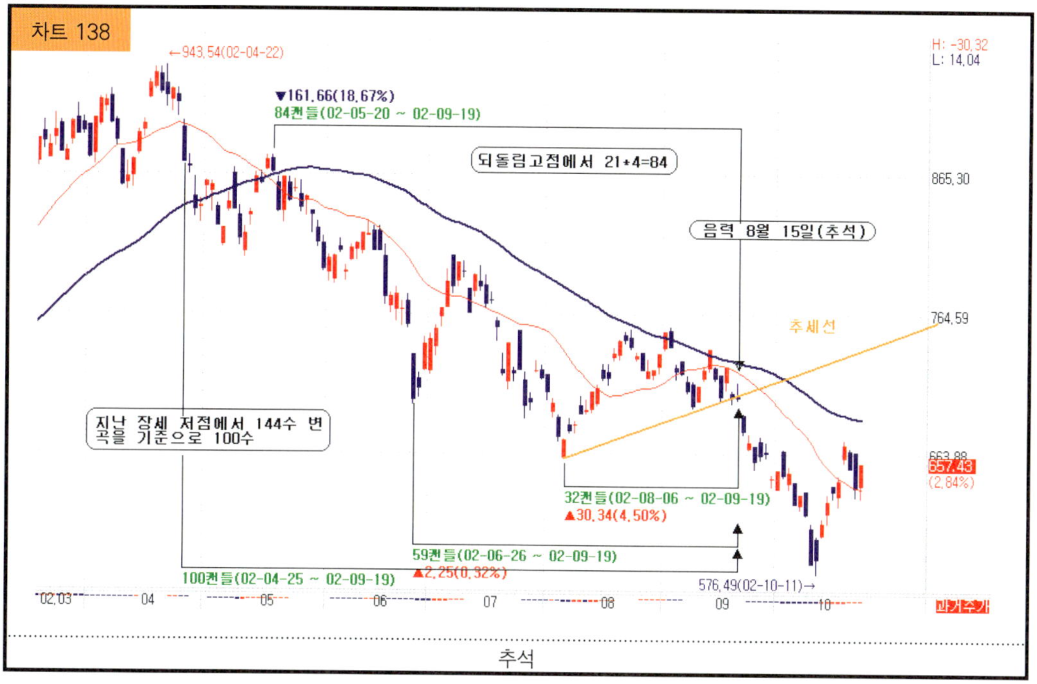

〈차트 138〉은 음력 명절에 해당하는 변곡이 주가와 어떤 관계가 있는가를 나타낸다. 음력은 달의 공전을 주기로 만들어진 시간력이다. 지구에서 바라볼 때 달의 차고 기우는 변화모습을 통해 어떤 변화의 극성과 소멸을 예측해 볼 수 있다. 매달 그러한 변곡이 형성되는 것은 아니지만 중요한 변곡 구간에서는 이런 원리가 적용될 수 있다. 예를 들어 음력 8월 15일은 만물을 추수하는 추석 명절이다. 이는 중요한 시간의 분기점으로 보통 음력 8월 15일 이후에는 장세가 급등락을 보이는 경우가 많다. 차트에서 20일선을 강하게 이탈하여 하락추세로 전환된 시점부터 카운팅하면 100수에 해당되는 위치가 추석명절이다. 즉 어떤 수가 완성이 되는 자리임을 암시한다. 또 첫번째 되돌림 고점에서 보면 84수이며 84수는 21의 4수배 또는 7화(火)의 12순환이 완성되는 자리임을 뜻한다. 그리고 이격이 과해진 저점에서 보면 59수 위치다. 59수는 60갑자수에 해당되는 변곡이다. 결국 달(음)의 기운이 극대화되는 8월 15일에 다양한 변곡이 연속으로 합치되어 강한 하락파동이 형성되는 모습이다.

차트 139

화성 변곡(1)

〈차트 139〉는 화성의 운행질서 변화가 주가와 어떤 연동관계에 있는지 나타내고 있다. 2003년 8월 28일은 화성이 6만년 만에 지구에 가장 가까이 접근한 시기이고, 이는 극명한 분기점이 되었다. 차트에서 보면 이 시점에서 장대음봉이 발생하였고, 이를 기점으로 70일 및 114일의 대등 변곡이 형성되고 있다. 장세의 중심핵 자리 역할을 하는 모습이다. 결국 천체운행의 중요한 변화가 장세의 중심 전환점으로 작용하는 것이다. 140일은 20의 7수배로서 화(火)가 분열되는 양상과 같으며, 저점에서의 44수와 고점에서의 44수가 대칭되고 있다. 그리고 저점에서 200수 이후 본체수인 27수가 나오고 장세의 고점 변곡이 드러났다. 전체 모습은 항상 쌍으로 존재하는 대칭 개념이기 때문에, 중심에는 중요한 변곡이 있게 되며 그 중심이 화성 근접일과 일치하고 있다. 장세에 던져지는 심리와 호재, 악재 사이에는 보이지 않는 신비한 질서가 있다는 사실을 확인할 수 있는 대목이다. 즉 어떠한 사물도 전체가 있으며 그 중심이 있고 중심에는 반드시 사물의 비밀을 아는 핵자리가 있다는 것이다. 한편 화성은 분열과 발전, 전쟁과 재앙의 이중적 구조를 가지는 상징적 행성이다. 그렇기 때문에 화성은 어떤 생명의 완성 또는 소멸의 시작과 연동성이 강하다.

생명파동 핵심과 화성(火星) 변곡수

음양오행은 사실 오성학(五星學)이며 별자리 운동으로서 그 별자리가 던지는 운행기운을 파악하는 것이다. 즉 9행성은 지구를 중심으로 수성-금성-지구-화성-목성-토성… 순인데, 지구에 가장 강한 영향력을 미치는 것이 5행성이다. 5행성이 공전과 자전을 하며 지구에 영향을 미치기 때문에 그것을 공식화한 것이 오행의 원리이며 60갑자의 원리가 된다.

그러면 화성이 6만년 만에 지구에 가장 가까이 근접한 2003년 8월 27일은 중요한 시간의 중심에 해당된다. 2004년은 1984년의 갑자년으로부터 20년째에 해당되는 해다. 10년마다 변화하는 분기점이자 중요한 전환점이다. 1994년은 거래소 주가가 1,145포인트로 최고점을 기록한 해였고, 그로부터 3년 만에 277포인트의 최저 지수가 형성되었다. 그렇다면 이 시기에 어떠한 천문현상이 일어났는가? 1994년 7월 16일부터 22일까지 목성 주위의 21개 혜성이 목성의 남반구에 충돌했다. 이름은 슈메이커-레비 혜성이다. 목성에 혜성이 충돌하는 것을 목절(木切)이라 한다. 목기운이 꺾이는 대악재의 파장이었던 것이다.

동양의학에서 간(肝)은 목(木)이니 목절(木切)이란 간(肝)에 이상이 생기는 질병이 발병하게 됨을 의미한다. 우리나라 현대병 중에서 간암이 1994년부터 사망률 1위로 올라서서 지금까지 1위를 지키고 있다는 의학자료도 있다. 목절의 영향을 그대로 받았다고 볼 수 있다. 이 현상과 연동되어 북한의 김일성 주석은 1994년 7월 10일 묘향산의 휴양시설에서 심근경색으로 사망했다. 놀라운 연동성을 보인 것이다. 또 6개월 후인 1995년 1월 17일 일본의 지진 관측사상 최대의 파괴력을 지닌 고베 대지진이 터졌다. 진도 7.2의 강진 발생으로 사망 5,249명, 피해액 1조 4,000억 달러인 엄청난 사건이었던 것이다.

그런데 2003년 8월 27일을 기점으로 목운궁 중에서 목의 하반기운인 목절의 시간대가 모두 지나갔다. 이제 화운궁 시대로 접어든 것이다.

화성은 16년을 주기로 지구에 근접하거나 멀어진다. 16년이 4순환되면 16×4=64년이 된다. 즉 60주기에 본체수 4를 더한 개념이다. 60년 주기가 반복되는 이치가 선명하게 드러난다. 그리고 화성은 강력한 불기운(相火)을 지구에 미쳐 만물의 생사변곡을 이룬다. 즉 7화의 불기운과 7생명의 생명 변곡을 나타낸다. 전쟁은 강한 성장의 끝을 나타내며 기운이 넘치는 강력한 폭발을 의미한다. 때로는 비이성적 광기나 전쟁도 같은 의미다. 화성은 불처럼 붉은색을 띠어 화성(火星)이라 불리며 옛 조상들은 형혹(熒惑)이라 불렀다. 불빛이 집 안팎에서 붉고 붉은 것은 사람을 미혹시킨다 하여 붙여진 이름이다. 서양의 점성술에서는 화성에 대한 해석이 진취적이다. 한 통계학자의 조사에 의하면 유럽사상 위대한 장군 3,142명과 스포츠 챔피언 1,485명의 탄생일시를 추적했더니 화성이 남중(南中)하는 가장 밝은 시간이었다고 한다. 출세하려면 위험이나 고난 앞에 용기 분천하여 공격적으로 도전하는 극렬한 기운을 가져야 한다는 의미일 것이다.

화성이 16주기 운동을 하는 이치와 같이 8변화를 반복하는 것은 성장의 지속으로 보고 파동에서도 이와 같은 적용을 한다. 그리고 어떤 큰 수가 70이나 140으로 마무리되는 것은 성장의 완성으로 보는 것이다. 주가파동도 천체운행의 질서처럼 돌아간다고 보기 때문이다.

화성은 공전 궤도상 12~16년마다 지구에 가까이 온다. 16수도 8변화의 2수배와 정확히 일치한다. 화성의 근접은 불기운을 강하게 던지는 현상이며 화운궁 변곡이라고 한다. 화성의 근접이 화운궁을 여는 변곡이며, 계미년의 계(癸)는 수(水)이며 미(未)는 토(土)인데 화의 다른 이름이므로 불(火)을 잉태하는

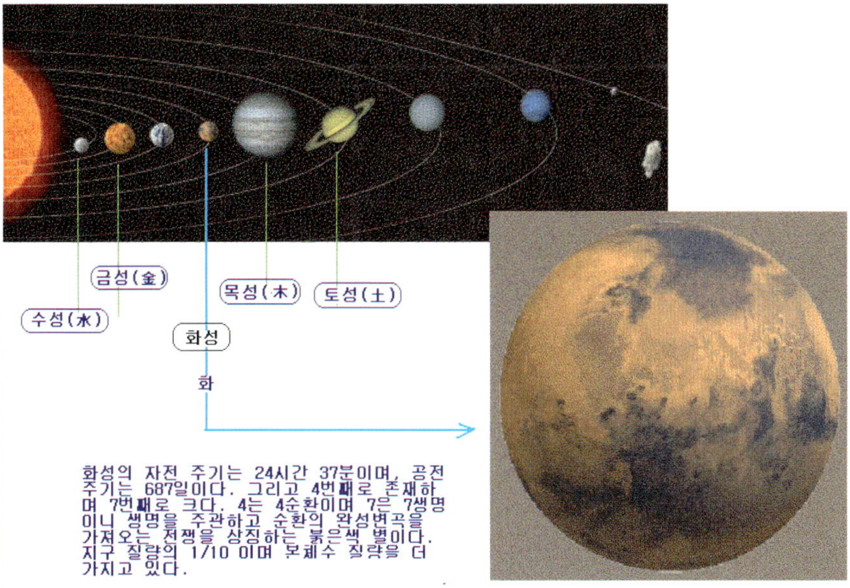
금성(金)
수성(水)
화성
목성(木)
토성(土)
화
화성의 자전 주기는 24시간 37분이며, 공전 주기는 687일이다. 그리고 4번째로 존재하며 7번째로 크다. 4는 4순환이며 7은 7생명이니 생명을 주관하고 순환의 완성변곡을 가져오는 전쟁을 상징하는 붉은색 별이다. 지구 질량의 1/10 이며 보체수 질량을 더 가지고 있다.

불(火)

상이다. 캔들 용어로 보면 하라미다. 즉 십자도지형을 잉태형이라 부르는 것도 이러한 의미다. 고점에서 하락하는 십자도지형을 이브닝 스타라고 부르고, 저점에서의 십자형을 모닝스타라 한다. 이는 저녁에 가장 강렬하게 빛나는 별이 화성인데 화성이 위험할 수 있기 때문이다. 그리고 새벽에 가장 빛나는 별이 금성인데 그 모습이 좋게 인식되기 때문에 상승을 알리는 신호로 보는 것이다. 즉 이브닝 스타는 화성을, 모닝스타는 금성을 상징한다.

화성은 붉은 행성이며 영어 표현인 '마르스(Mars)' 는 전쟁의 신을 뜻하는 이름이다. 2003년 8월 27일 오후 6시 51분 6년 만에 지구에서 5,576만 킬로미터의 거리까지 접근하는 천문현상이 발생했다. 이는 향후 16년 동안 화성이 상징하는 전쟁과 질병 등 다양한 사건과 사고가 세계를 엄습할 것이라는 사실을 암시한다. 지난 2003년의 사스나 이라크 전쟁 그리고 조류독감 등 유행성 질병이 주기적으로 찾아오는 것도 화성 변곡의 시간이 던져주는 사물현상이다. 즉 지난 세기에 없어진 천연두나 페스트가 다시 주기적으로 재현되는 시간대이며,

지진과 같은 천재지변이나 크나큰 전쟁이 터지는 것도 우리가 화성 변곡의 시간대에 살고 있기 때문이다. 또 현대 문명의 마지막 화려한 불꽃이고, 동서양 문명의 전환점이며, 남북통일의 운명적 변화가 다가옴을 예측할 수 있는 것도 화성 변곡이 우리에게 보여주고 있는 사물현상이다.

화성 변곡은 세계사의 대분기점이다. 2000년 이후 4년의 잉태기간을 두고 2004년에 첫 탄생파동이 출현하는 대분기점의 기폭제 역할을 한 것이며, 이러한 시간은 2003+16=2019년까지 이어지고 이후에는 전혀 새로운 변화의 중심을 지나게 된다. 또 그 이후의 본체수 시간을 전후로 하여 역체의 시간문을 통과하게 된다. 이는 상수학으로 보면 금화교역에 해당되는 것으로 목화(木火)의 시간대에서 금수(金水)의 시간대로 돌아가는 전환점을 나타낸다.

진폭으로 본 목표 변곡

주가파동은 시간이 지나면서 그려지는 과정인데, 장세의 고점이나 저점은 항상 그 흐름의 전체 모습을 담고 있다. 즉 장세의 고점이나 저점은 전체 추세의 완성이기 때문에 시간으로 보나 진폭으로 보나 완성의 모습을 담고 있어야 한다. 완성은 시간 순환의 끝자리나 진폭 순환의 끝자리에서 형성되기 때문이다. 시간도 직선으로 흘러가는 것이 아닌 기본 마디가 순환 반복하면서 흘러가며, 진폭도 직선으로 올라가지 않고 기본 마디가 순환 반복되면서 성장한다. 결국 장세의 고점이나 저점에는 반드시 완성수나 일정 순환수의 진폭이 있어야 한다는 의미다. 즉 가격도 상수로 해석할 수 있다는 의미다.

차트 140

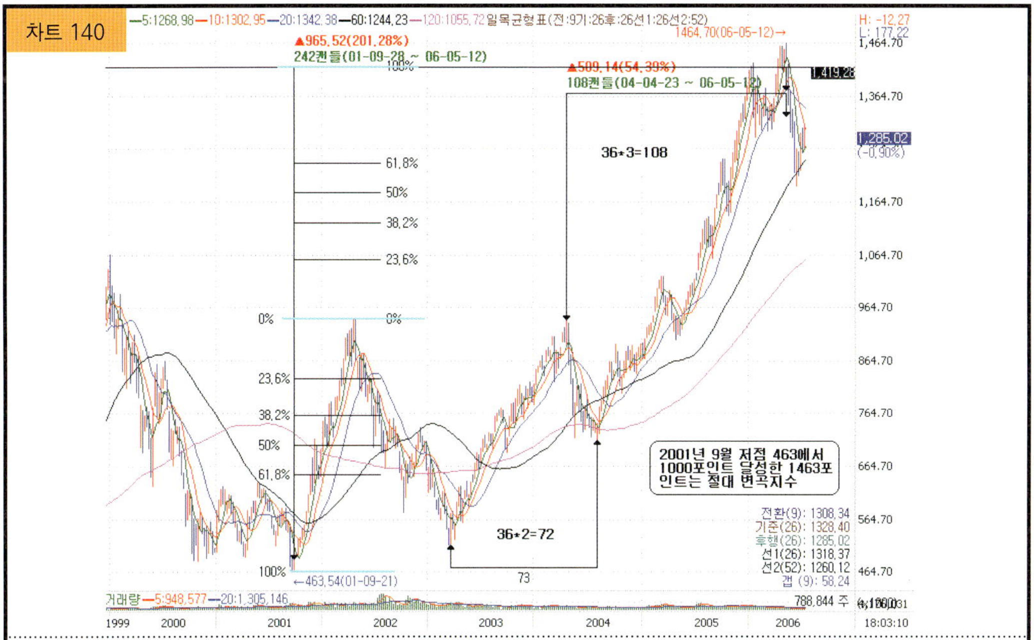

다우(1)

〈차트 140〉은 9.11 테러 이후 형성된 2001년 저점을 기준으로 향후 예상되는 고점까지의 목표 진폭을 가늠해 볼 수 있는 차트다. 2001년 9.11 테러 이후 463.54포인트에서 저점을 형성한 주가는 2003년 3월 512.30포인트에서 쌍바닥을 시현하였다. 이후 기나긴 상승추세를 이어가며 2006년 5월 1,464.70까지 기록하였다. 그런데 1,464포인트는 의미 있는 고점으로 기록될 가능성이 높다. 이는 2001년 9월의 저점으로부터 2006년 5월의 고점까지는 57개월로써 거의 5년이 되는 시간이며 5라고 하는 의미 있는 조정수에 걸리는 시간파동이기 때문이다.

그런데 1,464포인트가 의미 있는 고점으로 기록될 수 있는, 보다 구체적인 이유는 다음 두 가지로 요약될 수 있다. 첫째 2001년 9월 주가가 463.54포인트였고 여기에서 완성을 의미하는 1,000포인트를 더한 진폭이 1,463.54인데 실제 형성된 주가가 1,464.70으로 거의 유사한 수치를 기록하였다는 점. 둘째 저점인 463.54부터 시작한 첫 상승파동이 943.54로써 480포인트의 상승폭을 기록하였는데 그 고점에 다시 480포인트를 더한 1423.54 역시도 실제 형성된 고점에 거의 근접하였다는 점 때문이다(일반적으로 첫 상승파동의 고점에 다시 그 상승폭만큼을 더한 위치에서 고점이 형성되는 경향이 있다. 즉 943.54+480=1423.54).

차트 141

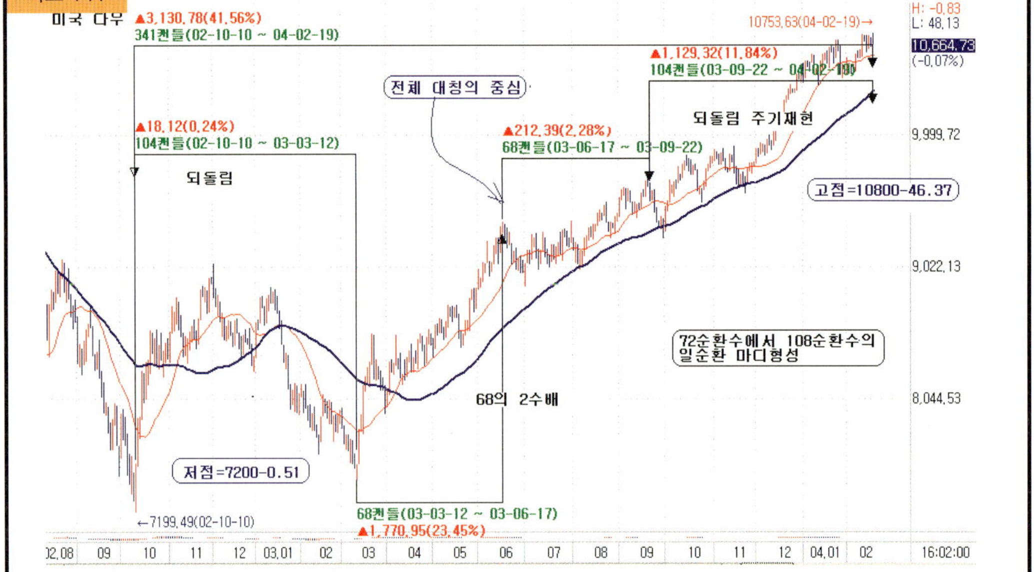

다우(2)

〈차트 141〉은 미국 다우지수의 장세 저점과 고점의 진폭 변곡을 보여주고 있다. 다우지수의 장세 저점은 7,199.49포인트였다. 이 지수는 순환수인 72수의 100수배인 7,200의 의미다. 즉 7,200수에서 0.51포인트 부족한 수다. 지수 자체만으로도 순환수의 맥자리가 됨을 알 수 있다. 이 지점에서 반등 후 다시 쌍바닥을 형성하는데 이 시간변곡이 104수다. 이는 질서수 100수에 본체수 4

가 더해진 개념 또는 13수가 8수배로 완성되는 개념이 되어 실질적인 상승장세의 출발점이 되었다. 출발점으로부터 68수에 제법 강한 조정이 발생하였으며 그로부터 다시 68수에 대칭 변곡이 발생하고 있다. 고점의 지수는 10,794.95포인트로서 이는 10,800포인트에서 불과 5포인트가 부족한 수다. 10,800은 108의 100수배이며, 108은 36순환수가 3수배로 완성되는 수를 의미한다. 그리고 장세의 저점에서 고점까지의 상승폭이 3,600포인트로 역시 한 순환이 완성되는 자리임을 나타낸다. 7,200포인트(72수)가 10,800포인트(108수)가 되면서 진폭의 일순환이 완성되었음을 알 수 있다.

차트 142

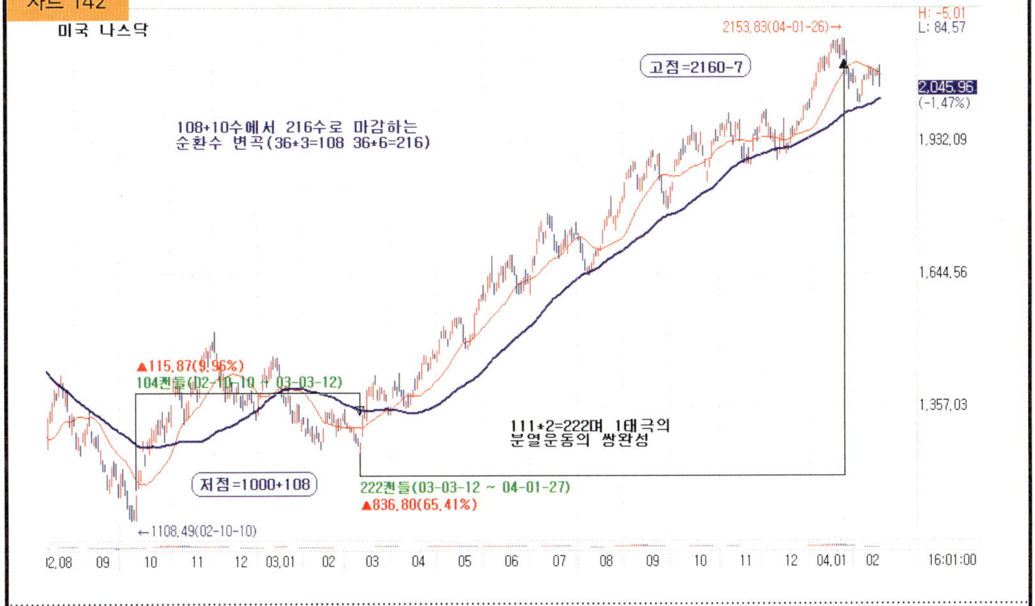

나스닥(1)

〈차트 142〉는 미국 나스닥 지수의 장세 저점에서 고점까지의 변화를 나타내고 있다. 나스닥의 장세 저점은 1,108.49포인트였다. 앞서 다우지수의 저점

7,199.49포인트와 비교해 보면 소수점 이하 두 자리가 49로 신기하게도 똑같다. 1,108포인트는 질서수의 개념에 해당되는 1,000에 완성을 의미하는 108순환수가 더해진 수이며, 11(10+1)수가 완성된 수이기도 하다. 11수의 100수배인 1,100에서 8포인트가 더해진 개념이다. 이 지점에서 크게 반등 후 다시 쌍바닥을 형성하는데 이 시간 변곡이 104수이며 이후 실질적인 시세분출이 전개되는 모습이다. 장세의 고점은 2,153.83포인트였다. 그 고점은 쌍바닥에서 222수에 해당되어 111태극수의 2수배가 되는 개념이다. 또한 고점지수인 2,153포인트는 2,160에서 7포인트 부족한 수이며, 216은 36의 6수배이자 108의 2수배에 해당되어 일순환이 완성되는 곳임을 의미한다. 장세의 상승진폭도 1,080포인트(108수)에서 35포인트 부족한 1,045포인트 상승하였다. 결국 1,080포인트의 상승을 시도한 것이다.

진폭파동과 시간파동의 상관관계

미래에 도달할 고점을 계산할 때는 시간을 기준으로 판단하기도 하고 진폭을 기준으로 판단하기도 한다. 둘 중에 어느 것을 적용시킬 것인가 하는 문제는 원리에 입각하여 종합적으로, 합리적으로 판단해야 한다. 시간이 다하도록 목표 고점에 도달하지 않으면 일단 시간을 기준으로 판단하며 특정 시간 단위가 도래했음에도 추세가 꺾이지 않을 때에는 진폭을 기준으로 판단한다.

〈차트 143〉은 시간파동과 진폭파동을 동시에 적용시켜 표시한 경우다. 진폭을 기준으로 예상되는 고점의 목표가를 산정한다면 초기 상승진폭 130포인트의 2수배로 948포인트까지 올라갈 수 있는 것으로 계산된다. 그러나 시간으로 접근하면 2004년 4월의 고점 939.52포인트는 저점으로부터 140수의 위치에 있고 상승장세의 중심이 되는 저점으로부터는 89수(90-1)가 되어 다소 못 미치더라도 시간으로 접근하면 완성의 자리에 해당되기 때문에 그 시점에서의 939.52포인트가 장세의 최종고점이 될 수도 있다.

천문 변곡의 핵심과 추세 전환

변곡은 변고에서 비롯된다. 일상생활에서 이탈한 불길한 사건이나 사고에 휘말리게 되는 경우 우리는 흔히 풍파, 변란, 변고라는 말을 사용한다. 즉 전혀 예상하지 못하거나 뜻하지 않은 사건과 시간 속으로 진입을 할 때 사용되는 말이다. 파동에 있어서는 대형 호재나 대형 악재를 기점으로 크게 장세가 전환되는 경우에 해당된다. 그런데 장세의 큰 분기점은 천문현상과 일치하거나 그 현상과 일정한 시차를 두고 일어나는 경향이 있다. 상생하는 천문현상(순행)인가, 아니면 상극하는 천문현상(역행)인가에 따라 그 정도가 달라지기도 한다. 순행의 천문현상일지라도 고점이 임박한 국면에서 발생하면 오버슈팅에 해당되고 역행의 천문현상일지라도 저점이 국면에서 발생하면 마지막 투매국면에 해당된다. 또 특이한 천문현상은 이전과는 반대의 추세로 전환되는 시간을 알려주는 역할을 하거나 매우 강한 장세 변동을 수반하게 되는 경우가 많다. 예를 들어 오행성 관련 특이 천문현상, 일식이나 월식, 그리고 혜성의 출현 등이 그것이다.

차트 144

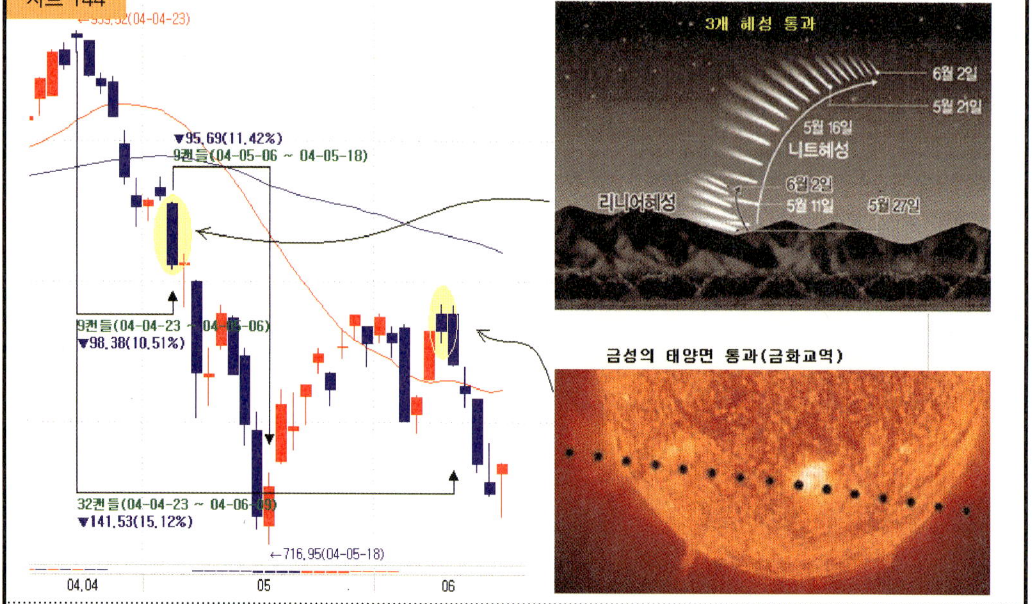

혜성과 주가

〈차트 144〉는 장세 고점을 기록한 2004년 4월 23일 이후 장세 급변을 나타내고 있다. 이때 나타난 천문현상은 니트 혜성과 리니어 혜성이 연이어 접근하였고 그 이후에는 금성이 태양을 관통하는 모습이 관측되었다. 그런데 묘하게도 장세 역시도 그 시점을 전후하여 16일 만에 225포인트가 폭락하는 등 급격한 변동성이 초래되었다. 당시 발생하였던 천문현상을 장세와 관련시켜 구체적으로 살펴보면 다음과 같다. 2004년 4월 24일 리니어 혜성이 관측되었으며 장세도 이날부터 큰 폭으로 하락하기 시작하였다. 즉 주가의 고점은 4월 23일 939포인트를 기록하고 5월 18일까지 16일 동안 하락파동이 이어져 단기간에 224포인트가 폭락하는 현상이 나타났다. 그런데 육안으로도 관측하기 쉬울 정도로 큰 니트 혜성이 5월 10일부터 10일 동안 또다시 출현하였으며, 니트 혜성이 처음 관측된 5월 10일 하루 만에 주가는 무려 67포인트가 하락하였고 니트 혜성이 가장 밝았던 5월 18일 투매의 바닥을 형성하였다.

한편 고점으로부터 32수의 변곡을 기록하기 하루 전에 또 다른 천문현상인 금성일식이 일어났다. 금성일식은 태양과 금성의 상충작용으로 볼 수 있는데, 금성은 오행으로 금(金)을 의미하고 그것을 순행으로 보면 목–화–금-수로 이어지는 4순환 시간수순에서 금의 시간으로 접어드는 것을 의미한다. 또 2004년은 갑신년으로 지지가 신금(申金)을 보이고 있어 천시(天時)가 금(金)기운이었다. 즉 시간이 수렴되는 첫 관문임을 의미한다. 이러한 천문현상 직전에 형성된 고점이 급락에 의한 되돌림 고점이었으며 급락이 재차 진행되고 있다. 금(金)기운을 의미하는 시간충격이 특이 천문현상과 더불어 주가에 연동되는 모습이다.

- (혜성출현)지난 2001년 발견된 니트(NEAT) 혜성과 2002년 발견된 리니어(LINEAR) 혜성이 가장 밝아지는 시기가 5월이었다. 2004년 3월 하순 오행성 결집 이후 첫번째 천문변곡이다. 2004년 4월 24일 부터 브래드필드 혜성과 리니어 혜성이 새벽 동쪽 지평선에 나란히 보이기 시작했다. 여기에 니트 혜성이 가세하여 5월 10일 이후에 가장 화려한 천문쇼였다. 3개의 혜성이 시차를 두고 나타났으며 특히 동시에 두 혜성이 등장하는 것은 그 기록을 찾아볼 수 없을 정도로 특이한 경우다.

- (금성일식) 지구상에 살고 있는 인간 중 어느 누구도 보지 못한 세기의 우주쇼였다. 금성일식이 2004년 6월 8일에 130년 만에 한국에 나타났으며 세계적으로도 122년 만에 일어나는 천문현상이었다. 금성일식은 수성에 이어 태양에서 두 번째로 가까운 궤도를 돌고 있는 금성이 지구에서 볼 때 태양 앞을 가로질러 통과하는 모습이다. 태양-금성-지구가 일직선상에 놓여 금성의 그림자가 태양을 가린다는 의미다. 이 현상은 금성과 지구의 궤도면이 약 3.4도 기울어져 있기 때문에 243년에 네 번 정도 발생한다. 두 번은 8년 간격으로 일어난 뒤 121년 6개월 후 다시 8년 간격으로 두 차례 나타난다. 한국에서는 앞으로 2012년 6월 6일에 다시 볼 수 있다. 금성은 2004년 5월 2일에 최대 밝기를 기록하였다.

차트 145

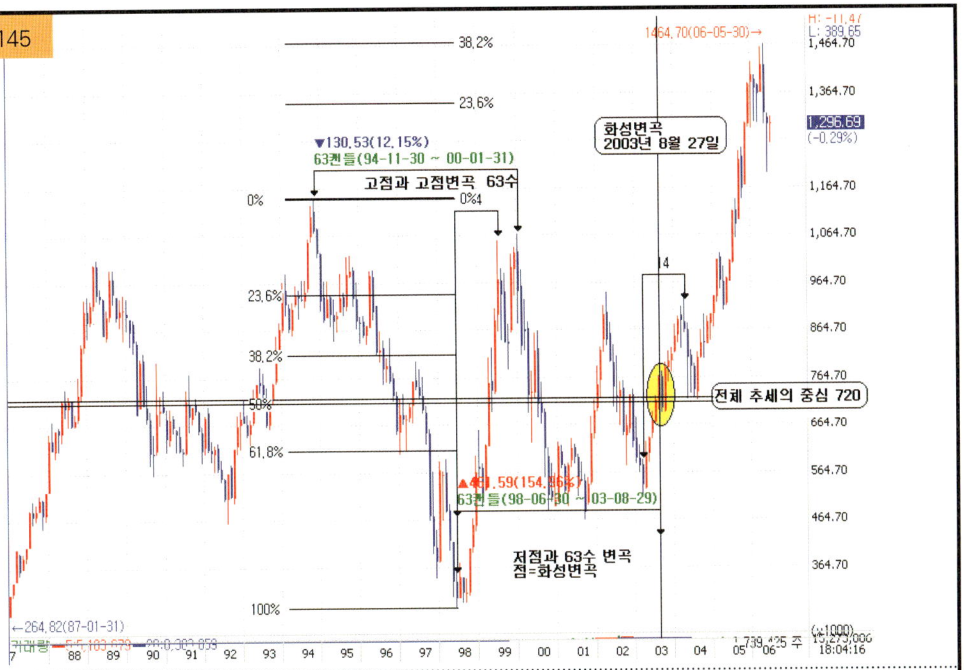

화성 변곡(2)

〈차트 145〉는 화성이 지구에 근접한 시기를 기준으로 주가흐름을 분석한 월봉 차트다. 화성이 지구에 가장 가까이 접근한 2003년 8월은 1980년대 주가 상승의 원년이 되었던 지난 1984년 갑자년에서 20년이 되는 해이기 때문에 중요한 시간 분기점이 된다. 그 화성 변곡점은 1998년 IMF 저점으로부터 63수에 해당하는 시간주기이며 지난 1994년과 99년의 장세 고점 주기 63수와도 일치한다. 또 화성 변곡점이 형성된 자리는 전체 장세의 중심 역할을 하는 720포인트를 돌파한 변곡점이므로 중요한 자리가 되며, 2006년 1월 720포인트의 정수배인 1,440포인트 전후 구간에서 주가가 크게 조정을 보였다는 측면에서 볼 때도 의미 있는 구간이었다.

화성이 지구에 근접하였다는 것은 강력한 불기운이 지구에 드리우게 된다는 것을 의미한다. 즉 화(火)는 일반적으로 섬세하고 활발하며 폭발력 있는 기운을 상징하지만, 전쟁이나 질병도 포함된 개념이기 때문에 국제적으로 큰 변동성이 다가온다는 것을 암시해 주고 있었다. 2003년 이후 전세계적인 부동산 가격 상승과 주가 상승 그리고 조류독감 등의 질병들이 동반하여 나타났던 것도 알고 보면 우연이 아니었던 것이다. 한국에서도 지난 1988년 이후 15년 동안 갇힌 박스권 장세를 돌파시키는 근본적인 변곡점 역할을 했으며 상승파동의 원동력이 되었다. 향후 국내 증시가 장기 상승추세로 이어진다면 이는 화성변곡이 제시하는 천문변곡이자 추세 전환의 핵심 비밀이 될 것이다.

시간 순환과 장세의 비밀

주식시장의 생로병사는 시간 순환과 일치한다. 설사 특정 시간의 순환마디가 주가의 저점이나 고점과 정확하게 일치하지 않는다고 해도 보다 중요한 것은 커다란 시간의 순환마디에서는 새로운 국면이 다가온다는 것이다. 예를 들어 새로운 산업이나 제도, 테마의 유행, 장세 패러다임 등의 변화는 커다란 시간의 순환과 맞물려 다가온다. 그렇기 때문에 큰 시간의 변화가 도래하는 장세에서는 새롭게 떠오르는 현상을 추종할 필요가 있으며 그에 적합한 투자 마인드를 지녀야 한다. 주식투자라는 것도 농사와 비슷하게 씨앗을 뿌리고 추수하는 과정이 뒤따르기 때문이다. 주식시장이 아무리 복잡하고 또 첨단을 달린다고 하더라도 전체적으로는 시간의 지배를 벗어날 수 없다는 것을 확연하게 보여주고 있는 것이 〈차트 146〉이다.

차트 146

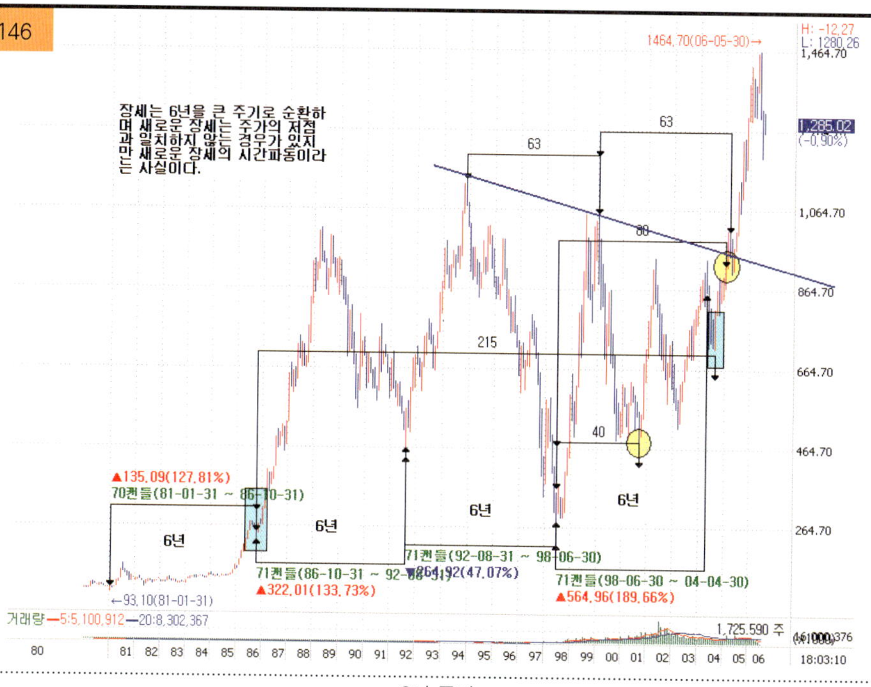

6년 주기

〈차트 146〉은 6년을 대주기로 장세의 국면이 확연하게 바뀌는 모습을 나타내고 있는 월봉 차트다. 6년 주기로 정확하게 저점과 일치하는 시기가 지난 1992년과 98년이었고, 새로운 상승국면으로 전환되는 시기가 1986년과 95년이다. 이처럼 커다란 시간의 순환이 바뀌면서 장세의 흐름도 극명한 변화가 이루어지는 모습이다. 모두 주식투자를 할 수 있는 절호의 기회였다. 특히 주목할 시기는 2004년 8월에 탄생된 파동이다. 이 파동은 새로운 6년 장세의 시작이자 박스권 돌파국면의 시작이기 때문이다. 또 2005년 4월은 두 개의 시간 순환이 겹치며 장기간 지속되었던 저항선을 돌파하는 모습이 나타났기 때문에 역시 중요하다. 지난 1998년 IMF 저점으로부터 40수의 위치에서 9.11 테러가 일어났는데 다시 40수에서는 장기 저항선을 돌파시키고 있다. 그리고 1994년 고점과 2000년 고점의 주기가 63수 주기인데 다시 63수의 주기에서 장기 저항선을 강력하게 돌파하는 모습이다. 장기 상승추세가 시작되는 중요한 자리였다.

5 상수파동의 세계-종합

상수파동은 동양 상수학의 원리를 주가에 적용시킨 파동 이론이다. 상수는 수에 담겨진 사물의 변화정신을 말하며, 파동은 사물의 변화정신이 시간의 파도를 타고 현상계에 투영되면서 생로병사의 일순환을 거치는 과정을 말한다. 또 주가에 있어 변곡이라는 것은 대, 중, 소 순환의 시간단위가 복합적으로 작용하여 시간이 시중종(始中終)에서 크게 변화하는 자리를 말한다.

변화하는 모든 것은 일종의 생명이며, 생명의 움직임은 반드시 천지(天地)의 환경 속에서 음양운동을 하며 시간의 흐름에 따라 일정한 질서와 규칙을 보이며 변화한다. 주가파동도 일종의 생명현상으로서 경제현상이나 사회심리, 그리고 호재와 악재라는 복합환경 속에서 움직이기 때문에 시간에 따라 변화하는 일정한 질서와 규칙을 파악할 수 있다. 이는 시간 개념으로 접근하기도 하고 진폭 개념으로 접근하기도 해야 한다. 결국 상수학이 천지자연의 운행질서를 파악하는 법칙이라면, 상수파동은 주가파동의 운행질서를 파악하는 법칙이다.

상수학은 사물의 모든 변화를 느낄 수 있는 법칙의 세계관으로서 부분과 전체의 유기적 관계를 종합적으로 판단하여 그 운행법칙을 체계화한 것이다. 그렇기 때문에 특정한 학설이 아니라 자연의 운영원리 그 자체이지만, 그것을 올바르고 정확하게 판단할 수 있는 기준과 적용을 정립하기란 사실 어려운 작업이다. 따라서 만약 어떠한 오류가 발생한다면 먼저 자신의 기준과 적용의 문제를 살펴볼 필요가 있다. 상수학의 근원이 개인의 깨달음으로서가 아닌 우주의 운행법칙을 천수상(天受象) 해서 받은 것이기 때문이다. 그 자체가 바로 만물의 지배원리다.

상수파동의 기본 체계는 음양오행으로서 음양과 오행으로 분리하여 적용시킨 것이다. 음양의 이중구조로 구성이 되어 있기 때문에 현재 나타난 사물의 쌍은 과거에 있었거나 미래에 반드시 출현한다. 즉 향후 미래의 일은 과거의 연속선 상에서 존재하므로 미래의 상은 현재의 기미와 징조로 알 수 있다. 이러한 미래와 과거의 동시구조는 인과법칙과 결정법칙으로 움직이며, 그 움직임은 반드시 5행구조의 형태로 이루어진다. 5행의 구성은 4대 1 또는 3대 2로 대비되기 때문에 보이는 3수와 보이지 않는 2수가 대비되며, 보이는 4수와 보이지 않는 1수가 대비된다. 즉 보이는 것을 양(陽)이라 하고 보이지 않는 것을 음(陰)이라 한다면, 3양 2음의 법칙이나 4순환의 법칙으로 전체가 일순환한다. 그러므로 어떤 경우가 되더라도 운행은 3 또는 4로 움직이는 것이 기본이다.

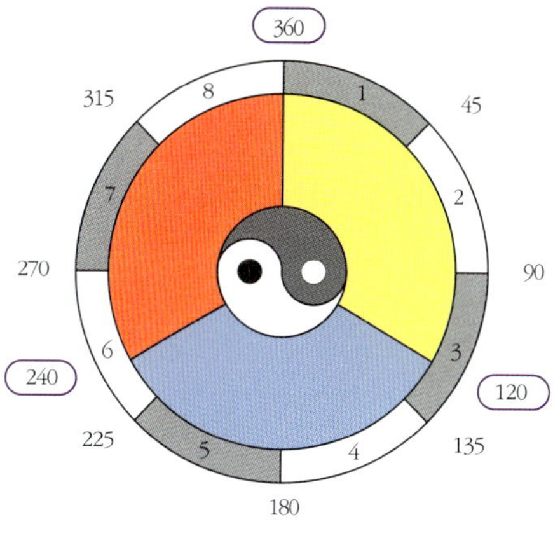

상수파동의 기본 개념

옆의 그림은 상수파동의 기본 개념도이다. 순환하는 것은 하늘(시간-환경-순환)의 이치이며 기본 3으로 구성되어 있고, 이는 크게는 3변화를, 작게는 6변화를 이룬다. 부연하면 전체를 원의 순환으로 볼 때 크게는 120의 3수배로 구성되고 작게는 60의 6수배로 구성된다. 그리고 변화하는 것은 땅(공간-생명-변화)의 이치이며 기본 4로 구성되어 있다. 이는 크게는 4변화를 이루며 작게는 8변화를 이루는데, 전체를 원의 순환으로 볼 때 크게는 90의 4수배로 구성되어 있고 작게는 45

의 8수배로 구성되어 있다. 따라서 순환하는 원(圓)의 운행은 3순환이나 6순환을 이루고, 변화하는 방(方)의 운행은 4변화나 8변화를 이루지만, 모두 360에서 순환과 변화가 만나 완성되며, 질서에서 무질서로 무질서에서 질서로 순환하는 태극(1–360)으로 귀일한다. 이러한 모든 것이 사물이 존재하는 음양법도이며, 상호조화성과 상호동시성, 그리고 상호연속성으로 무한히 순환한다. 마찬가지로 파동의 변곡도 주기를 가지고 반복되기도 하고 대칭되기도 한다. 3–6순환의 파동라인은 60–120–180–240–300–360이며, 4-8변화의 파동라인은 45–90–135–180–225–270–315–360이다. 결국 이러한 변곡수에서 본체수를 더하고 빼는 위치에서 변화가 일어나며 자체의 변곡은 변하지 않는다.

상수파동을 공부하는 방법

상수파동은 그 유래가 동양의 상수학이므로 정확성과 보편성을 기반으로 하고 있다. 주의해야 할 것은 정확성과 보편성이 있다고 해서 변곡 자체를 주관적으로 해석하거나 억지로 적용해서는 안 된다는 것이다. 즉 먼저 이치나 원리를 이해하는 방식에서 출발하는 것이 중요하다. 만약 그러하지 못하고 주요 변곡에만 관심을 두거나 주관적 기준과 적용에 집착하게 된다면, 수많은 시행착오를 거치고도 같은 실수를 반복하게 되며 자칫 아집에 사로잡혀 커다란 오류를 범할 수 있다. 운동이나 공부에 있어 모든 훌륭한 결과는 정확한 자세와 기초에서 나오듯, 상수파동도 정확한 원리 이해가 선행되어야 한다. 즉 이치에서 술수가 나오지 술수에서 이치가 나오지 않기 때문에 먼저 이치를 이해하는 것이 중요하다. 그런 연후에는 기준과 적용 그리고 해석의 삼단논법이라는 종합적 고찰이 필요하다.

상수파동은 순환하는 만물의 비밀을 재는 황금의 척도이다. 즉 36순환의 원리 속에 만물의 원리와 자신의 미래가 들어 있다. 모든 만물은 결국 36수의 근본으로 돌아오며 36의 정원운동으로 완성을 보이기 때문에 36수를 통하지 않고서는 인생과 우주 그리고 하고자 하는 것을 진정으로 완성할 수 없다. 하루도 쉬지 않고 지구가 회전하듯 순환의 질서에서 벗어나서는 그 어떤 것도 하루도 존재할 수 없다는 의미이다. 가고 가는 중에 알 것이요 행하고 행하는 중에 깨닫게 될 것이다. 따라서 집착과 선입견을 버리고 유연성과 열린 마음으로 상수파동에 정진한다면 주가파동은 더 이상 접근하기 어려운 대상이 아님을 알게 될 것이다.

상수파동으로 바라보는 생명관의 해법

최근 주식시장이나 한국사회에 바이오 혁명을 예고했던 줄기세포가 생명윤리에 대한 견해 차이로 인하여 사회적 이슈가 되고 있다. 배아(난자)는 생명이며 잠재적 인격체이기 때문에 생명윤리에 어긋난다는 사회적 관념에 막혀 논란이 되고 있는 것이다. 이에 상수파동으로 생명의 생성원리를 제시하면서 생명관에 대한 새로운 해법을 제시하고자 한다.

생명의 탄생과 비밀

생명의 탄생에는 어떤 비밀이 있으며 생명은 어떤 법칙에 의해 지배되는가? 생명에는 고도의 규칙과 질서가 있다. 즉 생명의 변화는 항상 시간의 변화와 밀접한 연관이 있는데 연관성을 규명하다 보면 거기에는 창조의 설계도가 있으며 설계도에 나온 규칙은 동양철학에서 제시하는 원리와 동일하다는 사실을 알게 된다. 현대과학이 발달하기 전에는 미세한 세포의 세계를 누구도 보지 못했으며 어떤 과정을 통해 성장하는지 알지 못했다. 그러나 세포의 탄생과 과정을 살펴보면 놀라운 규칙과 질서의 법칙이 있음을 알게 된다.

생명의 탄생이라고 할 수 있는 체세포 분열과정에 대해 먼저 알아보기로 하자. 수정된 수정세포와 배아복제 세포가 같은 원리로 변하기 때문에 함께 이해해도 상관없다. 수정된 수정란은 생명의 원리에 충실한 자연적인 과정이지만 체세포 배아복제는 창조설계도를 응용한 인위적 생명의 창조과정이다.

수정된 세포는 2분할-4분할-8분할로 이어지고 결국 216세포까지 자라나서 배반포 세포를 이룬다. 이후 배엽(외배엽-중배엽-내배엽) 과정을 통해 생명체로 자라나는 것이 일반적인 과정이다.

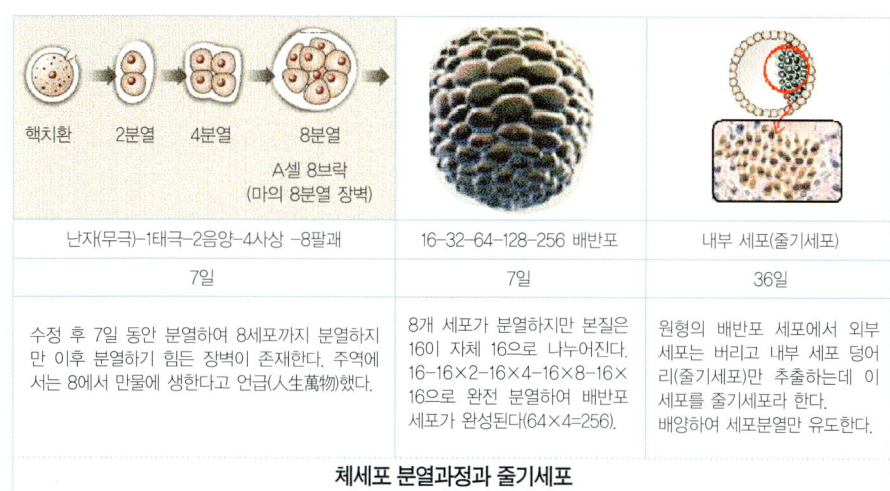

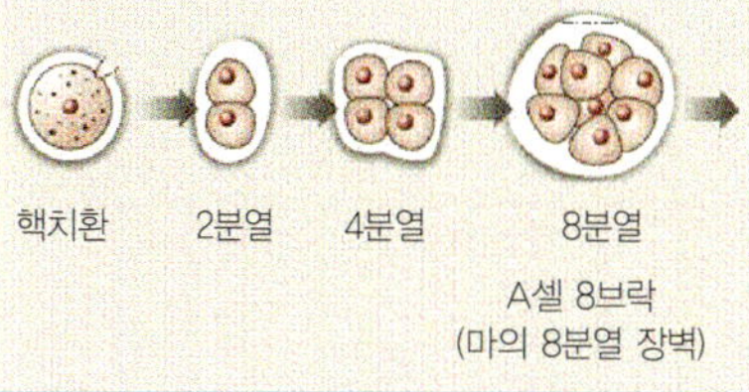		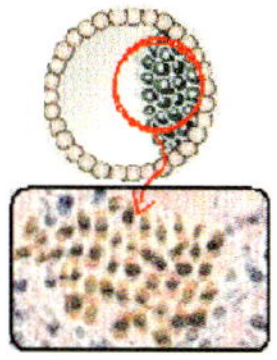
난자(무극)-1태극-2음양-4사상 -8팔괘	16-32-64-128-256 배반포	내부 세포(줄기세포)
7일	7일	36일
수정 후 7일 동안 분열하여 8세포까지 분열하지만 이후 분열하기 힘든 장벽이 존재한다. 주역에서는 8에서 만물에 생한다고 언급(人生萬物)했다.	8개 세포가 분열하지만 본질은 16이 자체 16으로 나누어진다. 16-16×2-16×4-16×8-16×16으로 완전 분열하여 배반포 세포가 완성된다(64×4=256).	원형의 배반포 세포에서 외부 세포는 버리고 내부 세포 덩어리(줄기세포)만 추출하는데 이 세포를 줄기세포라 한다. 배양하여 세포분열만 유도한다.

체세포 분열과정과 줄기세포

1단계-7일

핵치환을 하고 2분할-4분할-8분할까지는 잘 되는데 오직 영장류에서만 이 이상 분할이 되지 않고 세포가 죽어버리는 경우가 많다. 왜 8분열에서 멈추는지 그 원리에 대해서는 아무도 알지 못한다. 그러나 동양철학에서는 이를 매우 명확히 제시하고 있다. 주역을 통해 보자면, 음양이 사상을 낳고 사상은 팔괘를 낳고 팔괘에서 만물이 나오기 때문이다. 팔괘 이전까지는 일정한 창조공식이며 이 이후는 다른 차원의 생명공식인 것이다. 이것이 차원이 존재한다는 '층이론' 이다.

2단계-7일

8세포 분열의 층이 성공하면 다음 층까지는 별다른 문제가 없이 분열이 진행된다. 하나의 세포가 3단계 분열을 거쳐 8세포(1-2-4-8)가 된 후에는 다음 단계로 접어든다. 16세포에서 5단계 분열하여 256세포(16-32-64-128-256)가 되면 원형을 이루는 배상체 세포가 된다. 결국 하나의 배상체 세포가 되기 위해서 두 개의 층이 있으며 여덟 번의 분열 과정을 거친다. 3단계와 5단계로 나누어지는 층이 바로 변곡인 것이다. 3대 5로 이루어진 비율은 피보나치 비율이자 3황극 5행이라는 동양철학의 기본 법칙이다.

그리고 시간에도 장벽이 존재한다. 생명은 7수가 지배하기 때문에 7일이 분기점이다. 영국에서도 배아 복제에 성공했지만 7일을 넘기지 못하고 죽었다고 한다. 바로 시간의 장벽은 7수로 이루어지며 현 일주일이 7일로 이루어진 것도 이러한 원리에 근거하고 있다. 7일이 지나고 다시 7일이 지나면 배상체 세포가 만들어지는데 줄기세포라고 하는 것은 배상체 세포 안 한구석에 자리잡은 세포 덩어리다. 마치 달걀이 있으면 달걀 안에 공기주머니가 존재하듯 달걀이라는 외부구조가 배상체이며 공기주머니 같은 내부 구조가 줄기세포다.

3단계-36일

배상체 세포 안에 있는 줄기세포를 떼어내 세포분열을 유도하고 조직 분화를 억제하는 조건을 통해 세포를 무한증식시키는 것이 계대배양이다. 그러나 체세포 복제에서는 인위적 조건을 통해 세포의 무한증식을 유도한다. 그러나 줄기세포를 추출하지 않고 이것을 인공수정시켜 자궁에 착상시키면 생명체로 자라나게 된다. 일단 세포가 증식된 이후에는 더 이상 증식이 되지 않고 분화된다. 즉 세포간 변화가 일어나는 것이다. 36일이 지난 이후에 새로운 층이 존재하는 것이다. 즉 생명에서 태아로 발전되는 단계로 진입을 한다. 36일은 전체적인 생명과정에서 볼 때 절대적 시간단위인 것이다.

생명의 성장과 비밀

전월 월경에서 출산까지는 280일이 소요된다. 이는 달의 공전주기 28일에 10수배를 더한 주기다. 여성의 생리주기는 달과 일치한다. 다만 개별적으로 4

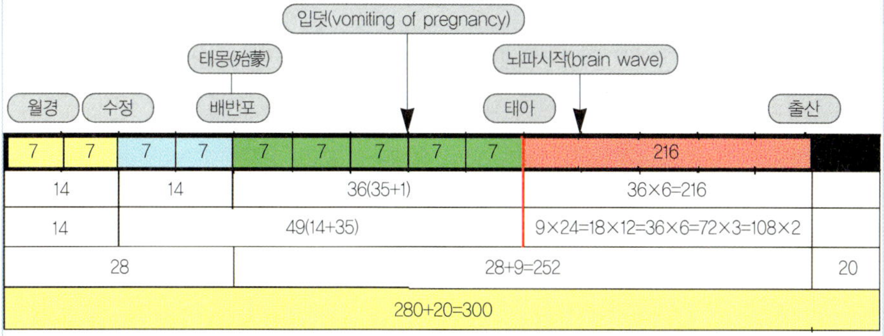

1. 28일 시간파동이 10번 반복하여 인간 창조(28×10=280)
2. 수정란이 10번 분열하여 배반포 세포 완성(1-2-4-8-16-32-64-128-256)
3. 수정란 이후 49일 배반포 이후 36일이 되어야 태아(의식) 시작
4. 태아 형성은 21일(배반포 이후 3주에 입덧 시작하여 3주후 뇌파활동)
5. 태아의식 형성 후 216일 만에 태아 탄생(인간 몸에는 216 세포조직)
6. 생명은 순환이므로 36수가 시작일 배반포 후 36주, 태아 후 36×6=216 후 완성
7. 출산 후 20일(금줄풍습)=전월 월경에서 출산 280일=300수 완성

생명 발생과 인간의식 창조의 시간파동(1)

일간의 차이는 있을 수 있다. 본체수 4일이 있기 때문에 생리주기는 보통 28일에서 32일 사이이다. 280일 자체도 천문의 영향을 받아 생겨난 일정한 규칙과 질서인 것이다.

구체적으로 수정되는 날은 배란 이후 정자와 만나는 시기이므로 14일을 빼면 임신주기가 나온다. 280-14=266이 소요된다. 266일은 수정 이후 출산까지 걸리는 시간이다. 난자로 보면 280일이요 수정으로 보면 266일이다. 그러나 배상체 세포 완성까지로 보면 14일을 다시 빼므로 266-14=252일이다. 280에서 28일을 뺀 수치다. 결국 280을 10이라 본다면 1이 빠진 결과다. 여기서 알 수 있는 것은 이상하게 일주일을 단위로 변해간다는 것이다.

배반포에서 출산까지 소요되는 시간은 252일이다. 252는 36의 7수배다. 즉 배반포에서 출산까지 36일을 한 단위로 하면 7개 시간단위가 존재한다는 의미다. 36일은 12일의 3수배로 12지지의 주기와 같다.

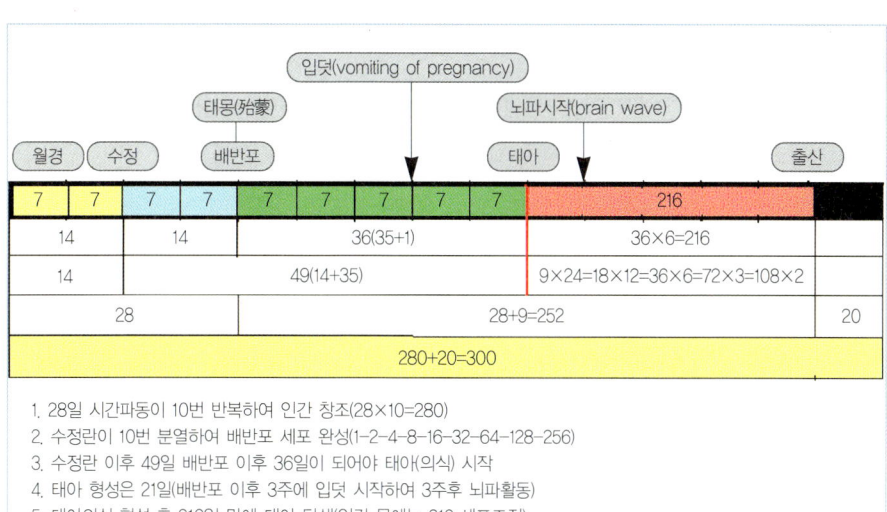

왜 36이 시간의 장벽이며 생명의 층이 되는가? 그리고 인간이라고 할 수 있는 시점은 어디서부터 시작되며 의식은 어디에서 형성되는가? 그리고 영혼이

있다면 어디에서 입혼이 되는가? 일정한 시간 규칙이나 의학적 증거 그리고 동양의 종교에서 바라보는 생명관을 종합하면 이에 대한 해답이 나온다.

임신을 하면 산모의 신체에는 여러 가지 중요한 변화가 생긴다. 일단 시기는 다르지만 수정 이후 2주가 된 시점에서 태몽을 꾼다. 배반포 형성과 일치하는 시기다. 그리고 입덧을 한다. 구역질은 몸에서 받아들이지 않는 음식물이 들어올 때 일어난다. 이와 같은 반응은 임신 직후가 아니라 배반포 이후 3주, 수정 후 5주에 일어난다. 이것은 이질적인 생명체가 자라난다는 의미다. 즉 그 이전에는 산모의 생명체지만 그 이후는 산모가 아닌 다른 생명체로 인식했다는 증거다. 태몽과 입덧이 가장 큰 징후다. 모두 배반포 이후에 일어난 일이다.

이 생명체가 태아의 조건을 갖추기 위해서는 신체조직이나 정기분화가 이루어지면서 독자적인 심장박동과 두뇌활동이 이루어져야 한다. 수정 이후 8주이며 배반포 이후 6주가 되는 시점과 일치한다. 전체적으로 의미 있는 시점을 보면 태몽과 배반포가 겹치고 그로부터 3주 후 입덧, 다시 3주 후 뇌파가 시작된다. 일정한 시간의 마디 속에서 주기적 생명파동이 일어나는 것이다.

그렇다면 동양의 종교에서는 생명과 인간을 어떻게 바라볼까? 먼저 불교에서는 수정 이후 49일이 지나면 인간의 영혼이 생겨난다고 본다. 그 이전이 생명체라면 그 이후부터는 태아가 되었다는 의미다. 49라는 숫자는 어디에서 유래했을까? 그것은 7일이 자체 일곱 번 동수 분열하면서 완성되는 수다. 그래서 49일이 되어야 의미 있는 태아가 생겨난다고 보는 것이다. 인간이 죽으면 49제를 지낸다. 그 이유는 인간이 죽으면 바로 저승으로 가지 못하고 현생을 배회하다 49일이 지나서야 저승으로 간다고 믿었기 때문이다. 즉 인간이 죽고 49일이 지나면 저승에서 새롭게 태어나듯 저승에서 인간으로 오려면 49일이 지나야 한다는 것이다. 즉 49일을 시간의 벽체로 본 것이다.

인간의 절대 기준, 49수와 64수

상수로 볼 때는 전월 월경에서 64일 수정에서 49일이 절대 기준일이다. 그것은 수가 중요 시간의 변곡수이기 때문이다.

64수는 주역에서 바라보는 괘의 총합이다. 다시 말하면 모든 변화의 총수다. 일정한 변화의 한 단위가 흘러가고 새롭게 시작하는 전환점이며 모든 변화는 바로 전환점에서 일어나기 때문이다.

49수에는 7이라는 생명의 단위가 일곱 번 변하면서 커다란 하나가 지난다. 난자가 시작되는 시점과 정자가 만나는 시점이기 때문이다. 그리고 가장 중요한 것은 배반포에서 출산까지 36수라는 커다란 시간이 일곱 번 분할되는데 첫 번째 시간이 끝나고 두 번째 시간이 시작되기 때문이다.

상수파동과 생명의 원리

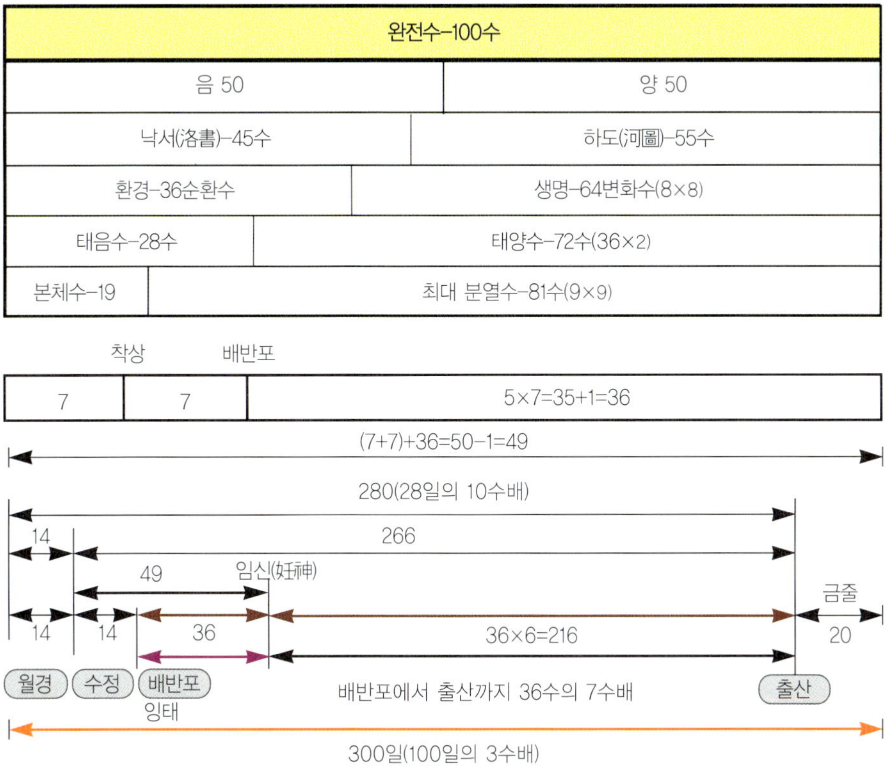

생명 발생과 인간의식 창조의 시간파동(2)

생명의 절대 시간 216의 비밀

태아 기준일에서 출산까지 걸리는 216은 어떤 의미를 지니는가? 360이라는 수를 10등분하면 36이 되는데 36의 6수배가 216이고 36의 4수배가 144다. 즉 144와 216은 4대 6으로 나누어진 수배열이다. 전체적으로 4대 6은 3대 2로 대변되는 수배열이며 144는 땅의 수요 216은 하늘의 수이다.

또한 36이 여섯 번 순환하는 완성수인데 1과 6은 오행으로 수(水)를 나타내는 숫자다. 6은 창조의 수다. 인간의 의식을 가진 태아가 일순환하는 시간이기 때문이다. 또한 216은 108의 2수배인데 108은 불가에서 말하는 번뇌의 상징이다. 살아 있는 생명체가 지녀야 하는 수이며 쌍으로 존재하는 수이기 때문에 매우 중요한 시간파동이다. 이 시간파동 속에 216이 존재한다. 그러므로 인간의 의식이 들어 있는 태아의 기준이 바로 216이다. 의학적으로 보더라도 신경과 뇌파 그리고 감각이 형성되지 않으면 오감을 자각할 수 없기 때문에 생명체라고 할 수 없다.

전체 시간파동-300수

태초부터 인간이 탄생하기까지 걸리는 시간은 전체 300일이다. 그러나 전월경에서 출산까지 280일, 수정에서 출산까지 266일, 배반포에서 출산까지 252일, 태아에서 출산까지 216일이다. 그러나 출산이 되었다고 할지라도 전체 시간이 끝나지 않았기 때문에 안심할 수는 없다. 그래서 출산 후에 21일 동안 금줄이라 하여 조심하는데 그 기간까지 더하면 280+21=301일이다. 결국 난자에서 출산 후 20일까지 300일이 되어야 실질적인 인간이 된다고 볼 수 있는 것이다. 마지막으로 태어난 지 100일이 되면 백일잔치를 하는데 출산 후 100수 완성이자 다른 시간의 시작이기 때문에 그 길목에서 잔치를 벌이는 것이다. 동양에서는 그만큼 시간의 변화와 생명의 변화에 대한 놀라운 통찰력이 있었던 것이다.